高校德育工作创新实践研究

鲍荣娟 常 雪 吴 迪 ◎著

吉林出版集团股份有限公司 | 全国百佳图书出版单位

图书在版编目（CIP）数据

高校德育工作创新实践研究 / 鲍荣娟，常雪，吴迪著. -- 长春：吉林出版集团股份有限公司，2021.3
 ISBN 978-7-5581-9872-4

Ⅰ.①高… Ⅱ.①鲍… ②常… ③吴… Ⅲ.①高等学校-德育工作-研究-中国 Ⅳ.①G641

中国版本图书馆 CIP 数据核字（2021）第 054362 号

高校德育工作创新实践研究
GAOXIAO DEYU GONGZUO CHUANGXIN SHIJIAN YANJIU

| 著　　者 / 鲍荣娟　常　雪　吴　迪 |
| 责任编辑 / 蔡宏浩 |
| 封面设计 / 张丹丹 |
| 排　　版 / 浩宇文化 |
| 开　　本 / 787mm×1092mm　1/16 |
| 字　　数 / 404 千字 |
| 印　　张 / 17.5 |
| 版　　次 / 2021 年 3 月第 1 版 |
| 印　　次 / 2022 年 5 月第 1 次印刷 |

出　　版 / 吉林出版集团股份有限公司
发　　行 / 吉林音像出版社有限责任公司
地　　址 / 长春市福祉大路 5788 号
电　　话 / 0431-81629667
印　　刷 / 吉林省金昇印务有限公司

ISBN 978-7-5581-9872-4　　定价 / 52.00 元

前　言

　　高度重视德育改革已经成为世界发展趋势，不论是发达国家还是发展中国家，都意识到德育改革的必要性和迫切性，越来越多的国家纷纷采取具体措施，大力加强学校德育建设。例如：坚持德育的连续化和统一性，注重德育的实用性和实效性，强调内容的多样性与层次性等等，都取得了一定的成效。在党和国家的高度重视下，在广大德育工作者的辛勤劳动、刻苦钻研下，我国高校德育工作取得了巨大的进步，成绩喜人。但是，由于我们现在处于新时期，新时期的一些特点和出现的一些现象，给高校德育工作带来了一些困难。西欧现代文化思潮的传入，社会主义市场经济负面影响，科学技术的高速发展和互联网的广泛应用等，对大学生的世界观、人生观、价值观和道德观造成了一定的冲击。

　　大学生德育是高等教育的基础工作和核心环节，其中既寓意现代大学的人文关怀和价值追求，也指向其立德树人的根本任务和育人目标。不难发现，受传统教育体制的影响，德育内容脱离社会发展要求，德育方式滞后于信息化社会的运行特点，德育教学缺乏社会实践的现实支撑，是高校德育的当下瓶颈。这些德育缺失使得高校人才培养无法较好地适应转型变革的社会发展。社会化是大学生成长最鲜明的特征，在这一进程中，他们的自主发展意识日益增强，需要获得社会地位，参与社会组织，获得生存方法和技能，并在社会活动中充分彰显自我，力所能及地实现自身对社会发展的反哺和推动，创造自我价值。我们要把高校、社会及家庭看成一个协调、有序、平衡、动态的生态系统，充分发挥德育系统诸因子，内外环境及关联功能的整体效应，构建一个能够支持并引导大学生全面、自主和可持续发展的环境氛围。

目 录

第一章 新时期高校德育创新的基础认知 ················ 1

第一节 新时期高校德育的内涵和地位 ················ 1
第二节 新时期高校德育创新的理论基础和原则 ········ 10
第三节 新时期高校德育如何创新 ···················· 15

第二章 高校德育思维方式发展 ······················ 28

第一节 思维方式与高校德育思维方式 ················ 28
第二节 复杂性思维方式视野下高校德育的实践对策 ···· 50

第三章 高校心理健康与德育教育 ···················· 88

第一节 高校心理健康教育德育功能探析 ·············· 88
第二节 心理健康教育对高校德育实现途径的效用 ······ 107

第四章 高校德育立体化的基础认知 ·················· 129

第一节 高校立体化德育的含义 ······················ 129
第二节 高校立体化德育的现状及分析 ················ 137
第三节 高校立体化德育实施途径的探索 ·············· 141

第五章 高校德育社会化的基础认知 ·················· 156

第一节 社会传媒与大学生德育 ······················ 156
第二节 社会实践与大学生德育 ······················ 166
第三节 德育社会化与高校德育生态系统 ·············· 179

第六章 "互联网+"时代高校德育实践的发展与创新 ... 192

第一节 塑造积极"互联网+"思维以保持德育理念之先进性 ... 192
第二节 优化"互联网+德育"载体以提高德育实践之有效性 ... 198
第三节 创新"互联网+管理"流程以提升德育过程之科学性 ... 203

第七章 新媒体视域下大学生德育内容的创新 ... 208

第一节 培养新媒体视域下大学生德性与德行的统一 ... 208
第二节 塑造新媒体视域下大学生现代公民人格 ... 213
第三节 提升新媒体视域下学生的整体道德能力和水平 ... 218

第八章 新媒体时代德育教育工作者的素质培养 ... 229

第一节 新媒体时代德育教育工作者的素质内容 ... 229
第二节 新媒体对德育教育工作者素质的挑战与分析 ... 236
第三节 新媒体时代德育教育工作者素质的培养路径 ... 245

第九章 新媒体时代德育教育中的微德育 ... 254

第一节 微德育应用长尾理论的需求性 ... 254
第二节 微德育的定位与价值延伸 ... 259
第三节 微德育产品的开发与应用 ... 265

参考文献 ... 271

第一章 新时期高校德育创新的基础认知

党和政府对高校德育工作始终是非常重视的。新中国成立以来，高等学校继承和发扬党的优良传统，教育和帮助广大学生坚持正确的政治方向，培养了一大批德才兼备的人才。

第一节 新时期高校德育的内涵和地位

德育即思想、政治和品德教育。中国共产党的十一届三中全会以后，高校德育的领域被拓宽了，经过二十多年的努力，现在已形成包括思想教育、政治教育和道德品质教育在内的德育体系。

一、"德育"一词的由来及其内涵

"德育"是近代才出现的概念和名词。德国哲学家康德（I.Karat）在十八世纪七八十年代的教育学讲座中，把遵从道德法则培养自由人的教育称为"（moralische Erziehung）"。英国学者斯宾塞（H. Spencer）出版《教育论》，使"智育""德育（moral education）""体育"逐渐成为教育世界的基本概念和常用术语。

"德育"一词于二十世纪初传入我国。王国维发表《叔本华之哲学及其教育学说》，介绍叔本华的"德育"与"知（智）育""美育"思想；而后，又发表《论教育之宗旨》，将"德育""智育""美育"合称为"心育"，与"体育"相提并论，论述身心和谐的教育宗旨。

蔡元培发表《对于新教育之意见》，主张"军国民教育""实利主义教育""公民道德教育""世界观教育""美感教育"等五育并举；在其影响之下，当年国民政府颁布了"注重道德教育，以实利主义教育、军国民教育辅之，更以美感教育完成其道德"的教育宗旨。"德育"一词从此成为我国教育界通用的术语。

二、党和政府对高校德育的重视

十九世纪的法国教育家赫尔巴特认为："教育的唯一工作与全部工作可以总结在这一概念之中——道德。""道德普遍地被认为是人类最高目的，因而也是教育的最高目的。"

中国共产党的十三届四中全会以来，党中央高度重视高等学校的德育工作。教育部会同中组部、中宣部已经连续多次召开全国高校党的建设和思想政治工作会议，交流经验，研究问题，采取措施，使高校德育工作得到加强。

切实加强和改进大学生思想教育工作，培养造就千千万万具有高尚思想品质和良好道德修养、掌握现代化建设所需要的丰富知识和扎实本领的优秀人才，使大学生们能够与时代同步伐、与祖国共命运、与人民齐奋斗，这对于确保实现全面建设小康社会、进而实现现代化的宏伟目标，确保实现中华民族的伟大复兴，具有重大而深远的战略意义。

三、正确认识"高校德育首位"论

学校教育要坚持育人为本，德育为先，把人才培养作为根本任务，把思想教育摆在首要位置，主要原因如下：

（一）中国特色社会主义的性质要求

学校教育把德育放在首要位置教育是有阶级性的。古今中外，各个社会中占统治地位的阶级都是按本阶级的政治需要，把德育教育放在学校教育的首要地位，把代表统治阶级的政治信仰、思想意识、价值观念内化为一代新人的素质，都是为了"育新人、取民心、得天下"。因为只有这样，才能造就本阶级所需要的人才，以维持和巩固其社会制度，所不同的是，不同阶级实行不同的德育教育而已。

我们社会主义国家的教育，是社会主义培养各种专门人才的事业。社会主义的经济和政治决定了，社会主义教育的性质、目的、制度、方针和教育的思想政治内容。社会主义教育的目的，是培养社会主义事业所需要的各类人才，要求培养出来的人才必须为社会主义建设事业服务。这是我国高等教育的目的，也是我们高等学校的主要任务。社会主义制度的性质决定着社会主义高等教育的性质，同时，也决定着社会主义大学的办学方向，必须坚持党的领导，坚持社会主义方向，坚持马克思主义在科学文化和学术工作中的指导地位。把德育放在首位，这是我国高等教育社会主义性质的重要标志。作为社会主义的高等学校，如果忘掉或丢掉，甚至摆错了德育的位置，就必然会迷失方向，误人子弟，误国误民。

(二) 党的教育方针决定了学校教育要把德育放在首要位置

党的教育方针，充分体现了全面发展的教育原则。在德智体全面发展的问题上，有人总结说，学生的智育不合格是"次品"，体育不合格是"废品"，而德育不合格则是"危险品"。它生动形象地阐述了德智体三个方面的关系。就育人来讲，三者是相互关联、相互依存、相互渗透、相互制约、相互促进、不可分割的统一整体。

但是，根据马克思主义辩证唯物主义的观点，构成矛盾统一体的各方，其地位和作用是有主次之别的。如果没有这种明确的区分，就不可能弄清事物的性质，把握事物的本质。依据这一理论，在全面发展教育方面构成的矛盾统一体中，能够体现其性质、本质的，只能是德育。因为，德育所要解决的是学生社会意识的问题，即政治立场、思想观点、行为规范等方面的问题。具体来说，是解决学生为谁而学，学成后为谁服务的问题。我们社会主义大学培养的是能够坚持正确的政治方向，拥护共产党的领导，愿为社会主义祖国献身的高级专门人才。要完成这一任务，只有依靠德育。

(三) 学校的中心工作需要把德育放在首位

当前，以"教学为中心"的思想被各类高校充分重视并贯彻实施，"以教学为中心"无疑是正确的，它与德育不但不矛盾，而且是相辅相成的，缺一不可。

教学包括德育。现代教育理论认为，教学应该着眼于学生的全面发展，培养全面和谐发展的个性。著名教学论专家赞可夫在《新教学论本质》中指出，教学的主要任务是"既在掌握知识和技能技巧方面达到高质量，又在学生的发展上取得重大进步"。

也就是说，教学并非只是传授业务知识，片面地着眼于智力，而应当把教学看作是落实教育方针的主要途径。教学过程中应当包括德育、智育和体育，而且，德育还应该是教学的一项主要内容和首要任务。

德育在教学中起主导作用。在整个教学过程中，德育以其方向性贯穿于其他诸项教育之中。它不仅对智育起着主导作用，同样在体育中也起着主导作用。如果离开了德育，整个教学过程就很难顺利进行，这已是被实践反复证明了的。

四、新时期高校德育创新的必要性

德育创新是主体（人）为了一定的目的，遵循德育发展的规律，对德育进行变革，从而使德育得以更新与发展的活动。

创新是一个民族的灵魂，是国家兴旺发达的不竭动力。一个没有创新能力的民族，难以屹立于世界民族之林。历史进步的本质在于创新，民族的振兴、国家的强盛同样离不开创新，任何工作没有创新就没有活力，没有生命力。同样，高校的德育工作也只有在实践中不断创新，才能有新的活力，才能适应时代的进步与发展。

德育工作的显著特征在于，它随着时代的变化、社会的变化、生活的变化而变化，具有开放性、现代性、发展性。德育的这些特征要求我们德育工作者，在实践中必须不断地去探索、去实验、去研究、去创新，但是，强调高校德育工作的创新，不是全盘废弃过去的东西。德育工作是一个系统工程，具有一定的规律性。德育工作涉及方方面面，反映了德育客观规律、德育工作的实践经验，以及国家关于德育工作的法律、法规、政策等。我国的高校德育工作经过几十年的探索实践，总结出了许多工作规律，积累了大量的丰富经验。这些规律、经验凝聚了广大高校德育工作者先进的德育理念，为培养面向现代化、面向世界、面向未来的，德智体美等全面发展的社会主义事业建设者和接班人任务的顺利完成提供了有力保证。高校德育工作所取得的这些成绩有目共睹，所形成的理论、探索的规律、积累的经验、创造的方法，应当在实践中予以继承，并使其成为德育工作创新的基础。

新时期高校德育工作所面临的国际和国内环境已经发生了重大变化，高校德育唯有创新才能发展。新时期高校德育的对象已经发生了巨大变化，具有新的特点和要求，高校德育唯有创新，才能适应德育对象全面发展的要求。新时期高校德育的客观环境发生了变化，高校德育唯有创新，才能走出发展的困境。

（一）新时期高校德育工作面临的现实背景

1. 全球化的影响

全球化加强了国家之间、个人之间的经济交往、政治交往和文化交流。在全球化的背景下，经济的交往是国际性的，随着经济的日益国际化，政治、文化也走向了国际。欧美现代文化思潮的传入，对我国大学生产生了深刻影响，不少大学生采取扬弃的态度，进行批判地消化吸收。

但是，也确实有一部分大学生，由于缺乏这方面的人文历史知识、理论准备和识别能力，结果盲目崇拜欧美社会。比如，欧美价值观中反文化的虚无主义、极端的个人主义造成人们的信仰危机和信念危机，使有些人失去了应有的人生信仰、价值标准，造成心态紊乱、行为失范，失去了独立思考和自主选择的能力。所以，中西文化的交流与碰撞，欧美文化从深层次上冲击着高校德育。

2. 市场经济的影响

社会主义市场经济体制逐步推进，给高校德育带来积极影响的同时，其自身的弱点和负面影响也可能给大学生的政治观、人生观、价值观造成负面影响。例如，注重功利和实惠，片面追求物质利益，集体、社会感淡薄等等。

面对市场经济的汹涌大潮，大学生很难避免市场经济的负面影响。市场经济条件下社会利益分配的多层次性，使大学生面临着多种价值观的选择。在市场经济条件下，生产者是独立自主的。这一点，对大学生价值观中的消极影响表现为集体意识淡化、个人主义倾向严重。这些价值观念的产生，显然背离了学校教育的培养目标，无疑是削弱了高校德育功能的发挥。市场经济的发展刺激了人们对物质利益的追求，淡化了人们的政治意识。一些大学生片面认为，市场经济最主要的是看经济效益，政治无关紧要，学校思想教育，对他们来说，可有可无。市场经济的推行使整个社会生活发生了翻天覆地的变化。大学生原来所处相对稳定、单一的价值生活环境发生了彻底的改变，个体的人格处于多变的、相互冲突的多元价值中。

受到社会不正之风和消极腐败现象的影响。改革开放以来，党风、社会风气、社会秩序在某些方面出现了一些消极现象。例如，以权谋私、走私贩私、偷盗抢劫等现象，拜金主义、享乐主义、个人主义等等，虽然这些消极的现象只存在极小范围之内，但是也对大学生有很大冲击，使他们产生了很大的困惑。

3. 科学技术的高速发展

科学技术的高速发展，使世界处于信息大爆炸时代，信息传播途径也逐渐多样化、现代化，这就决定了大学生接触欧美思潮更加快速便捷了。各种西欧文化思潮不断冲击着大学校园，各种思潮逐渐进入了当代大学生的视野，对当代大学生的价值观产生了很大的影响。

特别是互联网的发展和虚拟世界的产生，使高校德育面临新的环境，网络文化给高校德育创造良好条件和机遇的同时，也对德育工作提出了严峻的挑战。

互联网是一个超越了民族和国家界限的、巨大的、开放的信息传递系统，具有方便、快捷、直观性强、信息获取量大等特点，网络空间中各种不同的文化类型、意识形态、信仰、价值观念等，在这里传播、碰撞、交融。

随着技术的进步，互联网对公众生活的改变进一步加大。2017年1月22日，中国互联网络信息中心发布第三十九次《中国互联网络发展状况统计报告》。报告显示，截至2016年12月，中国网民规模达7.31亿。其中，手机网民规模达6.95亿人，占比达95.1%，增长率连续三年超过10%；互联网普及率达到53.2%，超过亚洲平均水平7.6个百分点；全年共计新增网民4299万人，增长率为6.2%。其中，在校大学生超过了总网民的三分之一，占35.1%。这表明，我国高校学生是互联网用户的主体。青年学生面对着呈爆炸状态的信息，难以进行理性思考和价值判断，致使他们的道德价值取向呈多元化。网络上的道德败坏、精神空虚、享乐主义、拜金主义等腐朽的生活方式和价值观念大量涌入，给自制力较差的大学生身心健康必然带来负面影响，使一些意志薄弱者价值观念扭曲，道德人格丧失。

4. 高校德育工作缺乏社会和家庭的有效沟通

学校德育自身管理水平的提高，是增强德育工作实效性的重要组成部分，但是，学生思想道德品质的形成发展是社会、家庭、学校共同作用的结果，任何一方工作不到位，都会导致整个德育出现漏洞，危害学生的身心健康发展。

目前，从总体上看，高校在主动争取家庭、社会支持，协调和整合社会、家庭三者的关系方面还做得不是很到位。学校德育管理还处于不够开放的状态，有效的学校、社会、家庭协作教育机制还有待完善，已经建立起来的家长学校、家长委员会在发挥指导家庭教育的职能方面，还存在着对学生学业指导多，对学生品行指导少等问题。所以，我们要积极推进学校、家庭、社会教育的一致性，形成开放式的学校德育管理新格局。

（二）新时期高校德育对象的新特点

当代大学生有着许多优点。总的来说，他们的思想主流、伦理道德认知、价值判断是积极、健康、向上的。他们务实进取，竞争意识强，成才愿望非常强烈，并注重个性发展，敢于表现自我，思维也比较活跃，易于接受新思想、新事物，极具创造活力和创新基础，有较强的使命感和责任感，关注国家和民族的前途命运，具有想有作为和大有作为的思想基础。然而，不足之处也是较突出的。

由于他们是在改革开放之后成长起来的，受到市场经济和欧美外来思潮的某些负面影响较深，他们中出现了疏离信仰、疏离文化、疏离责任的倾向。

具体说来，在政治方向上，部分大学生对社会政治冷淡，对意识形态不关心，对政治理论学习不重视。

在人生理想上，不少大学生偏重关心个人生活和前途，缺乏民族责任感、社会责任感和集体责任感。在处理个人与集体、国家的利益关系时，一些学生更倾向于优先考虑个人利益，只看重个人价值的实现，而忽视个人对社会对国家的贡献。

在价值理念上，绝大多数大学生对拜金主义、享乐主义和极端个人主义是否定的。但是，与此同时，他们更多地关注个人的现实利益，一些大学生把理想追求和现实功利结合起来，从注重奉献的理想主义转向注重实惠、实用和物质享受的现实生活，倾向于奉献与索取并重，甚至于只求索取而不讲奉献。

在道德情操上，部分学生道德判断力不强，道德选择是非不清，许多大学生对社会上存在着的一些道德认识错位、道德行为失范的情况，常感到无所适从，以至于在道德评价上采取双重标准：一方面，大学生对社会上违背基本道德原则的现象深恶痛绝，另一方面，考试作弊、论文抄袭、就业失信等现象，在校园里时有发生，反映了对自身要求的降低，把一些丑恶现象视作当然。

只重视业务方面的提高，而轻视思想道德的修养，从注重知识的价值、理性的追求，到注重金钱的价值、感官上的享受，认为金钱的追求胜过一切。

高校德育创新要充分考虑新时期高校德育对象的新特点，有目的、有针对性地开展高校德育创新工作。

（三）高校德育自身存在的问题

1. 重知主义倾向的影响

重知主义倾向主要体现在两个方面。

一方面，在德、智、体教育关系中重视智育而忽视德育。中国自古便有"万般皆下品，唯有读书高"的说法，智育被提升到一个十分重要的地位，成绩好就是好学生，对于德育只是口头上、宣传上的重视，真正实施起来，则处于相对次要的位置，得不到应有的重视。从而导致"教书育人"中的"育人"功能被淡化，"教书"与"育人"被人为地割裂开来。许多教师理所当然地认为"育人"不是分内之事，因而只埋头钻研学问，而无暇顾及学生良好思想品德与行为的培养。

另一方面，在德育中重视道德认知而忽视道德情感、道德行为、道德意志的培养。德育课程学习注重接受和理解，道德内化则强调潜移默化、个体觉悟和生活实践。我们在德育方法上的问题就出在按知识教育的方式来进行道德教育，把道德和生活割裂开来，作为一种知识来教，其结果是学生有道德之知，而少道德之行、道德之情和道德之信。

2. 学校德育对人的主体性重视不够

传统的高校学生德育模式是计划经济的产物，这种德育模式的最大缺点是忽视学生的主体性，出现专制强横的现象。

德育的专制强横具体体现在以下三方面：

一是发展模式上的强制性。长期以来，我们的德育总是把有关政策或文件等外在因素，作为设定德育目标和学生发展模式的标准，忽视了个人的内在需求；德育服务于社会发展被片面理解为对规章制度的无条件服从，忽视了人的个体道德。

二是德育内容上的强制性。教育工作者往往以良好的主观愿望或某些外在目的为出发点，把一定时期的道德规范、抽象的道德概念或有关政策作为固定的教育内容予以灌输，并要求学生必须完全无条件地接受，漠视学生的主体意识。

三是德育方式上的控制性。不尊重学生的能动性和参与性，无视教与学在教育过程中是相互作用和互相影响的，以独断的态度和注入的方式，向学生灌输道德知识和道德教条。这种诉诸权力的教育方式，仅把学生当作教育的对象和客体，缺乏对学生主体性的重视，这是德育的实效性低下的根本原因。

3. 德育的内容和手段缺乏时代性

德育内容与实际相脱离。德育内容是实现德育目标的手段，教育内容的恰当性可以看作是内容与以下两方面要求的一致性：一方面，是所有内容来源和社会价值观反映的要求，另一方面是学习者需要、兴趣和身心能力反映出来的要求。然而，当前德育的内容只反映了一方面的要求，而对另一方面的要求熟视无睹，与社会实际、学生思想实践相对脱节。尤其是对当前各种现实问题及相关理论问题探讨很少或干脆避而不谈，这便导致了学生对高校德育力倡的那些道德理念缺乏认同，毫无兴趣，不能把握其精髓，更难以做到普遍接受和自觉内化，这便降低了政治课的教育性、针对性以及实用性，违背了开设这些课程的初衷，甚至适得其反。

德育手段与实际相脱离。德育手段的现代化是德育现代化的前提，现代社会已步入了信息社会的大门，科技所带来的新变化层出不穷。德育必须适应这种日新月异的变化，要讲求手段现代化，借助现代媒体，记录、储存、传输和调节教育信息，把幻灯片、录像等设备直接用于班级常规管理，还可利用计算机网络化优势，积极扩大德育在校际间、省区间，甚至国际上的交流。

学校德育工作不能及时跟上时代步伐，与社会进步脱节，对大学生人生观、价值观引导不够，使得大学生纷纷把目光投向经济领域，出现了"下海热、课外兼职热"等现象，进而引发拜金主义，对教学秩序产生了很大冲击。学校的德育工作应该及时注意社会动态，更新内容，只有这样才能及时纠正学生的人生观、价值观。

4. 对学生德育进行评价的机制不完善

德育评价是大学生思想政治工作的重要组成部分，是调节德育运行机制、优化高校德育过程、检验德育实践效果的重要环节，也是促进大学生在德育过程中自我检查、自我调节、自我完善的重要手段，更是推动德育科学化、提高德育有效性的重要载体，对于高校人才培养的方向起着重要的导向作用。

当前，高校对学生德育评价工作十分关注。但是，由于德育评价的复杂性和具体操作难度大的原因，使得如何科学全面、客观合理地开展大学生德育评价，成了高校学生思想政治工作的难题之一，主要表现在以下几个方面：

我国长期以来，政治标准在大学生德育评价中一直占有特殊重要的地位，时至今日，高校学生德育评价标准在很多方面仍未摆脱"泛政治化"的影响，使得高校对学生"德"的评价带有很强的政治属性。

大学生德育评价中，很多学校通过先采用指标量化的方法，给每一位学生打德育分，再按德育分值的高低和比例，给学生设定一个德育定性的等级，诸如优秀、良好、及格之类。这种通过定量评价产生学生德育定性等级的方法，其科学性如何，值得探讨。

高校学生德育评价工作具体是由班主任或辅导员协同班级学生德育考评小组共同实施的。实际上由于班主任或辅导员对学生情况相对缺乏了解，班级学生德育考评是由学生代表组成的学生德育考评小组来实施的，这很难实现学生德育评价所要求的"公平、公正"原则。

5. 高校师德水平有待于进一步提高

教育家乌申斯基曾强调："在教育工作中，一切都应该以教师的人格为依据。"的确，没有人能将自己没有的东西献给别人。教师是学生良好道德品质形成的引路人，教师的一言一行无时无刻不在影响着学生，身教重于言传，教师以崇高的人格魅力去激励和感染学生，会使学生在潜移默化中塑造完美人格，反之，亦然。

在当前高校教师队伍中，师德状况的主流是好的。但是，也有部分教师受市场经济的负面影响，重业务进修，轻理论学习，重现实功利，轻理想信念，重报酬实惠，轻奉献责任，重个性自由，轻纪律约束。一旦受到拜金主义、享乐主义、自由主义和极端个人主义思潮的冲击，少数教师就会出现道德失范，表现为不敬业、不重教、不爱生，甚至唯利是图、弄虚作假，严重地损害了教师形象，这对学生良好道德养成起了负面影响。

第二节　新时期高校德育创新的理论基础和原则

实践基础上的理论创新，是社会发展和变革的先导。通过理论创新推动制度创新、科技创新、文化创新，以及其他各方面的创新，不断在实践中前进，永不自满，永不懈怠。这是我们要长期坚持的治党治国之道。新时期高校德育创新工作必须要有坚实的理论基础为指导。

一、新时期高校德育创新的理论基础

中国传统文化是历经几千年的社会变革和发展而形成的一种思想和知识系统，中国传统文化追求人与自然的和谐、人与人的和谐，把天、地、人看作统一的整体。

中国传统文化是以伦理观念、伦理道德修养及治国安邦之术为核心的。其内涵和特征主要有四：突出伦理本位，倾心于现实政治，宣扬主体意识主要包括认识的主体性、道德的主体性和生活的主体性，强调整体观念。

（一）科学发展观中的"以人为本"思想

我们正处在社会发展的转型时期。一方面，我国社会主义改革开放与发展市场经济使社会生产方式、生活方式发生转变；另一方面，随着信息网络技术的发展，世界正走向知识经济时代。社会与时代的发展变化必然要求教育与时俱进，培养适应社会转型需要的人才。德育是培育社会精神和人才思想意识的工作，无疑需要体现先进性与发展性，需要改革和创新。但是，它的改革创新必须用新的理念做指导，对传统的理念进行扬弃和超越。

以人为本的科学发展观，是体现社会主义性质与价值取向的社会理念，与其一致，德育必须坚持和弘扬"以人为本"的理念。

以人为本，就是要把人民的利益作为一切工作的出发点和落脚点，不断满足人们的多方面需求和促进人的全面发展。马克思曾经说过，任何一种解放都是把人的世界和人的关系还给人自己，这是以人为本的根本。以人为本，说到底，就是解放人，使人的潜能得到主动、全面、充分的发挥。

因此，以人为本，是做好德育工作的基础和前提。坚持以人为本，就要求我们在德育的过程中，做到尊重学生、理解学生、关心学生和信任学生，注重学生个性发展和全面发展的统一，注重学生创造性人格和健康人格的统一，注重学生"学会"和"会学"的统一，促进学生全面发展。

（二）系统科学理论中的"大德育"思想

系统科学是研究事物整体联系和运动发展规律的科学，其要点为：

第一，任何一个事物的存在都表现为一个系统。系统是由事物内部互相联系、互相作用、互相依赖和影响的若干部分组成的有机整体。整体性是系统的一个本质属性。系统总是处在赖以生存和发展的环境之中，并不断同环境进行物质、能量和信息的交换。

在德育这个系统中，包含着三个最基本的因素：即教育者、受教育者、教育过程。其相互联系，互相影响，十分密切。加强高校德育创新，必须从整体性大背景的变化出发，树立战略意识、时代意识。从整体观念和联合作战的思想出发，明确调控目标，使各系统整合成一种合力，形成上下连接、左右贯通、立体交叉的德育网络。高校德育工作量大面广，组织过程耗时耗力，没有有效的调控机制，就可能导致无序无效。因此，实现德育效果的最大化，不仅需要校内各种教育资源的整合，还需要学校、社会和家庭加强联系，相互协调，从整体上优化育人环境。

第二，系统内部各要素具有层次性和等级性，系统的不同层次有着不同的规律。德育的层次性取决于德育对象的层次性，要提升德育效果，必须把握层次性要求，树立德育对象主体性观念，加强针对性工作。研究德育对象的层次性，要注重学生全面发展和理想人格塑造的序列性，在学生学习过程的不同阶段、不同时机、不同教育环节，实施不同的教育内容，采取不同的方式、手段，满足学生不断增长的需要，分层次有重点，由低到高，由浅入深，形成循序渐进的系列教育格局，使实践随着教育理论的发展向更高层次迈进。

第三，结构性系统功能的发挥，不仅取决于组成该系统的各个部分本身，而且取决于各个部分的结构形式，系统的总功能不是各个组成部分功能的简单叠加，而是各个部分功能的有机结合。

这一理论要求我们要立足于从要素、结构、功能与所处环境的相互联系和制约关系中，分析系统中各要素的结构功能，有意识、有目的地使系统内部各要素达到最佳建构和配置，以求系统形式结构最优和功能最优的整体效应。

因此，要做好以下几个方面的工作。高校、社会与家庭之间的沟通、合作与融合。高校内部各个工作部门、各个岗位之间的协调、有机结合。高校德育工作中的目标、内容、途径、方法、管理和评价等因素合理配置，整体联动，构建一个和谐的大德育工作系统。

二、新时期高校德育创新的原则

（一）主体性原则

所谓主体性原则，就是指在高校德育工作过程中，始终将大学生置于主体地位，始终把大学生看成是德育活动的主体，注重培育和造就大学生的主体性。

把学生作为学校教育的价值主体，确立学生在高校德育中的主体地位。转变将学生仅仅作为教育和管理的对象的现象，坚持以学生为根本，以学生为核心，以学生为目的，尊重学生，理解学生，关爱学生，把促进学生的成长、成才作为高校德育的根本价值取向。

把学生作为学校教育的动力主体，激发学生自我教育的积极性。转变过多地强调教育管理工作者的主导责任，而对学生的主体作用和自我教育重视不够的现象，致力于唤醒学生的主体意识，激发学生的主体热情，调动学生的主体积极性，在课堂教学、校园文化、社团活动、社会实践等环节中，更加充分地发挥学生的主体作用。

把学生作为学校教育的权利主体，切实维护其合法权益。转变重管理、重视对学生的义务要求，而轻服务、忽视学生权益维护的现象，高度重视学生所应具有的受教育权和公民权，使高校德育的过程，成为尊重和维护学生合法权益的过程，成为服务学生成长成才和全面发展的过程。

把学生作为学校教育的发展主体，促进学生的全面发展。转变重知识轻素质、重灌输轻发展的现象，构建科学与人文相统一的素质结构，社会化与个性化相统一的人格结构，促进学生各种素质的和谐发展。

（二）开放性原则

所谓开放性原则，是指高校德育创新必须彻底打破传统的封闭模式，在德育的目标、内容和手段等方面实行全方位开放，把学生从以往的束缚中彻底解放出来，使他们在开放式德育过程中，处于自主、自觉、自愿的状态去接受、思考、判断和分析。

1. 德育目标要体现开放性

德育目标是高校德育的指针和方向，决定了德育内容、手段和方法等的选择，在德育工作中始终起着主导性和规范性的作用。考察世界先进国家高校的德育目标，可以从中发现，开放性是他们德育目标的共同特色。例如，德国的德育目标是培养具有向世界开放人格的人；美国的德育目标是注重在开放式德育中发展学生的道德推理能力和创造能力，强调使个体成为有自立能力、有自信心和参与意识的自主公民。

我国的德育目标按照《中国普通高等学校德育大纲》的具体描述是:"使学生热爱社会主义祖国,拥护党的领导和党的基本路线,确立献身中国特色社会主义事业的政治方向;努力学习马克思主义,逐步树立科学世界观、方法论;走与实践相结合,与工农相结合的道路;努力为人民服务,具有艰苦奋斗的精神和强烈的使命感、责任感;自觉地遵纪守法,具有良好的道德品质和健康的心理素质;勤奋学习,勇于探索,努力掌握现代科学文化知识,并从中培养一批具有共产主义觉悟的先进分子。"

比较我国和美国、德国的德育目标可以发现:注重开放性和个性培养,是先进国家德育目标主要价值取向。他们强调在开放中培养学生健全的人格,发展学生个性,在轻松活泼中让学生自觉接受和体验德育。因此,我国高校德育目标应在现有的基础上,吸纳先进国家德育的一些有效成分。

2. 德育内容要注重开放性

学生的道德发展是一个持续的、有内在规律的过程。因此,德育内容的开放性,应遵循学生道德发展的规律,充分考虑学生理解和接受的能力,根据时代发展和形势变化而不断丰富和更新。

首先,把道德教育内容的价值准则和规范系统向学生开放,让学生独立思考,理性选择。

其次,灵活使用不同的德育理论和教材。在遵循国家德育统一目标的原则下,根据本地和学生的实际,引进和吸纳一些先进国家的德育理论和经验,开阔学生视野,增加对全球德育发展趋势的了解。

再次,德育内容应贴近实际生活。学校应根据学生实际,定期进行一些诸如形势教育、国家方针政策教育、法纪教育、公德教育、健康教育、环保教育,等等。这些德育内容鲜活丰富,与实际生活密切相关,学生容易理解且乐意接受。

3. 德育手段要展现开放性

充分运用现代科技手段,展现德育课堂教学的开放性。如用计算机模拟一些在实际生活中涉及道德问题的个案,再组织学生进行分析、处理。用电化教学再现历史画面和生活情境,让学生身临其境,真切体验,增加感性认识,使开放中的德育课堂变得生动活泼、丰富多彩,提高德育课堂的教学效果。

(三)实践性原则

所谓实践性,是指高校德育创新应在开放的基础上,通过师生互动和活动体验,使德育过程成为激发学生道德思维和创造的过程，在动态中实现德育的内化、提升。

1. 德育课堂要贯穿实践性

德育课堂的实践性就是培养学生分析问题和解决问题的能力，使实践的过程成为学生道德自我完善成熟的过程。为突出德育课堂的实践性，要彻底革除传统的观念，打破德育课堂固定、静态、纯理论模式，将课堂融入现实生活，使德育课堂成为学生真刀真枪解决实际问题的大舞台。

首先，德育课堂的实践性，要突出教师与学生、学生与学生间的互动，在互动中交流、探讨、内化、提高。

其次，德育课堂的实践性，要突出学生动手、动脑能力的培养，使学生面对现实生活中的道德问题，能够从容地运用自己的道德经验去解决处理。

2. 德育活动要突出实践性

德育活动的实践性，应注重学生在活动中的亲身体验，强调学生通过实践活动获取直接经验。高校具有德育作用和效果的活动不少，比如新生军训、社会实践、希望工程，等等。这些活动可以按照现代德育理念进行科学设计，重点开发，突出活动中学生对事物的感性认识，充分调动学生的感觉器官与心灵的双向交流，把交流中获取的感觉、感知、感情通过思想的过滤、提炼，升华到理性认识，凝结成自己的道德观点。

（四）层次性原则

所谓层次性原则，是指高校德育工作要根据不同教育阶段大学生的年龄特征和思想品德水平，确定不同的教育方法、教育目标、教育内容和教育要求等，做到因人施教、因龄施教、因情施教。

1. 要因人确定德育工作目标

高校德育工作目标缺乏层次性，将有可能导致在教育学生时，采取精英主义立场，德育工作的天平倾向少数大学生，热衷于抓尖子、抓典型，忽视甚至放弃了多数学生。在德育过程中重理论知识的灌输，轻道德体验、道德情感和道德意志的培养与塑造，轻行动的锻炼。在德育效果上，大学生在学校里能自觉按学校要求去做，是"好"学生，到社会则按自己的要求去做，是个"差"学生，形成"虚伪"人才。因此，高校德育工作要拟定一套基本的道德要求，努力分层次、有步骤地引导大学生从低向高、脚踏实地地从基本道德要求向较高道德追求迈进。

2. 要因人确定德育工作的广度和深度

大学生由于年龄和身心发展水平的差异,所能接受的德育内容层次的广度和深度也就不同。因此,高校德育工作要在具体要求、内容上必须与其相适应。极少数大学生存在厌学、心理障碍等等情况,如果内容的广度和深度脱离了其实际,即使内容正确无误,其结果必然是无效或者收效甚微。

3. 要因人确定德育工作的手段和方法

高校德育课教师必须认真研究大学生的个性特征,分清其应达到的道德水平,分清其因个体经验、阅历的不同而呈现出的不同个体道德成熟水平,对不同学生选择并实施不同的手段和方法。

第三节　新时期高校德育如何创新

科学发展观的概念,指的是坚持以人为本,树立全面、协调、可持续的发展观,促进经济社会和人的全面发展。这一概念给处于困境中的高校德育注入了新鲜的血液,指明了新的发展方向。高校德育应以科学发展观为指导思想,进行德育理念创新、德育内容创新、德育方法创新、德育机制创新、德育评价创新、德育环境创新和加强师德,使高校德育重新焕发生机和活力,为我国社会主义现代化建设培养更多道德品质过硬的优秀人才。

一、高校德育理念创新

在高校德育创新中,理念创新尤其具有先导性和根本性。主要是树立"以人为本"的德育新理念,尊重大学生的主体地位,注重大学生个性的发展和潜能的开发,从而实现大学生全面、和谐、自由的发展。

马克思主义唯物史观把人类社会既视为一个自然历史过程,又视为人自觉活动的结果,认为社会发展是客观规律性与人的主观能动性辩证统一的过程。科学发展观把以人为本作为自己的核心和本质,把人的全面、和谐发展和社会的全面进步作为自己的出发点和落脚点,这正是对马克思主义历史主体论的继承和坚持。德育是关于人全面、和谐发展的科学。以科学发展观指导现代高校德育,必须把以人为本确立为高校德育的基本理念,进一步凸显学生在德育中的主体地位,把学生作为学校教育的价值主体、动力主体、权利主体和发展主体,紧紧围绕促进学生的成长、成才的目标,从当代大学生的思想、学习和生活实际出发，坚持德育塑造人的基本定位，并将塑造人与为了人、激励人、服务人、发展人统一起来，不断增强教育的针对性、主动性和创造性。贯彻"以人为本"的德育理念，就要做到教师与学生角色的准确定位。

（一）要破除"教师中心论"的旧观念

教师在德育教育教学过程中，既是教育者又是受教育者，这样才能做到与学生教学相长，相互提升；同时，教师的角色应由"演员"向"导演"转变，教师要善于调动每一个学生的内在积极性，发挥每一个学生的主体能动性，使学生从被动的受教育者成为主动学习的自我教育者。而且把这种"人本"思想体现在对学生的日常生活和学习的关心、帮助、尊重和激励上，成为学生的良师益友，准确把握学生的思想动脉，积极引导学生道德的发展方向。

（二）要树立"学生中心论"的新观念

充分发挥学生自身的主体意识，让学生在德育教育教学活动中"搭台唱戏"，成为活动的主角。这样，不但会满足学生自我实现的心理需求，还要增强学生的价值感和成就感。同时，学生角色成为"演员"后，原先那些社会要求就会转化为学生的自我要求，那些外在的道德原则和社会规范就会内化为他们自身的道德信念和行为准则。从而使学生由"道德他律"变为"道德自律"，自觉规范自己的行为，成为德行高尚的人。

二、高校德育内容创新

从高校学生全面发展的需要出发，坚持以学生为本，解放思想，实事求是，与时俱进，遵循德育发展的新理念，在实践中不断创新高校德育内容。

（一）德育内容创新应与时代发展相适应

《中国普通高等学校德育大纲》中指出："高等学校德育要适应新的历史条件，不断改革内容和方法，不断创造新经验。"传统的德育往往强调其政治性功能，关注学生的政治方向和思想品德，这无疑是十分重要的，但面对未来社会，如果还局限于此，显然不能满足社会和受教育者自身发展的需求，这种纯思想教育和政治性的品德教育将显得苍白无力。

二十一世纪的德育，其目标应该从单纯的政治思想品德功能，向注重学生综合素质和个性发展进行拓展，从而符合知识经济对人才全方位的要求。德育内容将根据新世纪的世界格局，根据受教育者的特点，不断改革和完善教学内容，在提高受教育者的综合素质上下功夫，促进人的全面发展和个性的自由发挥，从而使德育理论成为一个能适应变革的综合化新体系。同时，适应民族性教育和国际性教育的双重需要，德育工作在进一步深入挖掘和继承民族优秀历史文化传统的同时，把传统文化与现代化科学嫁接起来，把德育内容与世界政治、经济、文化、军事等方面联系起来，从横向和纵向两个方面不断拓展德育工作的范围和空间，从而从大视野、大思路去迎接世界的风云变化和发展格局，培养全面发展的综合型素质人才。

社会主义核心价值观是我国社会主义道德建设过程中的一项重要理论，具有很强的思想性、指导性和现实针对性。它集中体现了爱国主义、集体主义、社会主义思想，体现了社会主义基本道德规范的本质要求，体现了依法治国同以德治国相统一的治国方略，是中华民族传统美德、优秀革命道德与时代精神的完美结合。高校应将荣辱观教育融入德育中，切实加强和改进当代大学生思想教育工作，培育并帮助大学生树立正确的人生观、价值观和道德观。

（二）德育内容应与人才发展的需求相适应

二十世纪 70 年代以来，国际教育界通过了《学会生存》《学无止境》《学会关心》《教育——财富蕴藏其中》四个重要文献。二十一世纪教育委员会提出人才素质的标准：

第一，有积极进取开拓的精神；

第二，有崇高的道德品质和对人类的责任感；

第三，在急剧变化的竞争中，有较强的适应能力和创造能力；

第四，有宽厚扎实的基础知识，有广泛联系实际、解决实际问题的能力；

第五，有终身学习的本领，适应科学技术综合化的发展趋向；

第六，有丰富多彩的健康个性；

第七，具有和他人协调和进行国际交往的能力。

这给我们发出一个强烈的信号，国际教育界人才培养思路发生了重大变化，从学知识到做事到与他人相处，再到学会发展，学会做人，都开始把眼光从单纯的专业技能教育，转向全面素质的提高，都强调人才培养要从单纯知识的掌握，到能力的发展，到与人相处的艺术，到广泛可持续发展的潜质。

可见，德育在人才素质的培养中具有重要的位置。德育内容创新要以科学发展观为指导，把学生培养为全面的人、独立的人、道德的人、健康的人、创新的人，即不仅要关注受教育者政治方向、思想观念等意识层面上的问题，也要关注受教育者身心健康；不仅注重受教育者知识、技能、思维培养，也要十分重视受教育者情感、意志、兴趣、需要、信仰等个性素质，以及社会责任感与社会能力的培养。

总而言之，德育不仅要为受教育者成长指明方向，而且要为受教育者成长所需的个性与才能的发展提供必要的指导与帮助。

三、高校德育方法创新

（一）科学运用典型示范的方法并确立引导式德育方法

运用典型示范的方法，就是利用典型的人和事例对学生进行教育，引导学生去学习、对照和仿效。典型示范法的特点是将抽象的说理变成活生生的典型人物或事件来进行教育，从而激起人们思想情感的共鸣。

第一，深入实际，善于发现典型和推广典型，树立的典型必须有群众基础，其先进事迹必须真实可靠；第二，组织、引导学生有计划、有步骤地学习先进；第三，做好宣传工作，使学生提高学习榜样的思想认识，端正学习态度。如参观展览、听报告会、与模范人物座谈、听先进个人介绍经验等等；第四，形成一个比、学、赶、帮、超的良好舆论环境，推动学习；第五，德育工作者自己也要把先进人物作为追赶对象，这样引导学生学习榜样才能有力量。

（二）重视校园文化建设并确立渗透式德育方法

校园文化是社会文化的一种亚文化，是具有高等学校特点的一种精神环境和文化氛围，它包括学校的教学、科研活动，以及校风、学风、校园环境、制度建设、管理水平、生活服务等多方面的内容。大学生生活绝大部分时光是在校园文化的潜移默化作用中度过的，通过校园文化的渗透可确立渗透式德育方法。

1. 由有形教育向无形教育转化

有形教育指"两课"教育，党团组织生活，形势政策报告，以及政治学习和讨论等专门的德育活动。无形教育指校风、学风、教风、班风等校园文化的潜移默化。有形教育是必要的。但是，若在运作方式上恰当地借助于无形教育，效果可能更好。无形教育形式多样，生动活泼，寓教于美，寓教于乐，使学生在无形无声中受到熏陶和感染，校园文化就具有这种无形教育的特点，因此，加强校园文化建设，努力塑造校园精神，弘扬富有时代特色的校园精神主旋律，成为教育学生的重要力量。

2. 由有意识教育向无意识教育转化

有意识教育，是指有目的、有计划、有组织地对大学生施加思想、政治和道德影响的以理性形式出现的德育活动。无意识教育，是指体现一定价值观念和审美意向的、以感性形式出现的各种有声有色的校园文化活动及物质环境。校园文化通过提供具有教育意义的场景和活动，对大学生施加影响，使其在无意识中得到教诲。因此，在校园文化建设中，大力绿化、美化校园，发扬为人师表、尊师爱生的风气，完善校园文化设施，开展丰富多彩的文艺活动，努力营造校园氛围，这是使有意识教育向无意识教育转化的重要条件。

3. 由外在教育向自我教育转化

不管是有形教育向无形教育转化，还是有意识教育向无意识教育转化，归根结底，是外在教育向内在教育即自我教育的转化。作为校园文化主体的大学生，其活动的主要结果应该是他们自身的发展。为此，校园文化建设中，应该创造各种学生喜闻乐见的形式，如各种演讲赛、辩论赛、学生宿舍文明建设等，通过学生积极主动的参与，不断提高学生自我教育的能力。

（三）拓展高校德育渠道并确立体验式德育方法

实践教育作为高校德育的渠道，是近年来高校德育工作者创造的一种理论联系实际的教育方法。

这里的实践主要包括三层含义：一是指德育对象的人生实践、人生体验。例如，参观访问、社会调查、社会服务活动等。二是德育活动中的社会实践。例如，公益劳动、青年志愿者服务队。三是德育行为的践行、养成，如学生参加军训、规范管理。实践教育之所以作为高校德育的一个重要方法加以提出，主要因为下列因素：从实践上看，改革开放以来，高校德育在实践方面大胆改革，成绩显著，走出了一条成功的路子；从理论上看，实践既是德育的起点，又是德育的终点，还是德育实施的重要途径和方法，高校应重视实践教育，确立体验式德育方法。

首先，要引导学生勇于实践。即增加学生对人生的感性认识、初始认识，建立学生的初始信念。艰辛知人生，实践长才干。为此，要让学生深入生活，了解生活的底蕴。

其次，要从根本上提高对社会实践的认识。当前，我国改革发展正进入关键时期，高校德育要突出拥护和支持改革这个时代性课题，要通过理论教育和社会实践，从根本上坚定改革的信念，正确对待改革中利益关系的调整，积极为推进改革贡献力量。为此，要适应改革开放的新发展，及时调整充实德育基地，使实践教学制度化、规范化和系列化。最后，注重德行养成。"纸上得来终觉浅，绝知此事要躬行"。一个人要养成良好的道德行为，只有理论知识是不够的，必须付诸实践，知行统一。

（四）贯彻因材施教原则并确立咨询式德育方法

因材施教，就是区分层次，因人施教，根据不同对象的特点和需要开展工作，在德育过程中，确立咨询式德育方法，融德育内容于其中，往往会收到很好的效果。从目前的发展趋势看，心理咨询不仅是一种治疗过程，更重要的是一种帮助、启发和教育的过程。咨询式德育方法是满足学生多方面的需要，是通过咨询机构在开展咨询服务的同时，兼有培训与辅导，以及评价与对策研究在内的三个相互联系的组成部分。

1. 咨询服务

它是整个咨询机构的首要任务，其内容涉及大学生有关的诸多方面，不仅是心理领域，如理想、人生、人格、社会、友谊、爱情、学习，以及某些病症，而且涉及工作方法与能力培养、就业、择业等方面的一些咨询内容。

2. 培训与辅导

旨在按照某种特定的要求，依据人的心理形式、变化和发展的相关原理，通过一定的背景与技术手段，训练辅导某个群体或个体达到某种特定的要求，从而增加一些培养学生心理素质或其他方面的不足内容。

3. 评价与对策研究

咨询式德育方法要科学化与正规化，评价与对策研究是必不可少的，这项工作是建立在咨询案例的积累与总结上，因此咨询档案的建立成为首要的任务。结合高校的状况，可以进行以下几方面的评价与对策研究：一是新生基本素质的评价与分析，目的是把握学生的素质倾向性，并依此提出合乎科学的教育方法，真正做到因人施教。二是学生的基本素质评价与教育对策研究，目的在于科学地预测与把握学生的发展趋势，提出相应的教育对策，达到良好的教育效果，并为学生的择业提供指导性意见。三是常规测评内容与方法的研究，这是辅助咨询的手段，主要是通过一些量表来对学生进行评价。

（五）借助大众传播媒介实现德育手段的现代化

1. 要注重传统媒体的德育功能开发

当今时代，是一个大众传播媒介飞速发展的时代。报纸、杂志、书籍、广播、电视、电影、录像等大众传播媒介被称之为最重要的舆论工具，我们在注重传统媒体作用的同时，更要加强对其功能的开发，如在学生宿舍安装闭路电视，充分利用校报、广播台等，及时传播正面信息，分析热点、难点问题，帮助大学生化解矛盾，把问题消灭在萌芽状态。

2. 利用多媒体技术并增强德育课效果

信息技术、网络技术、多媒体技术，在教育领域中的运用，使传统教学手段正发生着日新月异的变化。思想教育的个别谈话式将一改传统的"直面"的形式，不受时间与空间的限制，教育者与受教育者之间的信息、思想、情感等内容的交流，将通过计算机这个中介来进行。新时代的高校德育，一方面，坚持和强化对大学生的社会意识形态教育、中华民族传统美德和优秀文化教育；另一方面，要努力实现德育课教育的现代化、多媒体化，深入研究德育课教学方法的特殊规律，开发一些多媒体德育教学软件，改变德育教学中呆板的一面，激发大学生学习的兴趣。

3. 运用现代网络技术并实现德育网络化

德育信息网络包括校报、校刊、校广播台、校有线电视台、阅报栏、宣传橱窗，特别是校园计算机网络。该网络既应当充当"把关人"的角色，尽可能把一些流入学校的消极信息过滤掉，又应当发挥"天平"的作用，对一些难以过滤的消极信息进行平衡。该网络的主流应是积极向上的，阻挡、抵制网上的消极信息；要调动可以利用的校园内各种资源，或制作软件，或主动发布信息，主动向各种不良信息应战；要调动广大学生参与的积极性，让学生熟悉现代信息社会的基本运行手段和运行规则，使他们走出校园面对信息冲击，能显得比较成熟和从容。

四、高校德育机制创新

只有建立一套在社会主义市场经济条件下有效运转的，科学化、规范化的工作机制，才能使高校德育工作按照其固有的规律，正确有序的运行，健康持续地发展。当前，要重点健全四大机制：

（一）健全领导机制

党委是学校德育工作的领导核心，应当研究德育的指导思想、工作方针、任务和重要问题，主持制定德育的总体规划与实施计划，定期分析学生思想政治状况和德育工作情况。在党委的统一部署下，建立和完善校长及行政系统为主实施的德育管理体制，校长对学生德、智、体全面负责。一般应明确一名副校长（可由党委副书记兼任）具体负责德育工作。可成立学校德育工作领导小组，也应建立相应的德育工作领导小组。

高校的党委宣传部、学生工作部、"两课"的教学部门、教务处、学生处、团委是组织德育实施的主要职能部门；党委组织部、学工部、人事处是德育队伍的管理部门。学校的其他相关部门都要主动参与、密切配合，真正做到齐抓共管。

各省、自治区、直辖市和中央有关部委教育部门应有相应的机构，推动本地区和本系统高校德育的组织实施。

（二）健全激励机制

激励机制实际上是竞争机制。建立德育激励机制，应遵循教育的外部关系规律，及时地学习和贯彻领导机关有关德育工作的指示精神和信息，以激励和调动全体教职工搞好德育工作的积极性，其理论依据是施教者和受教者均有搞好德育工作的内在动力。其基本途径是鼓励和保护各种形式的竞争，通过物质和精神的两种鼓励方法，通过责、权、利的再确定和再分配，充分调动施教者和受教者的积极性、主动性、创造性，以互相配合，互相促进，齐心协力地把德育工作搞好。

目前，一些高校已经采取将德、智、体综合测评与学生的评优、学生贷款、奖金的发放实行挂钩的办法，也有的高校出台了对德育工作者工作成效的考评和评估的操作方案，对提高德育工作队伍的工作效果也起着激励作用。这种考核和评估要按照不同层次的工作目标，不同的工作职权确立不同的评估内容和标准，实行定性和定量结合，纵向、横向比较结合，专项考评和综合考评结合。考评结果要与物质奖励和精神奖励挂钩，通过考评合理拉开收入档次，激励先进，督促后进，及时改进工作。

（三）健全协调机制

高校德育是一个"和谐的大德育"系统，需要高校内部各个工作部门、各个岗位的协调和配合。

建立有效的协调机制，动员各方面的力量，包括党政协调、教育和管理协调、专职人员和非专职人员协调，特别是后者。要明确分工、职责，处理好集中教育与分散教育、阶段性教育与日常性教育的关系，专职人员要集中精力去解决那些带有普遍性、倾向性的思想认识问题，而在具体工作过程中出现的各种思想问题，应由做行政、业务工作的同志随时加以解决。

做到协调，就要明确直接从事教学、科研、后勤等工作同志的教育职责，提高他们"教书育人，管理育人，服务育人"的自觉性，同时要求专职德育工作者要熟悉业务，提高科学文化素质和思想理论水平，这样才能把德育工作同专业教学工作、行政管理工作，以及后勤服务工作有机结合起来，更好地服务于德育工作。

（四）健全投入机制

德育经费要确定科目、列入预算。基本来源为政府拨给的事业费和收缴的学生培养费或学杂费。高校德育经费投入的范围，包括对学生进行思想教育的教学、管理和日常德育活动两部分。思想教育教学、管理经费投入，包括马克思主义理论课和思想品德课教学、德育专职人员和"两课"教师的培训提高、社会考察与调研、有关教研室的业务条件建设和图书资料、德育科研。日常德育活动经费投入，包括对学生的日常思想品德教育、假期和课余组织的学生实践、大型德育活动，以及用于学生和德育队伍表彰等所需经费。学校应把建设适应学生德智体全面发展的现代化德育设施、设备和活动场所、基地纳入总体建设规划，并从基本建设费和设备费中给予保证。各级政府要在德育工作"硬件"建设上给予支持和优惠，不断增添活动场所，更新设备，完善设施，从而使高校德育工作的各项方针政策真正落到实处。

五、高校德育环境创新

德育应是全社会的力量共同投入完成的大工程，要遵循德育规律，建立起学校、家庭、社会"三位一体""齐抓共管"的"大德育"格局。

（一）高校、社会和家庭各司其职

从学校方面看，幼儿园、小学、初中、高中、大学每个阶段都应很好地开展德育工作，这几个环节是相互衔接的，德育工作是一个过程，把每个阶段抓好，才能为高校德育工作铺好路，打好基础。高校是大学生成才的摇篮，营造优良的德育氛围，对大学生思想品德的形成和发展起着至关重要的作用。高校要全面贯彻和执行党的教育方针，加大德育工作的力度，全方位、全过程、多角度地对学生实施教育和影响，在各门学科教学中都努力渗透思想品德教育。高校德育工作要贯穿于学校工作的各个方面，贯穿于学校教学、科研、学科建设，以及行政管理、后勤服务的各个环节，做到教书育人、管理育人、服务于人，实现全过程育人、全员育人、全方位育人。

从社会方面看，社会的各个部门和行业，也应配合高校德育工作。大学时期是大学生世界观、人生观、价值观形成的重要时期，社会环境的优劣，对其思想道德素质培养起着重要的作用。优化社会环境应引起全社会的高度重视，需要各级党委、政府和全体公民的共同努力。党和政府要充分宣传党的路线、方针和政策，使公民理解、拥护、支持和参与改革；继续加强党政干部的廉政建设，加大查处腐败现象的力度；继续加强社会治安综合治理工作，坚决查处"黄、赌、毒"现象；努力优化社会舆论环境，充分发挥舆论在道德建设中的引导、评价、监督作用。

从家庭方面看，家长要时刻关注孩子的变化，多与孩子沟通、谈心，及时纠正他们错误的人生观、价值观，将孩子引向正常生活的轨道，跟上时代潮流。

（二）高校、社会和家庭的沟通与合作

毫无疑问，在对大学生的德育教育过程中，学校、社会、家庭三者的影响，都是不可忽视的，需要学校、社会、家庭三个方面形成一个有机的系统来共同完成。当前，高校德育工作中存在着与家庭、社会协调不够的问题，必须加以克服。

学校要主动争取家庭、社会对学校德育的支持，充分发挥家庭、社会教育的积极作用。教师要主动联系家长，建立家、校联系制度，互通学生有关情况，使学生的教育不留"盲点"；同时，使家长的意见及时得到反映，促进学校德育工作和家庭德育工作有针对性地开展。

学校应充分开发、利用社会丰富的德育资源，开展德育工作。通过校企合作、产教结合等形式，多渠道创建校外德育基地，紧密结合学生学习的专业实际，聘请有关人员为校外德育辅导员，并定期请他们来校讲课，通过走出去、请进来，开阔学生视野，使培养出来的学生适应社会的需要。学校应该定期对学生进行跟踪调查，了解社会对人才培养的要求和学生适应社会的情况，以改进高校德育工作。

六、加强师德建设

在高校德育中，教师作为人类灵魂的工程师，发挥着主导作用。一个学校的教师师德

状况如何，不仅可以反映出该校教师队伍素质的高低和教学质量的好坏，还直接影响着师生的精神风貌和学校的整体文明程度。在学校德育工作中，衡量德育效果的高低，通常是看德育目标转化为个体品质的程度。如果教育培养目标的要求能够转化为学生个体的素质，那么德育工作就达到了预期的效果。德育效果一方面，与受教育者的接受程度有关，另一方面，也与教育者自身的思想修养有关。教育的一般规律告诉我们：教育是教育者和受教育者的双边活动，且教育者在活动中起重要作用，也就是说，在德育工作中，教师队伍的师德状况是决定德育效果的主要因素之一。这是因为教育具有以人格培养人格，以灵魂塑造灵魂的特点。长期的教学实践表明，教师良好的思想观念、品德修养，对学生的健康成长具有重要的导向作用和潜移默化的影响作用。

制度建设是教师队伍建设的基础。俗话说，没有规矩，不成方圆。良好师德的养成是一个渐进的过程，既要靠自律，也要靠他律。在师德建设中，既要重视思想教育的作用，又要从制度上加以严格的约束和管理，督促教师自觉履行教书育人职责。

当前，应重点制定和完善以下几项制度：

（一）师德学习培训制度

首先，政治素质的培训。主要包括：政治理论教育、时事政策教育，法律法规教育等。当前，要重点加强对各项政治理论重要思想的学习，以及党的有关路线、方针、政策和重大时事政治的学习，使广大教师坚定其政治信念。

其次，道德素质的培训。主要包括：公民道德规范教育、教师职业道德教育，学术道德教育等。重点应学习《我国公民道德建设纲要》《高等学校教师职业道德规范》等文件，提高广大教师爱岗敬业，忠于职守，教书育人，为人师表的自觉性。

最后，业务素质的培训。主要包括：学习教育的新理论、新观念、新思想、新知识、新方法等。通过业务素质的培训，使广大教师不断提高教育理论修养、知识水平、教学能力，从而更好地担负起教书育人的职责。

（二）师德考评监督制度

充分发挥师德考评和社会监督作用，是提高师德水平的重要保证。"人非圣贤，孰能无过"，有了他人和社会的监督，使教师更加注重自己的一言一行。对教师师德的考评，也是对教师德才表现和工作成绩的综合检查，对教师本身的发展有着重要的影响作用。高校应采取民主公开的方法，建立健全教师自评，教师互评，学生评价和领导评价相结合的考评机制，使教师更清楚地认识到自己的形象，从而督促自己在任何时候都要做到为人师表。

（三）师德激励约束制度

良好师德的形成，既要靠学习教育，也要靠激励约束。学习教育是基础，激励约束是一种必要的手段。激励就是表彰先进，树立榜样，建立师德标准；约束就是对违反师德的教师，按照规定严肃处理，对于品德不良，师德败坏，社会影响恶劣的，坚决取消其教师资格。从而使教师在制度的约束下，自觉规范自己的言行。良好师德的养成，有助于强有力的激励和约束机制，只有这样，才能确保师德建设取得实效。

（四）师德内化自律制度

提高师德修养，离不开外部的条件和作用。但是，主要还是依靠教师自身的主观努力和高度的自觉性。师德修养就其本质来说，是教师内心的自我认识、自我教育、自我提高。因此，建立师德内化自律制度，十分重要。内化就是教师将社会约定的职业道德规范转化为教师自身的行为准则，将外在的约束和要求转化为自身道德修养的过程；自律就是无论是否有外在的约束或监督，教师都能严格要求自己，自觉自愿地遵守规范。内化自律制度的建立，使得教师在行动中遵守师德规范时，内心会感受到欣慰和愉悦；如果违背了原则，就会内疚和自责，从而达到"慎独"自律这样一种高度自觉的道德境界。

七、德育评价机制的创新

（一）建立多功能的学生德育评价机制

高校的学生德育评价的目的，不仅仅在于评定学生的德育水平，对学生的德育状况有一个诊断，更重要的意义是，通过德育的评价起到鼓励先进、鞭策后进的激励作用。只有通过充分激发德育评价的激励功能，才能使学校的德育活动自始至终处于一种积极活跃的最佳状态之中。

（二）德育评价要从"单一结果评价"向"多样结果评价"转变

当前，德育评价单一结果的评价形式，越来越不能反映学生多样化的状况和不同的个体特点，在客观上也不能适应高校素质教育的推行和社会对大学生多样人才的现实需求。

因此，德育评价在内容上，要从单纯重视道德认知成绩的评定，转向对学生的"德"和"能"综合素质的全面考察。在结果上，要从单一综合定性等级评价转变为客观反映学生各类情况多样化的纪实评价，建立起综合性的、多样化的学生新型评价体系，积极推进学生德育评价体制的革新。

（三）德育评价要将"自评"和"他评"结合起来

在高校的育人过程中，教育者和学生都是主体，既要充分发挥教师在教育过程中的主导作用，也要充分尊重学生的主体地位，这是一个重要的现代教育理念。但是，在现实的学生德育评价过程中，学生往往处于较为被动的被评定地位，学生德育评价往往注重"他评"，而忽视学生对自身德育状况的"自评"，没有能充分体现和发挥学生的主体地位与作用。因此，我们要通过德育评价从"他评"到"自评"的转变，将两者有机地结合起来，积极引导学生把德育的外在要求转化为内在的动力，促使评价活动成为学生自我教育、自我调节的有效载体，更大地发挥德育评价的导向激励功能。

（四）德育评价要将"定性评价"和"定量评价"结合起来

在现实操作中，通过定量评价产生学生德育定性等级的办法，带有很大的不合理性。同时，由于定量评价是产生学生德育定性等级的基础，因此，学生都十分注重各项指标的得分，这往往导致高校学生德育评价，由对学生德育的诊断与激励变成学生对利益的追逐，所以，要定性评价与定量评价相结合。定量评价是指采用数学的方法，收集和处理数据资料，对评价对象做出定量结论的价值判断。定性评价是指不采用数学方法，而是根据评价对象平时的表现，现实的状态或文献资料的观察分析，直接对评价对象做出评价的价值判断，以求得对学生更客观和更全面的评价。

第二章 高校德育思维方式发展

　　思维方式与高校德育思维方式是本书的两个核心概念。思维方式是看不见、摸不着的，其内涵丰富，形式多样，难以把握。难以把握不等于不能把握，本章对思维方式研究的历史做了简单考察后，界定了思维方式的含义，分析了思维方式发展变化的根源及特征，探讨了简单性思维方式和复杂性思维方式的特征及关系。人类任何活动的背后都有一定的思维方式来指导，高校德育也不能例外。高校德育思维方式是隐藏在高校德育教育方式背后"看不见的手"，要通过研究高校德育教育方式来洞察高校德育思维方式。

第一节　思维方式与高校德育思维方式

　　思维方式是哲学认识论的重要论题之一。人类认识事物、探寻真理离不开一定的工具和手段，其中思维方式就是不可或缺的工具和手段。思维是人脑的"固有属性"或"存在方式"，人类认识事物时必然需要脑部的运动，其运动的结果是形成一定的思想观念和精神意识。运用不同的思维方式考察同一事物，得到的结果会有所不同甚至截然相反。

一、思维方式

（一）思维方式的含义

1. 思维的含义

　　思维是人脑对客观事物进行分析、综合、判断、推理的活动，是人们反映外部世界本质和规律的能力，是人认识事物的活动过程和对信息的一种排序。思维属于哲学方法论的范畴，也是大脑神经网络这个复杂系统的运动过程。《中国百科大辞典》中关于思维的定义："思维又作思惟，即思量、思忖、思考。人类对客观事物间接的和概括的反映。思维以感觉和知觉为基础，它揭示事物的本质特征和内在联系，是认识的高级形式。思维是通过一系列复杂的操作来实现的,人们在头脑中运用贮存在长时记忆中的知识和经验,对外界输入的信息进行分析、综合、比较、抽象和概括的过程。"可见,离开思维,人类无法把握事物的本质、实质,无法把握世界的普遍力量和终极目的。思维要完成这些任务,必须借助于一定的思维方法,即采取相应的思维方式。正如黑格尔所说:"当精神一走上思想的道路,不陷入虚浮,而能保持着追求真理的意志和勇气时,它可以立即发现,只有(正确的)方法才能够规范思想,指导思想去把握实质,并保持于实质中。"因此,认识思维方式是十分必要的。

2. 思维方式的含义

西方哲学史上第一个自觉地系统研究人类思维的哲学家是亚里士多德,他"通过对范畴、定义、命题、三段论、演绎方法以及思维规则、规律等内容的探讨,确立了理性思维的起点(范畴),表征或展示了思维活动的程式或思维推进的程序,构成了思维活动的'格',建立了第一个思维的形式化体系(三段论),确立了思维活动所应遵循的规则、方法以及蕴含于思维活动中的规律"。亚氏把三段论演绎推理方式看作推导和论证新知识的有效工具,建立了初等的符号化形式系统,制定了相关的思维规则。亚氏的三段论演绎推理方式成为经院哲学论证神学信仰的思维工具,对西方人的思维方式产生了深远的影响。随着科学技术的发展,亚氏的三段论形式逻辑逐渐成为人们追求新知识的思维桎梏。

弗兰西斯·培根提出"假象说"对形式逻辑思维进行了批判,在分析"假象"的功能时揭示了影响思维方式的诸因素,揭示了思维方式与人的情感、意志、信仰、信念、语言等方面的关系。培根批判旧思维方式的根本目的是创设一种新的思维工具——归纳法,以归纳法形成新的概念和原理来肃清各种"假象"。通过对归纳法的研究,培根明确提出认识和把握事物的本质与发展规律必须遵循的思维程序和原则,这成为近代自觉研究思维方式的起点。

笛卡尔对思维方式的探讨蕴涵于认识论中,即蕴涵于对真理的探求中,也就是说他要寻求达到客观确定性知识所采取的方法与必须遵循的原则,因此,认识活动的起点、中介、方法、程序等构成研究思维方式的主要内容。笛卡尔以理性的怀疑精神和怀疑态度对传统思维方式进行清理和改造,创建了新的思维方法——演绎法,演绎法对西方哲学思维方式产生了深远影响。黑格尔赞许道:"在哲学上,笛卡尔开创了一个全新的方向:从他起,开始了哲学上的新时代;从此哲学文化改弦更张,可以在思想中以普遍性的形式把握它的高级精神原则。"

在马克思主义哲学产生前,思维方式研究的集大成者是黑格尔。"黑格尔首先将哲学界定为一种'思维方式',然后在此基础上,展开了思维方式的本质和类型的剖析,构筑了马克思主义哲学之前对思维方式研究最完备的理论体系。"黑格尔认为,"精神是主动的,它的活动是以特定的方式进行的",这种"特定的方式"就是思维方式,即主体用思维去把握客体、认识"真理"、追求"绝对"的模式和工具。黑格尔把人类思维的类型划分为四种:表象或经验思维、形式或知性思维、灵感或直觉思维、概念或辩证思维。黑格尔认为,表象或经验思维停留于直观或直接经验,用抽象分析法将事物内容分解为各种抽象的规定;形式或知性思维从感性具体中得到抽象规定,再用有限的抽象规定去把握无限的真理;灵感或直觉思维带有偶发性,取消了逻辑思维;概念或辩证思维是分析与综合的统一,是最合理的思维方式。

马克思主义经典作家们也十分重视思维方式的研究。恩格斯说:"离开思维便不能前进,而且要思维就得有思维规定。"马克思主义创始人在批判继承黑格尔思维方式研究成果的基础上,以唯物史观作为思维方式研究的基础,实现了思维方式研究的伟大变革,形成了马克思主义的思维方式——实践思维方式。思维方式的对象是感性材料,因此,思维"必须充分地占有材料,分析它的各种发展形式,探寻这些形式的内在联系,只有这项工作完成以后,现实的运动才能适当地叙述出来。这点一旦做到,材料的生命一旦观念地反映出来,呈现在我们面前的就好像是一个先验的结构了"。马克思所说的"先验的结构"其实就是思维方式,思维方式对感性材料具有分析、选择、整合的功能,思维方式的存在是大脑对感性材料进行组织、分析、加工的前提条件。"先验的结构"相对于具体认识对象而言具有先在性,是在以前的实践活动中形成的。正如列宁所说:"人的实践经过亿万次的重复,在人的意识中以逻辑的式固定下来。这些正是(而且只是)由于亿万次的重复才有着先入之见的巩固性和公理的性质。"列宁阐述了"逻辑的式"与实践活动的辩证关系,"逻辑的式"是亿万次实践活动的产物,同时在亿万次的实践活动中人的意识又使这些"逻辑的式"以思维规则和思维方法等形式固定下来,进而又调节和控制人的实践活动。"逻辑的式"就是思维运演的逻辑,就是思维方式。

从以上分析可以看到,"思维方式即在思维活动进行之前主体思维既有的'先验的结构',它在认识、思维活动中具体地表现为设定问题、选择问题、剖析与解决问题和说明问题的思维形式、思维方法,或者可以说,思维方式即是思维结构、思维形式和思维方法等方面的概称"。人类的思维活动是人脑根据自身的社会实践,凭借语言等符号系统,并遵循一定的运作程序,理解和把握世界的过程。思维方式是抽象的思想方式,"是人们思考问题,进行抽象思维的方式,是主体认识客观现实,在思维中反映和把握客观现实的方式。包括人们思考问题的角度和思维的路线、方法"。思维方式是一个带有整体性和综合性的范畴，是人们对世界整体性的认知方式，是一定时代人们的理论认识方式。所谓思维方式，是一定社会历史实践活动形成的、由人的各种思维要素及其结合并按一定的方法和程序表现出来的相对稳定的思维样式，是主体观念的理解和把握世界的一种认识方式，即认识的发动、运行和转换的内在机制和过程。

（二）思维方式发展变化的根源、过程及特征

思维方式的产生根源于实践方式，实践方式的发展变化决定了思维方式的发展变化。但思维方式具有相对稳定性，往往滞后于实践方式的发展变化。

1. 思维方式发展变化的根源

不同历史时代的思维方式是不同的，这归根到底是由各个历史时代不同的实践方式造成的。每个历史时代的思维方式，只有从该历史时代的实践发展状况中才能得到科学的说明。

一方面，思维方式归根到底是由实践方式决定的。恩格斯指出："人的思维的最本质的和最切近的基础，正是人所引起的自然界的变化，而不仅仅是自然界本身；人在怎样的程度上学会改变自然界，人的智力就在怎样的程度上发展起来。"一定时代的生产力发展水平，特别是科学技术发展水平，决定着生活在这一时代的人们的社会存在方式和行为方式，进而决定着这一时代人们的思维方式。"每一个时代的理论思维，从而我们时代的理论思维，都是一种历史的产物，它在不同的时代具有完全不同的形式，同时具有完全不同的内容。"不同的时代，由于人们生产方式和生活方式的不同，形成了具有时代特色的思想观念，这些思想观念以"逻辑的式"固定下来就成为该时代的思维方式。

另一方面，思维方式随实践方式的发展变化而发展变化。人类高度发达的思维能力并不是与生俱来的，而是在认识和改造世界的活动中由低级到高级，由简单到复杂逐步发展起来的。人类思维方式的发展变化是人在改变客观世界的同时，不断进行自我调整和自我改变的结果。正如马克思所说："发展着自己的物质生产和物质交往的人们，在改变自己的这个现实的同时也改变着自己的思维和思维的产物。不是意识决定生活，而是生活决定意识。"思维方式是动态的和过程性的，它必然伴随着人类生产方式的变化而变化，只要人类还在进行着变革现实的活动，就必然要通过转变自己的思维方式来适应社会变革的要求。旧的思维方式为新的思维方式所代替，是人类思维进化的必然规律。

2. 思维方式发展变化的过程

思维方式形成的基础是社会实践，科学技术又是人类社会实践活动的直接推动力和结果。每一次重大的科学技术革命都会引起人们生活方式和行为方式的变化，进而引起思维方式的变革，因此可以说科学技术是思维方式变革的直接推动力。随着科学技术的发展进程，人类思维方式大致从古代直观的整体思维方式发展到近代机械论思维方式，再发展到现代复杂性思维方式。

（1）古代直观的整体思维方式

在农业社会，人类与自然交往的工具和技术日益发展，交往范围不断扩展，人类开始主动地认识和改造自然，形成了直观的整体思维方式。这种思维方式具有整体性特点，对事物的直观现象进行整体描述，没有对事物内部结构做出详细分析。例如，古埃及人根据尼罗河河水泛滥之间的间隔把一年定为365天，进行农作物的耕种。古代的中医对于人体内部结构不能做出详细分析，只能对人体进行直观现象的整体描述。

（2）近代机械论思维方式

牛顿在继承伽利略等人研究的基础上，力图用数学来研究自然现象，形成用数学表达的自然法则。牛顿认为，"力"是一个数学范畴，是物体之间相互作用的数量关系。牛顿在对"力"进行准确数学描述的基础上，形成了牛顿力学。牛顿力学对行星、彗星、月亮、潮汐以及常规物体运动的成功解释和预测，使人们深信宇宙犹如一部复杂的钟表机器，宇宙就是由自然法则精确控制的力学系统，人类可以主宰宇宙。牛顿力学在说明和解释自然方面取得的成功，最终使人们建立起机械自然观，形成机械论思维方式。机械论思维方式的核心思想和方法是还原与分析，即把研究对象从环境中分离出来，然后把研究对象分解为部分，把高层次的复杂问题还原为可以解决的低层次的简单问题，用自下而上各层次相对简单问题的逐步解决替代对高层次复杂问题的解决。

（3）现代复杂性思维方式

20世纪中叶以后，以系统科学为代表的新兴学科成为现代科学技术的重要组成部分，它把人类的认识从追求基本的简单性引向探索复杂性。"系统科学把关注点从元素转移到系统，强调整体的非还原性与非加和性；从实体转移到信息，揭示事物存在与运动的'隐秩序'；从可逆性转移到不可逆性，发现时间的历史性质；从存在转移到演化，研究自组织的机制与规律；从线性转移到非线性，指出系统运动轨迹的'混沌'性质；从简单性转移到复杂性，奠定科学世界观的新范式。"系统科学革命的力度、深度和广度都是前所未有的，从根本上改变着人们对世界事物构成方式的认识，人类逐渐确立起复杂性思维方式。复杂性思维方式具有非线性、整体性、立体性、关系性等特征，它注重考察系统的要素、结构、环境、信息、控制等之间的非线性关系，探寻问题产生的多种原因，提出解决问题的多种方案，对解决方案的多种影响做出预测，综合分析，选出最佳方案。复杂性思维方式是迄今为止人类思维水平达到的最高阶段，是人类全部智慧的结晶。

3. 思维方式发展变化的特征

思维方式虽然随着生产方式的变化而变化，但思维方式一旦形成就具有相对稳定性，其发展变化是比较缓慢的。思维方式作为特定时代社会实践方式在人脑中的内化与积淀，属于认识的最深层次，是一种观念形态的东西，它有自身独特的发展变化规则，它与社会实践的发展变化之间保持着一定的张力，即思维方式的发展变化与社会实践发展之间不完全同步。除了社会实践这一决定性的因素外，还有诸多因素影响思维方式，如职业、年龄、情感、宗教、道德、哲学、政治、法律、心理、情感等等。可以说，思维方式的发展变化是诸多因素综合作用的结果，一经形成就具有相对稳定性。纵观人类文化发展史，历史变迁的一般程序（实际情况要复杂的多）是按照社会经济形态——社会政治法律制度——表层文化形式——思维方式的层次向前推进的。思维方式的变化是历史变化的最后层次，因此，常常会出现思维方式滞后于实践发展的情况，即社会实践已经将历史推进到了一个新时代，但人们仍运用旧时代的思维方式思考问题。但也会出现另一种情形，思维方式超前于实践发展，虽然社会实践的发展还不充分，但一些先知先觉的伟大人物能够预测客观事物发展的主导趋势，超越历史实践所限，产生高瞻远瞩的超前性思维，从而为社会实践打开新的发展空间。思维方式既可以促进社会实践的发展，也可以阻碍社会实践的发展。当某种思维方式刚开始形成时，它有利于促进社会发展；而当某种思维方式成为一种思维定式并落后于时代发展的步伐时，它就会阻碍社会发展。

人们从事任何社会实践活动，都离不开一定的思维方式指导，思维方式是深藏在实践背后的"看不见的手"。在此意义上，社会实践方式是思维方式的外在表现，思维方式是人类社会实践活动的理性积淀，是人类对自然界和自身的认识过程中形成的思考问题的习惯性模式。每个时代都有自己时代的思维方式，同时每个时代的思维方式都具有时代赋予的不可克服的局限性与保守性，在社会实践发展中旧的思维方式必然要不断向前发展，新的思维方式必然扬弃旧的思维方式。

（三）思维方式的分类

目前，理论界对思维方式的划分是多种多样的，参考系不同、标准不同，划分的结果就迥然相异。

根据思维活动的内容和工具划分，思维方式可以分为直观思维方式、想象思维方式和逻辑思维方式。直观思维方式的对象主要是过去的经验、感性事物和直接观察到的现象。想象思维方式主要表现在形象思维中，通过联想、象征、典型化的途径创造出新的形象。逻辑思维方式是思维按照一定的逻辑程序、逻辑规则和逻辑方法进行和展开的方式。

根据思维方式发展水平和程度划分，可以分为感性思维方式、知性思维方式和辩证思维方式。感性思维方式采取直观的方法，对事物形成直观、形象、笼统和模糊的认识。知性思维方式把认识对象的丰富内容和普遍联系抽象化、孤立化，形成一种确定的、凝固的知识。知性思维方式是一种静态思维方式，带有封闭性、保守性和形而上学性特征。辩证思维方式是一种动态思维方式，它用联系、发展、全面的观点分析和解决问题。辩证思维方式有发散——开放式思维、批判——创造式思维、多样——总体式思维等多种形态。

根据人类发展的历史时代进行划分，思维方式可以分为古代思维方式、近代思维方式和现代思维方式。古代思维方式具有直观性，近代思维方式具有机械性。现代思维方式具有系统综合性、动态开放性、自觉创新性等特征。

根据对客观事物的处理方式进行划分，分为简单性思维方式和复杂性思维方式。简单性思维方式是近代自然科学研究中形成的科学方法论的哲学表达，它具有线性、还原性、实体性、平面性等特征。简单性思维方式是将复杂现象作简化处理，省略掉一些非线性因素，在分析、拆解的基础上，把低层次部分累加为整体的思维方式。复杂性思维方式是现代（20世纪以来）自然科学研究中形成的科学方法论的哲学表达，它是在复杂性科学活动领域中孕育、滋生出来的，它具有非线性、整体性、关系性、立体性等特征。复杂性思维将"复杂性问题当作复杂性来处理"，考虑复杂事物外部及内部的各种非线性因素，在分析、拆解的基础上，再将各因素加以整合的思维方式。复杂性思维方式已经超越了复杂性科学领域，从自然科学领域推进到社会科学领域，逐渐被提升到一般化和普遍化的哲学层面，作为一种科学的认识论和方法论正渗透到各个学科研究领域和社会生活各个方面。

根据不同标准划分的各种思维方式之间具有交叉性。简单性思维方式与直观思维方式、知性思维方式、近代思维方式具有相通性，复杂性思维方式与逻辑思维方式、辩证思维方式、现代思维方式具有相通性。

二、简单性思维方式

简单性思维方式是人类在长期社会实践和认识过程中，尤其是在近代自然科学发展中形成的思维方式。近代科学运用简单性思维方式取得了巨大成就，但随着科学研究的深入，简单性思维方式无法解释复杂的自然界和人类精神世界，无法解决人类社会发展中的诸多难题。

（一）简单性思维方式的特征

由于理性的有限性，人类不能完全认识和把握这个复杂的世界，于是人类在认识复杂世界中寻找到一种有效的策略，即抽象和简化的策略，将复杂世界做简化处理。经典科学的简单性思维范式就建立在这样的观念基础上：现象世界的复杂性也应该能够从简单的原理和普遍的规律出发加以消解，简单性是构成它的本质，复杂性是现实的表面现象。由于对这种观念的坚信，人类在科学研究和社会实践中形成了以线性、还原性、平面性、实体性等为特征的简单性思维方式。

1. 线性

线性本来是数学中的概念，从几何图像上看，线性就是直线性。在线性相互作用的系统中，两个变量之间保持一种固定的比例关系，即两个变量之间存在一个常数，表明两个变量的相互作用在时空上是均匀的、对称的，在性质上是等价的。线性系统的基本特点是，一个量的变化总是引起其他量按照固定的比例改变。线性思维在人类近代历史发展中占据了400多年的主导地位，400多年间数学工具无法解释非线性关系，因此，解决非线性问题的唯一方法就是将其简化为线性问题。线性思维的前提假设是，现实世界本质上是线性的，非线性不过是对线性的偏离或干扰。如果系统出现了用线性方法不能解决的问题，就把非线性略去或采用近似的扰动等线性方法来处理。线性思维是一种常用的思维方式，通常人们认为认识一个对象就是要找到简单的线性方程获得解析。

线性思维是指把思维对象看作线性系统来认识的思维方式，即一种直线的、单向的、单维的、缺乏变化的思维方式。人的感官在觉察外部世界时，产生的响应信号基本成对数正比，例如，"人的眼睛在观察相同距离上的不同物体时，物体的高度与视网膜上视角的大小成正比"，物体的声振动"在主观上产生的响度感觉与声波强度的对数成正比"，因此人们首先凭经验线性地思维。任何思维客体都有一个纵向系统，线性思维表现为向着一个方向延伸开来的直线思维，即思考问题从一个起点出发，从一个角度观察，沿着固定方向或向前延伸，或向后回溯。线性思维将认识过程简约化、线性化，是探寻事物发展变化规律的一种重要方法。线性思维对于事物发展现状的认识比较清晰，并能在一定程度上预见事物发展的前景。

但是，线性思维的缺陷也十分明显。线性思维容易忽视事物之间的横向联系，缺乏对事物进行多层次、多角度的立体透视，在认识的深度和广度上有很大的局限。线性思维从多要素、多层次的复杂系统中，抽查两个要素作为变量（将其他要素假设为不变量而忽略不计），孤立考察两个变量之间的因果关系，割断了两个要素与其他要素的客观联系，错综复杂的因果网络就被简化为单向因果链条。线性思维注重进行历史类比，重视对传统和经验的利用，排斥与传统经验相异的结论，不愿去探索新路，难以得出新结论，难以产生新发现。

2. 还原性

还原性思维方式将整体分解为部分，将复杂事物分解为简单事物，将持续不断的发展过程割裂为相对静止的个别片断，把高级运动形式归结为低级运动形式。概括起来说，还原性思维方式就是孤立地、僵化地、机械地、外因地看待与对待事物与世界的形而上学思维方式。

还原性思维方式是在以分析为主要特征的近代科学技术的发展中形成的。牛顿力学把千差万别的物体还原为只有质量、速度和位置的"质点"，把物体间复杂的相互作用关系所产生的能量简单地还原为"力"，通过实验确认物体在不同时刻的机械运动状态之间的因果关系。牛顿力学在解释宏观物体的机械运动方面取得了巨大的成功，这使得人们相信，一切现象本质上都是力学现象，人和动物都是按照力学规律的机制组合起来的机器，牛顿力学是解释世界的真正可靠的、最根本的依据，一切科学最终都以牛顿力学为基础，牛顿力学规律是自然界唯一正确的客观规律。经验论哲学家吸收了牛顿力学的科学成果，将所有运动都还原为机械运动，将机械运动视为自然界唯一的运动形式，用机械运动原理解释所有事物的因果关系。《人是机器》一书的拉美特里，根据大量医学、解剖学和生理学的科学材料，证明人的行为都是受定的，人的心灵状况受定于人的机体状况。例如，思维是大脑的机能，道德源于机体的自我保存的要求。爱德华·威尔逊的《社会生物学》一书，试图以动物的社会行为原则来解释人类行为，试图证明从战争到利他主义等许多人类行为都有其生物学的基础，人类同其他所有群居性动物的行为都是受基因支配的。理查德·道金斯的《自私的基因》一书，将进化的选择单位从个体定位到创造个体的基因上，指出所有生命的繁衍进化都是基因为求自身的生存和传衍而发生的结果，人也只不过是被基因主宰的机器人而已。

还原性思维方式力图用最简单的公式或原理推导出万事万物的原因，它不断分解宏观事物，直到最低的层次和最终的物质要素出现，在微观物质基元寻找事物的终极根源，做出终极说明。还原性思维方式克服了古代整体论思维方式的朴素、直观、模糊等局限和缺陷，使科学认识达到了精确、严格的程度。它的历史地位和作用是不容抹杀的，即使在今天仍然有广泛的使用范围。

但是，在系统科学特别是复杂性科学兴起以后，还原性思维方式的局限和缺陷日益明显。还原性思维方式的局限性集中表现为将现实生活中的每一种现象都看成更低级、更基本的现象的集合体或组成物，用低级运动形式的规律解释高级运动形式的规律，用自然科学理论解释精神科学现象，用无机界规律解释有机界现象。还原性思维方式将整体中要素之间的关系简化为原子式的机械关系，将整体简化为要素的简单加和，在根本上消解了事物的复杂意义。

3. 平面性

平面性思维是"主体围绕思维对象整体中的某一个方面（平面或曲面）展开的思维方式"。一个事物由许多方面构成，平面性思维从事物的一个断面展开，是线性思维向纵横两个方向扩展的结果。平面性思维从平面上不同的方位去研究某个问题，相对地达到认识某一方面的全面性。当思维定向以后、中心确定以后，它就要从几个方位去分析或说明这个问题，但是这些方位只是某个平面中的几个点，并不构成立体空间，因此，"它仍然是囿于某个平面中的全面，并不是反映对象整体性的全面，因而这种全面相对于立体思维来说，仍然是不全面的。充其量它只不过是二维思维或单面思维、非空间思维上的一种全面。"

任何事物都有多向联系，平面性思维就是进行横向的平面比较，能够认识到事物在某一面上的各种联系，有利于开阔思路、活跃思维，有利于打破思维定式、沟通各学科之间的联系。如果用图形表示平面性思维，"或是表现为平面上的一个点向着周围展开，或是表现为向着不同方向延伸开来的直线，它不涉及认识对象的诸多方面，而只涉及认识对象某个方面的不同方位"。平面性思维无法将事物纵横两方面联系起来，往往忽略事物发展的历史过程，难以全方位地观察问题。

4. 实体性

实体性思维几乎统治了古代哲学家和近代科学家的头脑，直到现在，仍然具有很大的影响力。实体性思维的哲学基础是实体实在论，"无限复杂的宇宙可以还原为某些基本实体，即具有既定或固有质的绝对本体；绝对本体超感性超现实，却是现实和感性世界的基础"。所谓实体性思维，就是把宇宙万物理解为不同实体排列的集合，以实体的眼光看待事物的存在方式，并以此为前提诠释一切。

实体性思维具有抽象性特征。实体性思维相信，宇宙万物可以还原为某种原初状态，可以找到构成宇宙万物的最小、最基本的终极单位，可以找到事物的本质存在。实体性思维从"本体论承诺"出发诠释一切，相信事物本质的存在，不断地向内挖掘事物的本质，将对事物本质的摹写和再现看作绝对的、确定的、不容怀疑的"真理"。因此，认识一个事物，就必须先抽象地把握规定着它本质的实体。实体性思维方式的对象是远离现实生活世界、悬于现实生活世界之外的本体，它"以统一性的抽象抹杀事物的多样性，以远离事物本身的抽象本原本体性概念裁定现实生活世界，极容易导致对现实生活世界的忽视"。

实体性思维具有预定性特征。实体性思维以"是什么"为思考对象，注重对"是什么"问题的分析，而不关心"是"的本身，不关心事物怎样生成，或者说实体性思维只关心事物生成的结果而不关心事物生成的过程。如古希腊哲学家柏拉图的理念、德国古典哲学家黑格尔的绝对精神等都是预定的、已完成的存在。

实体性思维具有对象性特征。实体性思维预设了与主体及其实践绝对无涉的"事物本身"，预设了主体与客体、主观与客观的分离。实体性思维把主体和客体、心灵与世界先在分开，将两者看作彼此外在、处于互相封闭、各自独立的对立关系中。

（二）简单性思维方式在社会发展中的应用及成就

古希腊哲学家是从整体上把握世界的。例如，泰勒斯把世界的本原归结为水，赫拉克利特把世界的本原归结为火，德谟克利特把世界的本原归结为原子等，他们都把世界简单化，试图去寻找隐藏在万事万物背后的本体。毕达哥拉斯从"数是万物的本原"的自然观出发，认为宇宙万物由数产生，万物都是由于模仿数而存在的，事物的运动变化就是数的"比例"关系的变化，宇宙由于满足一定的数的比例而达到和谐。毕达哥拉斯学派试图运用数学模型的方法寻求对自然界事物的本质和运动规律的理性把握。毕达哥拉斯的忠实"粉丝"——柏拉图，直接继承了其数学的和谐思想，企图通过研究数学方法寻求思维中的简单和完善的美。毕达哥拉斯和柏拉图把宇宙结构理解为数学的和谐一致，是一种数学简单性思想。英国经院哲学家奥卡姆提出了所谓的"经济原则"：如果有一组理论都能解释同一件事，则可取的总是最简单的，需要最少假设的那一个。奥卡姆要用"经济原则"这把"剃刀"将繁琐哲学删繁就简，把简单性作为形成概念与建立理论的标准，这被称之为奥卡姆剃刀原则，这个原则成为近代简单性原则的雏形。

近代自然科学运用简单性原则取得了巨大成就，经典力学是其典范。牛顿认为，可以对自然界进行简单化处理，他用三条运动定律和万有引力定律概括了从伽利略开始的科学成果，用不变的物体之间的简单的力解释了一切自然现象，把天体运动和地面物体运动规律统一起来。爱因斯坦也把追求简单性作为一生的最高目标，他说："迄今为止，我们的经验已经使我们有理由相信，自然界是可以想象到的最简单的数学观念的实际体现。我坚信，我们能够用纯粹数学的构造来发现概念以及把这些概念联系起来的定律，这些概念和定律是理解自然现象的钥匙。"他认为，如果不相信世界的内在和谐，就不可能有科学，相信世界的内在和谐是一切科学创造的根本动力。爱因斯坦的狭义相对论和广义相对论都遵循逻辑简单性原理。近代自然科学描绘的世界是简单、均匀、和谐、完美的图景，它坚信：现象世界的复杂性能够还原为简单的原理和普遍的规律，复杂性是它的表面现象，简单构成它的本质。

近代自然科学中的简单性思维渗透到哲学社会科学领域，在哲学中表现为机械唯物论哲学。机械唯物论认为，自然不是一个有机的生命体而是一架机器，它由物质粒子组成，按照确定的力学规律运行，各个组成部分都精确可测，完全受制于线性因果律的作用。牛顿经典力学取得的成功启发哲学运用其概念范畴和思想方法来理解和把握世界，机械唯物论哲学很快发展成熟。曾被恩格斯誉为"第一个近代唯物主义者"哲学家霍布斯，建立了第一个比较完整的机械唯物论哲学体系，将力学范畴引入哲学，确立了物体、偶性、运动因果性等基本范畴，并将机械运动引入哲学，认为一切运动都是物质在空间位置上的移动，机械位移是物体唯一的运动形式，甚至认为人类的推理活动也不过是机械的计算。机械唯物论在法国得到进一步的发展，甚至走向极端。拉美特利在《人是机器》一书中，对机体和心灵活动的形式做了机械唯物论的解释，认为人与动物之间只是位置的不同和力量程度的不同，绝没有性质上的不同，人只不过比动物"多几个齿轮""多几个发条"。机械唯物论哲学的思维方式带有形而上学性，只承认事物的存在却否认事物的联系，只看到事物的一面而否认其他方面。

纵观人类认识的发展历史，不难发现，简单性思维是人类在长期社会实践和认识过程中形成的"人类传统"。

（三）简单性思维方式的局限性

自哥白尼革命以来，西方近代科学的一个基本信念是：大自然本质上是简单的，复杂由简单构成，任何复杂现象及其运动都可化约为简单对象来处理。近代以来的自然科学就是把复杂的宏观世界还原为某些公式、规律和法则，并运用这些规律和法则观察事物，取得了巨大的科学成就。简单性思维的历史地位和作用是不容抹杀的，即使在今天仍然有广泛的使用范围。追求简单性是一种重要的思维方法，但它不是万能的，在有些时候它会使我们看不到事物的重要方面，其局限性也是显而易见的。

1. 面对复杂的自然界，简单性思维方式遇到了解释世界的难题

近代科学研究总是将复杂事物简化，找出主要因素，略去次要因素，不考虑事情本身固有的随机性、偶然性，以求得问题的近似解决。近代科学在还原思维、线性思维、实体思维等简单性思维方式的影响下，取得了伟大成就。但是，面对复杂的自然界，简单性思维的局限性日益凸显。

科学家坚信牛顿力学可以解释一切自然现象，牛顿力学是整个物理学乃至一切自然科学的基础，坚信物理学理论的发展几乎已到尽头，物理学体系已基本完善。但是，随着电磁理论的发展，科学家发现高速运动的电子的质量随着速度的加快而增大，牛顿力学无法解释这种现象，牛顿力学与经验事实之间产生了矛盾。简单的实体思维的局限性日益暴露出来，物理学家开始用关系性思维来解释电子现象。20世纪，爱因斯坦提出的相对论指出，物体的质量不是固定不变的，它与物体运动的速度成正比，物体运动速度加快，物体的质量就增大。相对论的提出打破了实体绝对不变的观念，揭示了实体的时空性质与参照系的相互依赖性。物理学危机主要是一种理论上主客二分的认识论危机，揭示出旧自然观悖谬并引导了一种关系论视野。

运用简单的实体思维无法对宇宙的存在方式、存在状态和演化做出合理解释，物理学家开始运用关系性思维来解释宇宙的存在和演化。现代宇宙学提出的"人择原理"认为，人类现在所处的宇宙是"人择"的结果。宇宙的演化与人的存在有关，因为人类是被嵌入在宇宙中的存在者。人只能在参与宇宙活动中来认识宇宙，而不能作为旁观者"从外面"来描述宇宙。人类不是处于"绝对主体"的地位，人类的真实地位是作为自然界的一部分，人类在各种活动中同时扮演双重角色——既是演员又是观众。

简单性思维方式把复杂系统的各组成部分之间的线性叠加或简单求和的结果当作复杂系统的性质和特征，但实际上，复杂系统的性质和特征存在于各组成部分的相互作用中，组成部分之间的相互作用可以突现出系统的特征（这些特征是组成部分的线性叠加所没有的）。例如，生命就是一个突现特征，生命的起源并不能通过对单个DNA分子的解释得到说明。简单性观念与生物世界的丰富多彩的现实相矛盾，用分子生物学将生命还原为分子的方法无法解释生机勃勃的生命现象。生命是一种复合体，其本质是由组成元素之间的关系决定的，组成元素之间的非线性关系形成有序的结构，生命得以"涌现"。也就是说，生命系统的涌现是属于非线性的，即不能通过简单地叠加构成成分的行为推导出系统的行

为。还原论思维往往舍弃实际系统的各种非线性因素，把复杂的事物还原为线性、有序、单一、可逆和决定性的因素，把整体分割成互不相干的部分，将整体中要素之间的关系理解为原子式的机械关系，整体被简化成要素的简单加和，采取一种条块分割的观点看待事物，导致事物的复杂意义被消解。

进入 20 世纪，随着人类社会实践活动广度和深度的扩展，人们对生命系统、教育系统、生态系统等复杂系统的研究越来越深入，这些系统中有组织的复杂性问题以多种多样的形式涌现出来，这就要求人们认识这些有组织的复杂性问题，简单性思维方式受到挑战。简单性思维方式将一些非线性因素忽略掉，只能近似地反映客观事物，无法满足人们更深入、更全面地认识复杂系统的需要。复杂系统处于开放的、远离平衡的状态中，诸多因素经常会发生非线性的相互作用，其发展过程是不可逆的。因此，要"全面准确"地认识复杂事物，必须要用非线性思维、立体思维、关系思维等复杂性思维方式。

经典科学给出的简单的世界图式与复杂的真实世界之间的反差告诉我们，真实社会面临着来自各领域"整体"的挑战，用整体的观点看世界成为不可阻挡的潮流，用"整体"思维来处理复杂问题成为必然的选择，在某些领域复杂性思维方式变得越来越重要，并被人类推上了历史舞台。

2. 面对复杂的精神世界，简单性思维方式无法解释主体与客体不一致的矛盾

简单性思维方式把客体的复杂属性和复杂规律，进行层层还原，还原为最低层次的属性和规律，主体的认识与客体的存在达成一致。然而，在现实世界客体的属性和规律是极其复杂的，主体的心理特征、思想观念、社会环境等都可能对客体的认识产生影响，不同的主体对同一客体产生不同的认识结果。量子理论中的"波粒二象性"表明，人们对事物性质的认识是依赖于具体语境的，在认识主体和客体之间存在着主客体相互转化、相互包容的关系；量子关联的非定域性表明事件的联系性，即量子性质对于测量仪器的依赖性，显示了量子本质的不可分离性和量子现象的整体性。这说明我们不可能认识纯粹的客体，一切认识都与实验者、认识者相关。尤其是当主体面临复杂多样的信息而无法一项项掌握，依靠抽样法研究客体时，不同的主体看到研究客体的不同部分，就不可避免地会产生各种"偏见"，得到不同的结论。任何客体都具有复杂的属性，它们都是在一定的情境下才呈现出来的，主体不同创设的情境就不同，情境不同呈现的属性就不同，因此主体的认识结果就具有一定的差异性。处在有限认识中的主体，掌握的研究方法、拥有的理论体系、固有的思维方式"决定"了客体属性的呈现内容和呈现方式，因此不论什么时候，主体对客体的认识都是不完全的，主体与客体认知的一致都是在某种范围内的一致。

3. 面对复杂的社会问题，简单性思维方式无法解决社会发展的难题

近代机器大工业的发展增强了人类改造自然的能力，为人类带来了巨大的物质财富，人们对机器及其带来的生产能力开始顶礼膜拜，认为只要发展生产力，保持经济稳步增长，社会问题就会迎刃而解。人们将经济因素与非经济因素之间的关系简单理解为一一对应的关系，将一切社会现象形成的原因直接归结为经济因素，形成"经济万能论""经济至上论"的观点。这意味着："其一，经济具有一种自我定向的品质。这就是说，经济本身不存在可控与不可控的问题，经济本身不应也不会被经济以外的因素所影响。其二，社会机体中的其他非经济因素相对经济而言皆呈被动状态，事无巨细地皆由经济所决定。其三，至于经济的决定方式，是一种自然而然的决定。这种决定是一种一一对应的线性决定，不需要中介变项，有什么样的经济，肯定就会有与之完全吻合的非经济因素。""经济万能论""经济至上论"的观点，将所有社会问题产生的根源归因于经济发展的落后，将所有社会问题解决的出路寄予经济的发展。这实际上是一种机械的、绝对的经济决定论，是线性思维的产物。"经济万能论""经济决定论"不但不能解决所有社会问题，反而可能给社会发展带来不利后果，产生新的社会问题。"经济万能论""经济决定论"既然将所有社会问题归罪于经济落后，将所有社会问题解决的希望寄托在发展经济上，那么在这种思想支配下，人们必然会片面地一味地追求经济增长，这又势必会造成与经济增长紧密相关的一些非经济因素过度膨胀，而与经济增长关联不大的一些非经济因素受到压抑，最终使社会出现畸形发展，甚至污染环境、破坏生态，威胁人类的生存。

增长不等于发展，经济增长不等于社会发展。社会发展不能靠单兵突击，而要靠整体推进。社会是一个有机整体，随着社会发展的加快，社会分工日益细密，社会分化日益明显，社会机体的各个层面、各个环节之间的相互依赖、相互制约的有机性日趋增强。如果单方面突进，就会产生许多社会问题，社会发展就会失衡。社会发展是各个层面、各个环节的协调并进，各个层面、各个环节之间存在着复杂的非线性关系，社会发展要达到全面、协调、可持续的"科学发展"就不能用简单直观的线性思维方式来指导，而要用非线性的复杂性思维方式来指导。

三、复杂性思维方式

复杂性思维方式是在复杂性科学活动领域中孕育、滋生出来的，它已经超越了复杂性科学的领域，从自然科学领域推进到社会科学领域，被提升到一般化和普遍化的哲学认识论高度。复杂性思维方式不是对简单性思维方式的完全否定，而是对它的扬弃。

（一）复杂性思维方式的产生

自 20 世纪上半叶开始，西方学界掀起了一场"系统运动"。贝塔朗菲的《一般系统论》对复杂性科学做了奠基性的工作，他第一个将"系统""整体"和"整体性"作为科学研究的对象，形成第一个反对还原论的科学研究纲领，开辟了复杂性科学的先河，唤醒了现代科学对复杂性的关注。后来，控制论、信息论、耗散结构理论、协同论、突变论、混沌论、超循环论等科学理论也相继诞生，这些理论是对经典力学的简单分析法的超越，展示了人类科学从分析时代走向综合时代的一般趋势。复杂性科学的兴起彻底动摇了近代科学的机械的世界图景，开始把任何事物都看成一个复杂系统，这个复杂系统自身之外有更大的系统，有与自身平级的兄弟系统，自身之内有子系统，各个系统的结构是多样和多层的。系统之间存在着复杂的非线性联系，使得系统表现出极大的不稳定性，随时可能发生不可逆的动态演化。系统在演化过程中，通过涨落不断从有序走向混沌、无序，又通过自组织，不断从混沌、无序走向新的有序。

20 世纪末到 21 世纪初科学研究的综合化趋势更加明显，科学研究出现了向更高层级汇聚的崭新态势，即把复杂性作为独立的研究对象进行研究，其标志是 20 世纪 80 年代美国圣塔菲研究所（Santa Fe Institute，SFI）的设立及随之展开的系列复杂性研究。圣塔菲研究所关注的是不同学科之间的深入探讨与互动关系，试图找出各种不同系统之间的共性，由此掀起了研究复杂系统及其复杂性的新浪潮。复杂性是开放系统的一种性质，复杂性主要通过系统各要素之间的非线性关系表现出来。自然界、人类社会和思维领域都涉及复杂性问题的探索，几乎每个学科领域都有自己的复杂性研究，试图对本学科领域研究对象的形成、发展及其过程进行理论性的概括和总结，尽管其理论成果并不完善，但为我们思考事物、系统、演变等诸多问题提供了新视角。复杂性科学是当代科学的前沿，它正在打破科学与人文的隔阂，使科学与人文走向对话与融合。

真实的世界是简单与复杂、有序与无序、确定性与偶然性、线性与非线性、稳定与不稳定的统一，复杂性思维不进行理想化和简单化的预设，它要解决真实世界中的问题。在工业社会通行的是建立在牛顿力学基础上的简单性思维方式，而以知识经济为主的信息社会是一个信息资源共享的复杂性世界，简单性思维方式在复杂性系统和环境里显得苍白无力，研究复杂性系统必须考虑到它的非线性、多样性、多层性、整体性、自组织性、开放性等特征，即必须运用复杂性思维方式来研究复杂性系统。德国著名系统科学家克劳斯·迈因策尔指出："一方面，在自然科学中，从激光物理学、量子混沌和气象学直到化学中的分子建模和生物学中对细胞生长的计算机辅助模拟，非线性复杂系统已经成为一种成功的求解问题方式。另一方面，社会科学也认识到，人类面临的主要问题也是全球性的、复杂的和非线性的。生态、经济或政治系统中的局部性变化，都可能引起一场全球性危机。线性的思维方式以及把整体仅仅看作其部分之和的观点，显然已经过时了。"对未来世界的把握最终将依赖人类对复杂性的认识，运用复杂性思维方式把"复杂性问题当作复杂性来处理"。

复杂性思维方式是当前科学新进展在哲学认识论上的重要体现。复杂性思维方式是在复杂性科学活动领域中孕育、滋生出来的，它已经超越了复杂性科学领域，从自然科学领域推进到社会科学领域，逐渐被提升到一般化和普遍化的哲学层面，作为一种方法论开始被应用到诸多学科的研究中。

（二）复杂性思维方式的特征

复杂性思维方式的含义不能通过几句话来界定，但可以通过它的一系列特征来理解。复杂性思维方式的基本特征有非线性、整体性、立体性、关系性等，其中，非线性是其主要特征。

1. 非线性

经典科学主要研究线性关系，现代科学开始转向非线性关系。现实世界本质上是非线性的，线性关系只是非线性关系的特例。苗东升教授指出，物理系统（不考虑人的活动）和事理系统（人们处理事务的各种活动）本质上都是非线性系统。近代社会，由于没有建立非线性数学模型，常将非线性问题简化为线性问题来认识和处理。这种"化曲为直"的线性思维容易歪曲现实世界的真实面目，形成错误的理论认识和行动方案。

非线性系统是相互连接的，非平面、立体化、无中心、无边缘的网状结构，类似人的大脑神经和血管组织。其基本特点是，不同量之间的变化不成比例关系，一个量的微小变化可能导致其他量或系统整体结构、功能的巨大变化。对于复杂的非线性系统来说，不能将其做简化处理，不能满足简单的一因一果解释，而要运用非线性思维在不同层次上研究各种因素之间错综复杂的因果关系，探寻事物的多因多果。非线性思维具有自组织性，即思维一开始就不断接收新信息、淘汰旧思路，受到各种随机因素的影响，在涨落的作用下出现有序结构，得到解决问题的思路。非线性思维具有分叉性，思维过程以分叉的形式演化，形成多个分支系统，每个分支系统都可能产生新质，从各种新质中抓住有价值的东西，触发灵感的爆发。

2. 整体性

世界是许多系统的有机构成，无数非线性相互作用使之成为一个复杂的层级系统，用还原性思维方式将世界孤立分解开来，难以准确地描述世界。对任何事件的分析都不能孤立地进行，必须用整体性思维分析事件之间的复杂联系。整体性思维是由客观事物的整体性所决定的，存在于系统运动的始终。整体性思维是建立在整体与部分之间辩证关系基础上的，整体的属性和功能是部分按一定方式相互作用、相互联系形成的，整体正是依据这种相互联系、相互作用的方式实行对部分的支配。整体性思维就是把研究对象作为系统来认识，将研究对象都分解为若干要素，理清各要素之间的关系，优化要素的结构，使之发挥"1+>2"的功能。整体性思维将研究对象放在更大的系统内来考察，也就是说，考察研究对象与环境之间的关系，使研究对象不仅适应环境，而且要超越环境。

作为一个整体的系统，不是各子系统性质的简单相加，而是大于各组成部分之和，即每个组成部分不能代替整体，每个层次的局部不能说明整体，低层次的规律不能说明高层次的规律。复杂系统的各子系统之间及各要素之间的联系广泛而紧密，构成一个复杂的网络，每个要素的变化都会引起其他要素的变化，系统整体的功能是各子系统之间相互作用突现的结果。因此，必须从整体上去把握系统的发展趋势和特点。系统演化的突出特点是"涌现"，涌现的新奇性就在于系统整体行为超越了其构成要素的属性和功能的简单加和，我们无法仅仅通过对其构成要素的认识而获得系统整体的预测。复杂性的方法要求我们在思维时，永远不要使概念封闭起来，要粉碎封闭的疆界，在被分割的东西之间重建联系，努力掌握多方面性，考虑到特殊性、地点、时间，又永远不忘记起整合作用的总体。

3. 立体性

立体性思维是指从多点、多面，以及在不同时空中与这些点面相联系的事物中认识思维对象。这种纵横统一、多元思考、全方位反映思维对象的立体性思维，能够获得最无片面性的整体认识。立体思维从思维对象的本来面目出发，努力反映思维对象的外在全貌、内在多级本质和全部规定性，因而可以极大地克服思想上的片面性，成为迄今为止最为科学有效的思维方式。立体性思维要对思维对象进行纵向和横向的考察，然后按照思维对象固有的发展层次，将纵向和横向的各种要素组成思维网络，确定思维网络上的扭结，再现思维对象的全貌及其与周围事物的复杂联系。

4. 关系性

关系性思维就是"以关系的眼光看待一切"的思维，认为事物不是孤立的、由固有质构成的实体，而是多种潜在因素缘起、显现的结果，每一个存在者都以他物为根据，是一系列潜在因素结合生成的。存在者不能自足地"是",它的"是"取决于他者,每一存在者的根据都在由无数他者构成的关系中、场中。存在者是无数潜在因素借助特定中介、在特定的"相空间"里结合、显现而成。关系性思维强调个体只有在与环境、背景的关系中才能得以存在和认识。黑格尔曾指出,作为人体一部分的"手"要获得其应有的意义,就不能离开人体,否则就会丧失它的原有地位。如果"手"出了毛病,医生也只有在了解整个复杂机体——人的前提下,才能将"手"医治好。当代法国社会学家布迪厄力图避免主客二元对立的思维提出了"场域"概念,"场域"就是"在各种位置之间存在的客观关系的一个网络,或一个构型"。用场域概念进行思考就是从关系的角度进行思考,就是要充分考虑研究对象在现实社会中所具有的各种客观关系,力主从整体上客观准确地把握研究对象。

(三) 简单性思维方式与复杂性思维方式的辩证关系

任何事物都是简单与复杂的对立统一。一方面,简单是处于复杂性中的简单,简单的事物可能包含着复杂性。任何简单的事物都具有复杂的内部矛盾和多维的外部联系,表现出复杂性的一面。对看起来极为简单和容易理解的事物,如果从多种角度来思考和理解,完全可以看出其中的复杂性。另一方面,复杂中包含着简单,可以通过简单的方法来把握复杂。任何复杂的事物经过适当的分解都可以还原为简单的构成要素和简单的关系,表现出简单性的一面。现代科学研究非常注重用简洁的数学形式来描述复杂的规律和关系。一种内容丰富的、优美的科学理论,其形式总是具有逻辑基础的简单性。自然科学理论既向着逻辑基础的简单性的方向发展,又向着理论内容的丰富和复杂性的方向发展。

简单性思维方式与复杂性思维方式是相互补充的。复杂性思维方式是对简单的还原论和机械决定论的思维模式的扬弃,是建立在对简单性思维方式的批判和超越基础之上。复杂性思维方式不是以单纯的或片面的整体性来代替还原论,而是要将还原论与整体论结合起来,从两种研究路径去探讨问题。一是还原论的路径,按还原的方向,从上到下,从大到小,把整个复杂系统逐渐分解、层层剥开,直到找出组成该系统本质的要素和子系统。如果不从还原论路径看问题,就极容易运用片面的或者局部的整体论看问题,依然是简单性思维方式的表现。二是整体论的路径,将复杂系统看作一个整体,按照整体把握的方向,从下到上,将复杂系统的各要素、各子系统逐渐组装整合,使其产生组织效应、结构效应,在整体上涌现出新的面貌、新的特性。事物的各系统及各要素之间不是单一的线性关系,而是多样的非线性关系,复杂性表示系统及要素之间的多样性、过程性。任何事物既是承受作用者又是施加作用者，既是原因又是结果，既是部分又是整体。如果把复杂的组织现象还原到组织的最简单的层次，将是乏味的，只有同时把握统一性和多样性、连续性和断裂性，才具有一定意义。复杂性思维方式的兴起并不意味着对简单性思维方式的背弃，而是对简单性思维方式的容纳、会通和超越。

复杂性思维方式不是以唯心主义和机械唯物主义为理论基石，而是以辩证唯物主义为理论基石的。钱学森把毛泽东的《实践论》视为复杂性科学的重要哲学基础，强调科学研究要以辩证唯物主义为哲学指导，要坚持实事求是，防止主观主义，要克服机械唯物论，避免死心眼。复杂性思维方式与辩证唯物主义是互补的，具体表现为：一方面，是辩证唯物主义对复杂性研究的指导作用；另一方面，是复杂性科学对辩证唯物主义在实证、充实、深化与发展等方面的推进作用。

四、高校德育思维方式

（一）高校德育的内涵

研究之前，首先要确定研究对象。如果研究对象不确定，即什么属于高校德育系统，什么不属于高校德育系统都搞不清楚，研究就无法进行。在我国，高校德育与大学生思想政治教育是性质基本统一的概念。

"德育"一词是 20 世纪初才传入我国的，《钦定京师大学堂章程》中讲到："外国学堂于知育体育外，尤重德育，中外立教本有相同之理。"王国维在《论教育之宗旨》一文中提出教育的宗旨在于培养"完全之人物"，培养"完全之人物"需要"完全之教育""完全之教育"包括体育、智育、德育和美育。从此以后，"德育"概念在我国广泛传播开来。

德育有狭义和广义之分。狭义的德育仅指道德教育，广义的德育除道德教育外，还包括思想、政治等方面的教育。近代西方社会普遍采用狭义的德育概念，这是与其历史发展过程相联系的。近代西方社会，随着生产领域和社会生活领域的分化，原来浑然一体的社会意识也随之逐渐分化，进入 20 世纪后，单纯的道德教育已不能达到使学生社会化的目的，西方国家不仅堂皇实施"公民教育""民主教育""政治教育"亦获首肯。实际上兼施（各国重点不同，实施途径有别，名目各异）道德教育、政治与法制教育。这说明，西方国家也开始从广义上使用德育概念。我国采用的是广义的德育概念，这与中国传统的道德文化土壤密不可分。我国古代就以"道德"囊括各种社会意识，"道德"是"包含世界观、人生观、价值观、政治取向与规范、日常行为规范以及某种宗教观念与规范的浑成体"。自古至今，我国的"德育"都是包含道德、政治、思想等社会意识形态方面的教育。这不仅合乎我国国情，也符合现代国际教育的发展趋向。

在我国，德育是指学校对学生的思想、政治和品德教育，教育者是学校和学校的教师，受教育者是学生。如果受教育者是大学生，就称之为高校德育。《中国普通高等学校德育大纲（试行）》对德育的理解是："德育即思想、政治和品德教育"。

思想政治教育是中国共产党思想政治工作的重要组成部分，担负着党的思想建设和群众性思想政治教育的职责，是中国共产党的政治优势。思想政治教育按照受教育者的职业性质可以划分为职工思想政治教育、农民思想政治教育、军人思想政治教育、干部思想政治教育、学生思想政治教育等。如果思想政治教育的对象是大学生，就称之为大学生思想政治教育。高校德育与大学生思想政治教育是直接同一的，这是因为：①受教育者都是大学生；②两者的指导思想、教育目标都相同。高校德育或大学生思想政治教育都要坚持以马克思主义理论为指导，都要培养中国特色社会主义事业的建设者和接班人；③两者的教育内容与重点都相同。教育内容都包括思想教育、政治教育、道德教育，重点是政治教育；④两者的教育途径与方式都相同。思想政治理论课是其主渠道，校园文化建设、社团活动、党团活动、社会实践等是重要的途径与方式；⑤两者的教育机构和人员完全一致。专职从事德育的机构，如思想政治理论课教学部、学生工作处、共青团组织，也可以称之为大学生思想政治教育机构。专职从事德育的人员，也可以称之为大学生思想政治教育工作者。

在对高校德育概念分析的基础上，明确了高校德育涉及的范围和内容，在此基础上，还需要认识高校德育系统的内部结构。高校德育包括许多不同类型的教育活动，这些教育活动的内容和方法不尽相同，但是这些教育活动都要以大学生全面发展为目的，因此具有一些共同的基本要素，这些要素间的相互联系构成一个个相对独立的子系统，各子系统之间的联系构成高校德育的总系统。

（二）高校德育思维方式的内涵

在长期实践活动中，人类按照需要改造客观事物，使客观事物发生预期变化，这个变化反映到人类思维中，逐渐形成一种固定下来的"逻辑的式"，进而积淀为思维方式。"教育思维是漫长历史过程中形成的人类教育经验的凝结……当教育的经验以思想的形式外在地存在时，教育思想就出现了，教育思维也随之逐渐形成"，对人类德育实践经验的凝结就形成德育思想，零散的德育思想，还不具有德育思维的意义。只有当零散的德育思想变成具有一定结构性的系统思想时，这种固定的结构才能成为德育思想的"逻辑的式"，德育思维方式才得以确立。也就是说，经过亿万次的德育实践，在德育工作者的意识中以"逻辑的式"固定下来的必然要思考的问题结构。这个问题结构包括两类：一类是与知有关的问题，需要寻求答案，加以解答；另一类是与行有关的问题，需要寻求方案，加以解决。探索与知有关的问题，形成种种德育观，使教育者更加深入地认识德育，满足教育者对德育的认识需要。探索与行有关的问题，形成种种德育操作模式，使教育者更好地改进德育实践，满足教育者对德育的实践需要。德育实践总是在一定的德育观念支配下进行的，两者是内在统一的。

刘庆昌教授指出，教育思维就是教育思想的逻辑的格，就是教育观和教育操作模式的统一。"教育观的背后是'教育（应该）是什么'的问题，教育操作思路的背后是'教育（应该）怎么做的问题，这两个问题具有内在的联系。这就是教育思想的逻辑的格，就是教育思维。"虽然刘庆昌教授使用的是"教育思维"而不是"教育思维方式"一词，但是，他对"教育思维"的解释实际上就是"教育思维方式"的解释，因为，它是一种"逻辑的格"。根据刘庆昌教授对"教育思维"的界定，德育思维方式就是以"逻辑的式"固定在教育者头脑中的德育观和德育操作模式。德育观是对德育的总和的根本看法，是一个关于德育的观念系统，包括德育目的、德育内容、德育方式，以及教育者与受教育者之间关系的观念。德育操作模式是面向德育实践的理论构思，即德育实践的方法论。德育操作模式不是面向具体德育活动的方法或方案，而是面向某种层面的德育实践整体的方法论，为德育实践的发展指明方向和路线。德育观是对"德育（应该）是什么"的理论回答，德育操作模式是对"德育（应该）做什么和（应该）怎么做"的理论构思。德育观与德育操作模式具有内在的统一性，一方面，德育操作模式以一定的德育观为逻辑前提；另一方面，德育观中蕴涵着对德育操作模式的初步认识。

综上所述，高校德育思维方式就是以"逻辑的式"固定在教育者头脑中的高校德育观和高校德育操作模式的统一。

（三）高校德育思维方式与高校德育教育方式的关系

高校德育思维方式与高校德育教育方式是辩证统一的关系。

高校德育思维方式决定高校德育教育方式。有什么样的高校德育思维方式就有什么样的高校德育教育方式与之相对应。在简单性思维方式指导下的高校德育教育方式表现为：

它是一种封闭的方式，不能与社会环境保持同步发展。它是一种各自为政的方式，高校德育系统内部各子系统之间各自为政，难以实现育人的耦合效应。它是一种割裂的方式，高校德育系统各要素之间结构不合理，没有实现优化组合。

高校德育教育方式巩固和强化与之相应的高校德育思维方式。封闭的、各自为政的、割裂的高校德育教育方式巩固和强化着高校德育的简单性思维方式。只有一点一滴地改变高校德育教育方式，才能逐步改变高校德育思维方式。高校德育通过采用开放的教育方式，在适应社会环境中优化社会环境，使高校德育与社会环境协同发展，教育者才能逐渐形成开放性思维方式。高校德育通过形成全员育人的机制，使高校德育各子系统之间协调互补，实现育人的耦合效应，教育者才能逐渐形成整体性思维方式。高校德育通过整合教育内容、聚集教育主体，使德育各要素优化组合，实现社会目标与个体目标的共生，教育者才能逐渐形成非线性思维。

高校德育工作者的思维方式只有完成从线性到非线性、从封闭性到开放性、从还原性到整体性、从平面性到立体性、从片面性到辩证性的转换，才能使高校德育适应复杂多变的环境，满足大学生全面发展的需求。

第二节 复杂性思维方式视野下高校德育的实践对策

系统科学理论认为，系统的内聚吸引、合作、相互作用的普遍现象，是由系统内部诸要素的差异与协同来完成的。高校德育系统要对大学生思想道德素质的培养产生内聚吸引、合作和相互作用，就必须使高校德育适应并优化社会环境，使高校德育系统内部各子系统协调互补，使高校德育系统内部各要素优化组合。

一、协同发展：高校德育与社会环境的适应优化

高校德育是一个开放系统，要与社会环境不断进行物质、能量和信息的交换，与社会环境有着千丝万缕的联系。随着社会环境的发展变化，高校德育也要发生相应变化以适应社会环境，在适应社会环境中发展自身，在自身发展中优化社会环境，达到与社会环境的协同发展。

（一）高校德育与社会环境协同发展的理论依据：教育与环境的辩证关系

环境与教育之间的关系一直是人们关注和争论的焦点问题，对环境功能的不同看法构

成不同的教育环境观。近代以来,在教育环境观的争论中形成了两种典型的观点——环境无用论和环境决定论。环境无用论否定环境对人的思想和行为的影响,片面强调人的理性、心理和情感等因素在个体生活中的作用,有代表性的是"意志决定论""本能决定论""遗传决定论"等观点。教育家赫尔巴特就否定环境对人的影响,他不让学生接触社会,而是从观念出发开展教育活动,主张用自由、完善、法权和正义的观念来丰富学生的心灵,培养学生良好的道德品质。环境决定论认为,人是环境的产物,环境决定了人的思想和行为特点,环境的变迁必然导致人的思想和行为的变化。主张环境决定论的突出代表是爱尔维修,他反对天赋观念,否定人的主观能动性,强调环境特别是国家政治制度对人的思想和行为的决定作用,把人看成环境的被动产物,过分夸大了环境的作用,陷入机械唯物论。环境无用论和环境决定论是人与环境关系问题上的两种极端表现,违背了辩证法,不符合人的成长发展规律。

马克思主义环境论认为,环境与教育是辩证统一的,环境决定人,人反作用于环境,人可以认识、开发和优化环境。具体来讲,主要表现在四个方面:

环境为人的生存和发展提供了客观物质条件。人类生存的第一个前提,即历史的第一个前提是必须能够生活,而生活就需要吃穿住等物质资料,人们只能从环境中获取这些资料。环境决定人的主观世界。人的思想观念的形成不只是"独立主体"的思维过程,而是客观存在的社会环境在头脑中的反映,"观念的东西不外是移入人的头脑并在人的头脑中改造过的物质的东西而已"。影响人的思想行为的环境因素多种多样,但起决定作用的是经济因素,即利益关系。利益关系是社会存在和发展的"神经系统",如何对待利益关系,是人们世界观、人生观、价值观的突出表现,如恩格斯所说:"人们自觉或不自觉地,归根到底总是从他们的阶级地位所依据的实际关系中——从他们进行生产和交换的经济关系中,获得自己的伦理观念。"环境的变迁必然导致人的思想和行为的变化。马克思和恩格斯在《共产党宣言》中指出:"人们的观念、观点和概念,一句话,人们的意识随着人们的生活条件、人们的社会关系、人们的社会存在的改变而改变,这难道需要深思才能了解吗?"社会环境的发展变化引起人们思想观念的发展变化,这是不需要深思就能明白的。恩格斯从道德发展的角度,论述了人们的善恶观念是随着社会经济制度的变化而变化的。"善恶观念从一个民族到另一个民族、从一个时代到另一个时代变更得这样厉害,以致它们常常是互相直接矛盾的。"因此,我们在教育中不能固守任何道德教条,我们拒绝想把任何道德教条当作永恒的、终极的、从此不变的伦理规律强加给我们的一切无理要求。相反地,我们断定,一切以往的道德论归根到底都是当时的社会经济状况的产物。人在环境面前不是完全被动的，人可以认识、开发和优化环境。机械环境决定论肯定了社会环境对人的思想观念的影响，但否定了人对环境的能动作用。社会环境决定人们的思想观念是在归根到底的意义上而言的，人在环境面前也不是完全无能为力的，人可以认识和改造环境。马克思在批判机械唯物主义时指出："关于环境和教育起改变作用的唯物主义学说忘记了：环境是由人来改变的，而教育者本人一定是受教育的。""环境的改变和人的活动或自我改变的一致，只能被看作是并合理地理解为革命的实践。"马克思既看到社会环境对人的影响，又看到人对社会环境的改造，并提出只有通过社会实践活动才能改造环境，使环境更适合人的生存发展。

马克思主义教育环境论的基本观点是：环境决定人的发展，决定人的思想政治状况和道德面貌，人可以通过社会实践改变环境，改变思想政治状况和道德风尚。一方面，社会环境尤其是社会物质条件、经济制度和政治制度规定着德育的性质和方向，制约着德育的内容和方式，保证德育能够符合一定社会经济和政治制度的要求。另一方面，德育对社会环境也产生巨大的影响和促进作用。德育能够抑制、克服与革除社会环境中落后的、起阻碍作用的思想观念和行为习惯，激励和强化社会环境中先进的、起促进作用的思想观念和行为。马克思主义教育环境论强调只有在社会实践的基础上，才能使环境、德育与人的思想观念产生相互作用并使之有机统一起来。马克思主义教育环境论为我们正确认识和处理环境、德育与人的思想观念之间的关系提供了科学的理论指导，高校德育既能在适应社会环境中发展自身，又能在自身发展中优化社会环境。

（二）高校德育在适应社会环境中发展

高校德育要走出"孤岛"效应，必须要以开放的思维和积极的态度对待社会环境，疏而不堵、因势利导，利用社会环境加强教育。高校德育不能消极被动地适应社会环境，而要积极主动地适应社会环境。高校德育要增强主体性，使自身在适应复杂的社会环境中得以发展；增强耗散性，使自身在适应开放的社会环境中得以发展；增强预示性，使自身在适应不确定的社会环境中得以发展。

1. 增强主体性：高校德育在适应复杂的社会环境中发展自身

与传统社会相比，现代高校德育面临的社会环境是非常复杂的。"思想道德教育环境的复杂性，是由影响因素的广泛性，影响因素的易变性，影响性质的多重性，影响方式的多样性决定的。"[①]影响高校德育和大学生思想行为的因素是极其广泛的：既包括自然环境也包括社会环境；既包括经济环境、政治环境，也包括文化环境；既包括历史环境也包括现实环境。高校德育环境是多要素构成的，各要素相互作用、交织叠加，越来越难以划界。②影响高校德育和大学生思想行为的环境因素变化速度加快。随着科学技术的发展，人们认识和改造环境的手段和能力得到前所未有的提高，社会经济、政治和文化飞速发展，尤其是互联网的发展加速了信息的产生和传播速度。③影响高校德育和大学生思想行为的因素具有多重性质。社会环境中既存在健康向上、催人奋进的积极因素，也存在悲观消沉、使人颓废的消极因素，这些不同性质的因素混杂在一起，难以完全分离和过滤。④影响高校德育和大学生思想行为的方式是多样的，有教育与环境因素的相互双向影响，也有环境因素对教育的单向影响方式；有直接的影响方式，也有间接的影响方式；有广泛的、普遍的影响方式，也有个别、特殊的影响方式；有深入持久的影响方式，也有浅层偶尔的影响方式；有真实的影响方式，也有虚假的影响方式。

混沌理论告诉我们，混沌系统对初始条件是非常敏感的，初始条件的微小变化可能导致不成比例的巨大后果。因此，社会环境中的微小变化都可能对大学生的思想行为产生巨大的影响。大学生生活、学习、交往的范围和领域不断扩大，与此相关的因素都可以影响他们的思想和行为，这些因素稍有变动都可能成为干扰源，使他们的思想产生混乱，行为无所适从。在全球化和信息化时代，社会环境这个信息源犹如一部无线电发射器，发射的信息频带越来越宽，可供选择的正信息增多，渗入的负信息也随之增多。负信息成为大学生认同高校德育内容的干扰源，干扰大学生的思想行为，使他们迷惘困惑，无所适从。在复杂多变的社会环境中，高校德育更要坚持主体性，对社会环境中的信息加以鉴别和选择，对负信息要分析其错误之处、揭露其危害之处，用正信息引导大学生，增强他们对社会环境的认识和把握能力，使他们在复杂多变的社会环境中做出正确的选择。

2. 增强耗散性：高校德育在适应开放的社会环境中发展自身

与传统社会相比，现代高校德育面临的社会环境是开放的。在空间上，影响大学生思想行为的社会环境是没有固定界域的开放环境，有宏观的经济、政治和文化环境，有微观的家庭、学校和社区环境，有国内社会环境，有国外社会环境，有现实社会环境，有虚拟社会环境，这些社会环境的宽泛程度难以确切估计。尤其是大众传媒环境和网络环境对大学生的吸引力、影响力不断增强，大众传媒利用各种手段制作和播出具有诱惑力的节目，互联网对各种新鲜刺激信息、感官信息、娱乐信息的即时快速传播，都有效地吸引了大学生的眼球。如果把高校德育小环境人为封闭起来，截断高校德育与社会环境的物质、信息和能量的交换，那么高校德育系统内部就会出现增加现象，走向衰退。在时间上，影响大学生思想行为的社会环境是没有严格界限的，有传统的生活方式，有现代的生活方式，有过时的、滞后的思想观念,有超前的、先进的思想观念,因此不可能将大学生的思想行为控制在某个时间界限之内。

大学生的思想系统是远离平衡态的开放系统,通过与外界进行物质、能量和信息的交换,接受各种外界信息的刺激,产生思想矛盾,通过涨落,产生新的思想认识,新的思想认识又会输出到社会环境中。在开放的社会环境中,大学生掌握的信息内容往往比教育者还多,高校德育如果采取"堵"的方式,仅仅对大学生传递正面的知识和信息来压制他们的思想行为,恰恰会适得其反。如果给大学生输入大量杂乱信息,而不让他们输出信息,就会使他们思想混乱。思想的输出可以让大学生产生一定的满足感和价值感,思想的输出又会带动思想的输入,增强思想的耗散性,加强思想系统的稳态运转。"环境的开放和人的流动空间的扩大,要求思想政治教育也相应地改变封闭的观念和工作方式,代之以开放的观念和工作方式。"教育者要通过组织讨论、写论文、调研、社会实践等多种形式,积极鼓励和引导大学生输出思想成果,向社会环境中输出积极有益的思想观念,增强高校德育的渗透力和辐射力,使高校德育与社会环境之间形成合理的张力。

3. 增强预示性:高校德育在适应不确定的社会环境中发展自身

市场经济的竞争使社会环境中的不确定性因素增多。在市场经济社会,竞争已经遍及社会的经济、政治、文化、科技、教育等领域,竞争已成为现代国家、民族、群体和个人都无法逃避的必然选择。竞争的开放性意味着人类活动领域的扩大,竞争的全球性导致物质资源在全球范围内流动和展开,竞争的自由性导致物质资源和各种利益关系的多样和多变。竞争带来的开放、流动、多样的社会环境,为个体的自由选择和自主发展提供了机遇,但竞争中的不确定因素为个体的发展带来难以避免的风险。

现代社会的各种人为风险使社会环境中的不确定性因素增多。传统社会是相对封闭的、变动缓慢的,人们做事的参照系是习俗、经验、惯例等确定的东西,人们遇到的几乎每一件事情都可以从过去的经验中找到解决的方法,知道该做什么,不该做什么,什么时候能做,什么时候不能做。习俗、经验、惯例成为个体行动的外在条件和动力源泉。而在现代社会,人们的日常生活不再具有"日出而作,日落而息"的固定程式和不变性,而面临着诸如技术风险、诱惑风险、环境风险、战争风险等各种人为风险,人为风险的存在为未来发展增加了许多不确定性因素,这些不确定性因素恰恰为变化求新创造了条件。

在激烈竞争和人为风险存在的社会环境中,大学生只有认识不确定性、把握不确定性的内在规律性,才能把不确定性因素转化为确定性因素,抓住发展机遇。把不确定因素转化为个体发展的机遇,转化为个体发展的竞争优势,往往是瞬间的事情。因此,高校德育要提升大学生的机遇意识，培养大学生及时把握机遇的能力。在现代社会，过去失去了它决定现在的权力，它的位置被未来取代了，因而不存在的、想象的和虚拟的东西成为现在的经验和行动的原因。我们在今天变得积极是为了避免、缓解或者预防明天或者后天的问题和危机。大学生要将未来的不确定性因素转化为发展机遇，要能够面向社会、面向未来，预示事物发展的方向。从客观上要求高校德育增强预示性，对社会发展规律及其对人产生的影响提出前瞻性的预见，并使大学生形成自我判断和自我选择的能力。

（三）高校德育在自身发展中优化社会环境

社会环境作为一种自发影响，总是良莠不齐、好坏并存，从来都不存在绝对好或绝对坏的环境。人是有能动性的，既不能对社会环境的不良影响抱怨不已，也不能对社会环境的不良影响心安理得，而应该克服对社会环境的依赖意识，确立对社会环境的自主意识。所谓自主意识，就是主体对环境的独立意识，而不是盲从意识；就是主体对环境的主人意识，而不是奴役意识；就是主体对环境的驾驭意识，而不是屈从意识。高校德育的社会环境是一个极为广泛而复杂的系统，不同层次的社会环境要素交织叠加，综合影响大学生的思想行为。社会环境是高校德育生存和发展的必要条件，高校德育如果丧失了对社会环境的自主意识，就必然在社会环境中随波逐流飘忽不定，被社会环境所主导。因此，高校德育要遵循趋利避害的原则，对社会环境中的复杂因素进行分析与鉴别，努力选择和发展有利的环境因素，避开或转化不利的环境因素，不断优化社会环境。

1. 高校德育的发展是优化社会环境的基础

高校德育要通过增强主体性、耗散性和预示性，使自身得到发展，才能使人们认同它的价值，增强其对社会环境的影响力度，为优化社会环境创造有利条件。

（1）认同高校德育的现代价值是优化社会环境的基础条件

随着社会环境的发展，高校德育的价值逐渐从过去单一的政治导向和政治保证功能，发展到经济功能、预测功能、开发功能、享受功能等更适合社会发展和个体发展需求的层面。大学生对高校德育现代价值的认识逐渐深刻起来，如果高校德育能渗透到专业教育，指导大学生的职业生涯规划，为大学生自我实现提供方向和动力，他们就会自觉自愿地接受德育内容，将德育内容内化为自身的思想意识，外化为实际行动，向社会环境辐射和渗透先进思想、先进文化，为优化社会环境奠定坚实的基础。

（2）增强高校德育对社会环境的影响力度是优化社会环境的必要条件

从教育与人的关系来看，随着教育的发展，教育对人的身心发展、智力发展和思想道德发展的影响力度越来越强。从人与环境的关系看，随着人们掌握的科学知识和人文知识逐渐增多，人类对社会环境的影响力也越来越强。教育对人的影响力度增强，人对环境的影响力度增强，因此，教育对社会环境的影响力度增强。高校德育只有不断发展自身，才能提升大学生的思想道德素质，有效规范大学生的行为，为社会输送大批坚持社会主义核心价值观的合格建设者和可靠接班人。这些在各自岗位上兢兢业业、恪尽职守的建设者和接班人，能够发挥模范带头作用，感染周围的人，为优化社会环境创造必要条件。

2. 高校德育在发展中优化社会环境的思路

当代大学生同他们父辈的青少年时期一样，也是生活在三个环境中——家庭、学校和社会。在传统社会，家庭对一个人的影响始终是第一位的。随着九年制义务教育的普及，学校对学生的影响逐渐增强。而如今，社会对学生的影响力度加大，尤其是大众传媒正在超越家庭和学校成为影响大学生思想行为的第一因素。因此，优化高校德育环境主要是优化家庭环境、校园环境和大众传媒环境，尤其应以优化大众传媒环境为重点。

（1）建立家校联动机制，优化家庭环境

大学生的思想行为最先受到家庭的影响，父母的思想觉悟、道德品质、性格气质、为人处事等都会对他们产生直接的、深刻的影响。在家庭成员之间自然频繁的交往中，父母的思维方式、行为方式、生活方式和情感表达方式等为他们提供了第一参照系和最感性的示范。大学生人格的起点不是学校显性教育的结果，而是家庭教育隐性渗透的结果。在积极向上的家庭氛围中长大的大学生，更具有上进心，积极参与社会事务，关心国际国内事务。在平等和睦的家庭氛围中长大的大学生，更能平等待人，关爱他人，自由发展，形成健全的人格。温暖和谐的家庭有助于发展孩子的健全人格，冷漠暴力的家庭容易使孩子形成消极回避甚至扭曲的心理状态和个性特征。一些大学生产生的诸多心理健康问题与童年时期不健康的亲子关系相关，他们在现实中遇到挫折尤其是情感挫折时，就容易唤起童年时期的创伤性记忆，不知不觉就会出现消极情绪甚至过激行为——伤害自己，伤害他人。因此，父母应该有意识地营造温馨和睦的家庭环境，采取科学的教育方式培养孩子形成正确的价值观和积极的人生态度。家庭是社会的细胞，家庭环境的优化将为整个社会环境的优化奠定基础。

优化家庭环境，不仅父母有责任，学校也有责任，而且学校也可以有所作为。高校可以建立家校联动机制，成立学校领导、党团干部、辅导员、班主任、任课教师、家长委员会等组成的"家校进步共同体"。通过校园网及时向家长宣传国家的有关法律法规，宣传学校的工作，辅导员、班主任、任课教师可以通过QQ群、微博等及时向家长告知学生在学校的生活学习情况，反映他们成长过程中出现的新情况、新问题，及时回答家长关心的问题。通过学校与家长的沟通，家长可以更好地了解子女的学习和生活状况，可以更好地与子女沟通交流，形成平等交流的亲子关系，营造出温馨和谐的家庭环境。

（2）加强校园文化建设，优化校园环境

大学校园环境是高校为培育人而有意识创设的育人环境，是实施教育活动不可缺少的重要资源，是一种潜在的教育因素。校园环境包括物质环境和精神环境。优美的校园环境能够愉悦学生的身心，激发学生的自豪感和自信心；先进的教学设备能让学生领悟到高科技的魅力，激发学生的求知欲望；现代化的图书馆能让学生了解专业领域的前沿研究，激发学生的研究欲望。良好的校园环境是一种道德力量，这种力量以某种特有的潜在作用促进大学生自觉自愿地按照校纪校规的准则调节和规范自己的行为，潜移默化地陶冶着大学生的思想情感，提升着大学生的精神境界，完善着大学生的道德品质，激励着大学生奋发向上。良好的校园环境能够提供正确的价值导向，将师生员工凝聚为一个蓬勃向上的共同体，催人奋进，升华精神。校园环境尤其是校园精神环境的优劣，直接影响着大学生素质的发展。因此，要加强校园文化建设，优化校园环境，发挥环境育人的功能。

校园文化建设包括物质文化建设和精神文化建设，物质文化建设为精神文化建设提供必要的基础，精神文化建设为物质文化建设提供方向。校园文化建设的重点是精神文化建设，尤其是要通过开展内容丰富多彩、形式灵活多样的校园文化活动来建设校园精神文化。丰富多样的校园文化活动符合大学生好奇、好胜、好学的特点，是大学生乐于接受并自愿参加的活动形式。大学生通过参加文明修身活动将良好的心理素质、深厚的道德涵养、崇高的理想信念和文明的行为举止统一起来，通过参加学术科技活动养成崇尚科学、追求真知、勇于创新、锐意进取的习惯，通过参加文体艺术活动养成既竞争又合作的精神，通过参加志愿服务活动深入领会和认同社会主义核心价值观，通过参加创新创业活动提高创新精神和实践能力。大学生在参加各种校园文化活动中，使自己真正"动"起来，在琐碎的实际工作中提高适应社会的能力，在互相配合中提高合作能力，在自我教育、自我管理中主动成长、自由发展。通过举办丰富多样的校园文化活动，营造出富有朝气的、充满活力的、积极进取的校园文化氛围，"润物细无声"地滋润着大学生的心灵。

（3）加强舆论引导，优化大众传媒环境

随着社会主义市场经济的不断推进，我国的大众传媒虽然没有实行私人所有，但主要以"事业性质、企业管理"的方式自主经营、自负盈亏，基于商业利益的驱动，它也不得不考虑收视率、点击率、发行量，从而走上世俗化甚至低俗化的道路。消费逻辑侵蚀着大众传媒，大众传媒将人们从"心仪彼岸"的神圣化道路上拉回到"心仪物质"的世俗化道路上，大众传媒不太关心文化产品的质量和文化产品对人类精神生活的影响，更关心文化产品的制造、发行、销售，更关心利润的实现。为了增加发行量和点击率，大众传媒极力张扬的消费主义生活方式，使越来越多的大学生追求世俗化的物质享受，崇高的理想信念悄然"褪色"。另外，开放的互联网方便了西方国家输出文化，对我国进行意识形态的渗透。西方国家总是将自己置于中心位置和救世主的位置，西方媒体在声称遵循所谓客观报道的原则下，特别喜欢挖掘中国的"黑暗面"信息，攻击社会主义制度和政策。媒体报道的内容与高校德育内容往往发生冲突，大学生正处于青年成长的高峰期，生理发育已完全成熟，心理发育还没有成熟，看问题往往是理性不足，容易跟着感觉走，出现偏激的认知和情绪，媒体报道很容易影响他们对事物真相的判断，从而消解高校德育的作用。

大众传媒肩负着新闻传播和思想宣传的任务，影响着人们的价值取向。因此，大众传媒要坚持正确的舆论导向。在现时代，加强舆论导向建设就是要坚持以马克思主义中国化理论为指导，以社会主义核心价值体系为引领，以社会主义荣辱观为基础，大力发展先进文化，支持健康有益文化，努力改进落后文化，坚决抵制腐朽文化。大众传媒的报道应立足主流，弘扬主旋律，以民族精神和时代精神鼓舞大学生的斗志。另外，要建立一批针对大学生的优质教育传媒，满足大学生精神文化生活的多样需求。

高校德育要利用大众传媒的信息资源丰富德育内容，借鉴大众传媒的传播方式改进德育方式。长期以来，高校德育无视大众传媒中的各种信息，教育的信息量极其有限，教育内容陈旧、枯燥、乏味、缺少变化，不能与大学生产生思想共鸣。高校德育要充分挖掘大众传媒中的教育资源，尤其要挖掘新媒体中的教育资源，充分利用新传媒的有益信息。新媒体能快速及时地传播每个人都基本可以看懂听懂的、图文声并茂的各种信息，这与大学生喜欢追求新奇、追求个性的心理特征相吻合，比较容易刺激大学生的神经系统，激发大学生的求知欲望。长期以来，高校德育没有形成有效的信息传递，原因之一是重理性轻感性，重理论轻实践。马克思主义认为，感性思维上升到理性思维确实是认识过程必需的，但如果没有对一个个生动的感性存在的认识，就无从有理性思维。如果高校德育只重视理性思维，而忽略从个别的感性的实际存在出发去分析对象的特殊性，就会滑入教条主义的泥淖，陷入只唯书的空谈阔论中。高校德育需要寻找感性触觉点，充分利用好大众传媒中形象、生动、直观的材料，吸引大学生的注意力，刺激大学生的感性思维，用马克思主义理论对这些感性材料进行理性分析，调动大学生的理性思维，使大学生对教育内容从感性认识上升到理性认识。大学生可以更理性地选择大众传媒中的精华，摒弃吸引眼球的糟粗，光靠吸引眼球的大众传媒会越来越没有市场，这就迫使大众传媒通过提高文化品位来增加发行量和点击率。

二、功能耦合：高校德育各子系统的协调互补

任何系统都不是各组成部分的机械组合或简单相加，而是一个有机整体，系统的整体功能是各要素在孤立状态下所没有的新质，即整体是大于部分之和的。高校德育系统的整体功能要最大限度地发挥出来，各子系统之间必须做到协调互补，产生耦合效应。

（一）功能耦合的含义

系统内部各子系统之间是非平衡、非线性的，这种非平衡、非线性可以使系统功能产生协同放大的效应。系统的非平衡性决定了系统内部物质、能量、信息的差异性，这种差异性的相互作用使系统要素之间与子系统间具有动态的非线性作用，而这种非线性的相互作用导致差异系统协同放大，并促使有序结构的迅速形成，以实现系统整体优化目的。协同放大是指开放系统内部子系统围绕系统整体的目的协同放大系统的功能，协同放大原理说明系统内部各子系统之间能够形成功能耦合的效应。

耦合是物理学的一个基本概念，是指两个或两个以上的系统或运动方式之间通过各种相互作用而彼此影响以至联合起来的现象，是在各子系统间的良性互动下，相互依赖、相互协调、相互促进的动态关联关系。一切开放的整体系统都具有自我调节功能，其各个子系统是互相生成、互相依赖、互相作用的，各个子系统之间往往会形成功能耦合。子系统S_1的功能或输出又正好是子系统S_2的输入或生存条件。子系统S_2的功能或输出又正好是子系统S_1的输入或生存条件。一个系统的有机性越高，各子系统的关联越密切，整体性越强，这种功能耦合的因果循环也越稳定。一个系统要达到整体目标，就必须从整体出发，调整各子系统的功能与目标，以达到系统整体最大限度的相互适应与总体最佳。一个子系统出了问题，系统活动都可能中断。一个子系统薄弱，即成"瓶颈"，就会影响整体的功能和效应。

高校德育系统是教学系统、管理系统和服务系统以一定的方式组成的结构或功能统一的整体，三个子系统围绕教育目标相互影响，通过非线性的相互作用产生协同效应。在高校德育中，必须考虑教学系统、管理系统和服务系统之间的相互作用，忽视他们之间的联系就不能实现功能耦合的最佳效果。

（二）教学系统、管理系统、服务系统的功能耦合

高校一切工作都要以学生为本，坚持"一切为了学生，为了学生的一切"的教育理念，做到教学育人、服务育人、管理育人。高校德育各子系统，即教学系统、管理系统和服务系统之间既相互制约又相互促进，三者要统一到"育人"这个焦点上，才能产生功能耦合效应。

1. 教学系统、管理系统和服务系统的功能耦合点——育人

在传统的科层管理中，高校组织机构按照职能划分为各个专门的部门，其职能划分得过细，使得教学、管理、服务和育人分割开来，从而使得个人或部门往往用简单的观点解释各种事件。如果学生出现思想行为问题，大家往往将其归咎于专职德育部门的"无能"和"无力"，教学系统的专业教育、管理系统、服务系统则可以不承担任何责任。高校德育系统是一个复杂系统，复杂系统的基本特性是"因""果"在时空上的分离，事实真相与我们习惯的思考方式之间，有一个根本的差距。要修改这个差距的第一步，是撇开因果在时间与空间上是接近的观念。在现实中，大学生的思想行为问题往往是由于环境的变化、大学扩招、学业就业压力过大、行政部门的官僚化、后勤服务部门的市场化等原因造成的，如果只是一味对专职德育人员施加压力，通常是没有功效的——短期也许会有所改观，长期却会使事情恶化。彼得·圣吉指出，可以用系统思维引导人"由看片段，到重新观照整体；由看事件，到看变化背后的结构；以及由静态的分析变因，到看见其间的互动，进而寻得一种动态的平衡"。如果用系统思维分析，大学生思想行为出现问题不仅与专职德育人员有关，也与专业教师、管理者、服务者有关。

高校德育系统的三大子系统——教学系统、管理系统和服务系统，如果结构合理，就能发挥协调与互补的功能，实现"育人"的功能耦合效应。高校提出"三育人"的工作理念，"三育人"是指教师、干部、职工分别在教学、管理、服务工作中，共同创造一个良好的育人环境，承担育人的责任，使学生得到全面、健康的成长。"三育人"工作要始终把坚持正确的政治方向摆在首位，用马列主义、毛泽东思想、中国特色社会主义理论教育学生，培养有理想、有道德、有文化、有纪律的社会主义新人。在"三育人"工作中，教书育人为主，管理育人、服务育人为辅，三者相辅相成，缺一不可。教学系统、管理系统和服务系统三大系统功能耦合的聚焦点是育人。

（1）教书与育人的统一

教书和育人是一个完整教育过程的两个方面，二者相互作用、相互渗透。如果只强调

教书，不重视育人，没有教会学生如何做人，那么高校向社会输送的"人才"就可能是个"危险品"；反之，如果只强调育人，不重视教书，没有教给学生专业知识和技能，没有教会学生科学的思维方法和学习方法，那么高校向社会输送的"人才"就可能是个"废品"。教育即德育，全部教育工作者都要肩负育德的职责。有人提出，德育专职教师专门负责育德，专业教师只管教学就可以。在这种观念的影响下，出现了专业教师只管教书，不管育人的现象，产生了"没有教育的教学"。教学虽然是学校的中心工作，但它只是手段不是目的，学校的根本目的是育人，具体落实在教师身上，就是通过教师的教学促进学生的全面发展。教师职业道德的真谛是教书育人，育人为本。高校所有教师都要自觉承担起育人的神圣职责，重教重育，以高度负责的态度，言传身教。一名合格的教师既要重视传授知识，培养学生的专业技能，又要重视以自己崇高的行为风范感染学生，以自己良好的思想道德品格潜移默化地影响学生。要把育人工作渗透到教学、科研、社会服务中，通过各个环节发现学生思想观念和行为表现方面的各种问题，有针对性地引导学生的思想和行为健康发展。

(2) 管理与育人的统一

管理是育人的重要手段。高校德育的根本任务是提高大学生的思想道德素质，把大学生培养成中国特色社会主义的建设者和接班人。高校的一切管理工作都要以实现此目标为宗旨。高校管理主要是用纪律和各种规章制度约束和规范学生的行为，使之养成良好的行为习惯。如果没有严格的管理，没有纪律和各种规章制度的约束，高校德育就会失去保证，变得软弱无力甚至成为空谈。严格的管理有利于大学生养成良好的行为习惯，进而形成正确的世界观、人生观和价值观。管理仅仅是育人的一种手段而已，因此，高校各种管理制度不应当是束缚学生发展的冷冰冰的条文，而应当有利于充分发掘学生的内在潜能，激发他们的自律意识和发展意识，引导、激励他们不断发展自我、完善自我，使他们自觉按照社会主义合格建设者和接班人的要求进行自我教育。

育人是管理的内在要求。高校管理者和管理对象都是人，这就决定了人在高校管理中的重要作用。高校管理要以人为本，实现学生的全面发展，而学生全面发展的实质就是完整地获得与展现人的本质，充分发挥人的主体性。高校管理首先要彻底改变把学生当作接受容器的观念，把关心爱护、尊重信任、平等对待学生作为管理手段的前提，把学生的身心健康成长、和谐发展作为管理效能的重要指标。高校管理不仅仅要满足学生的物质生活需求，更要满足学生的精神生活需求，关注学生的个性化需求、兴趣，利用各种制度规范加以引导使其不断趋于高品位的价值诉求，激励和满足大学生健康向上的精神追求。

管理育人在高校育人体系中起着举足轻重的作用，它"既是教书育人的重要补充，又是教书育人得以有效实施的重要保障；既是服务育人得以实施的重要前提，又为服务育人提供方法上的指导"。

（3）服务与育人的统一

服务是育人的重要保障。后勤服务就是要保障为大学生的成长、成才、成人创造一个良好的环境。高校后勤服务工作是学校教学、科研和师生员工生活的重要保障，不仅为大学生学习科学文化知识提供可靠的物质保证，而且为学生的全面发展提供实践条件。后勤服务员工在了解大学生的愿望，解决大学生反映的一个个具体问题，满足大学生对学习、生活和活动等方面合理要求的同时，在细致入微服务的同时，就在以自己的服务感染学生、教育学生。

育人是服务的内在要求。《关于进一步加强和改进大学生思想政治教育的意见》中指出："后勤服务人员要努力搞好后勤保障，为大学生办实事办好事，使大学生在优质服务中受到感染和教育。"服务育人是"在高校特定的环境和条件下，广大后勤职工通过自己的服务，以良好职业道德影响学生、以优质服务感染学生、以无私奉献教育学生、以优雅的服务环境熏陶学生，言传身教、耳濡目染，使学生在接受具体的服务与管理过程中受到潜移默化的教育，从而达到育人目的"。高校后勤服务系统在提供膳食、住宿、维修、商业等各种服务的同时就在对学生进行思想道德教育，食堂、宿舍、商业网点等各种场所是学生思想道德教育的"第二课堂"。

2. 教学系统、管理系统与服务系统功能耦合的机制

"机制"原指机器的构造原理和运作原理。在不同学科、不同领域中，人们从不同角度理解"机制"，赋予"机制"以本学科、本领域的内涵和特色。在社会科学中，"机制"的引申义非常复杂，主要有几种："一是构成方式，事物作为一个整体，总是由若干要素按照一定的方式构成；二是作用方式，组成事物的各要素总是按照一定的方式相互作用；三是运行方式，按照某种方式组合在一起的各要素，通过有规律性的相互作用而引起系统整体的生成、运行并发挥功能；四是调节方式，可以建立人们所期望的对事物运行和发展最适合人的要求的调节形式；五是呈现方式，机制是两个事物间可能存在的因果关系，这种关系是'经常发生的、易于识别的因果关系（cause and effect relationship），虽然因果关系诱发的条件不明朗，后果呈现的方式也不确定，但总的还是希望朝着人们的愿景发展。"本书将"机制"理解为一种运行方式，即指系统内部各要素之间的结构形式，以及通过要素之间的有序作用来实现整体功能的运行方式。高校德育要将教学系统、管理系统与服务

系统整合起来，实现育人的耦合功能，就必须建立相应的工作运行机制。

(1) 建立协调沟通机制

《中国普通高等学校德育大纲》，系统完整地阐述了高等学校德育领导体制，明确指出："党委是学校德育工作的领导核心，应研究德育的指导思想、工作方针、任务和重要问题，主持制定德育的总体规划与实施计划，定期分析学生思想政治状况和德育工作状况。在党委的统一部署下，建立和完善以校长及行政系统为主实施的德育管理体制，校长对学生德、智、体全面负责。应明确一名副校长（可由党委副书记兼任）具体负责德育工作。可成立学校德育工作领导小组，由党委书记或校长，或主管学生思想政治教育的副书记或副校长任组长。系（科）也应建立相应的德育工作领导小组。"目前，各高校都建立了党委领导下的校长及行政系统为主实施的德育管理体制。这种体制是实施全员育人、全程育人、全方位育人的必要条件，但这一体制的效能是否能够充分发挥，取决于是否有相应的协调沟通机制来推动。这一体制的有效运行会使教学系统、管理系统与服务系统在"育人"上发挥同性同向的强化作用。

在高校德育的复杂系统中，要使教学系统、管理系统与服务系统有机地联系起来，要使各种德育信息及时传递和反馈，需要有一定的协调沟通机制。高校应成立负责协调沟通各职能部门的德育机构——学校德育工作领导小组，既负责纵向的自上而下的德育信息沟通，加强德育决策中心与教学系统、管理系统、服务系统的联系，使其及时准确地获取信息和反馈信息，又负责横向的德育信息沟通，使教学系统、管理系统与服务系统相互配合，协调一致地完成德育任务。

(2) 建立考评保障机制

教学系统、管理系统与服务系统都肩负着育人的职责，都有相应的德育工作和任务，这些德育工作和任务能否落到实处，需要相应的考评机制来保障。高校要把德育工作纳入教学院系学科建设中，把德育工作纳入日常管理中，把德育工作纳入后勤服务中，通过评聘职称、职务、收入分配等政策杠杆相应地把德育任务层层分解，定岗、定职、定责、包干到人，落实到党政机关人员、专业教师、后勤服务人员等所有教职工身上。全体教职工的评优评先不能仅以业务工作为衡量标准，必须与"育人"挂钩，采取一票否决制，即有违纪违法、不良品行的教职工不管其业务工作有多突出都不能评优评先。在评优评先中，要将个人评优评先与集体评优评先相结合，把个人工作成绩与集体工作成绩紧密联系在一起，从而使学校各部门在"育人"工作中形成协调合作的竞争局面。采取奖优罚劣的激励机制，有利于调动全体教职员工"育人"的积极性，激发他们"育人"的创造性，挖掘他们"育人"的潜力。建立考评保障机制，可以使教学系统、管理系统、服务系统由板块式结合变为渗透式结合，使耦合育人任务落到实处。

（3）建立自教自律机制

全体教职工都具有主体性，要充分信任他们具有"育人"的能力和愿望。过去，我们总是把教职工看作消极、被动的客体，不注意发挥他们的主体性。教职工是活生生的生命存在，是有自尊心、自信心和主体精神的人，他们不是消极被动地接受学校管理，而是选择性地接受管理、创造性地挑战工作。考评保障机制是教职工自教自律的必不可少的外在条件，但它毕竟不是教职工的自主育人行为。要把"育人"的要求转化为教职工的内在思想和德性规范，还要通过它们的认知、情感、意志的思维活动和自教自律的方式才能实现。教职工大多是知识丰富、思维敏锐、眼界开阔、思想超前、人格独立的主体，管理者应该充分信任他们，采取民主平等、合作互动的方式与他们充分沟通，使他们全身心地投入到育人工作中。自教自律使教职工的思想和行动富有生机与活力，使他们将外在的德育任务自觉内化为自身努力的目标，真正做到用"心"育人。建立自教自律机制，教师才能真正把知识教育、思想教育、启迪智慧三者高度统一起来，自觉实践"教书育人"的理想。建立自律自教机制，管理者才能真正做到关心、爱护学生，设身处地为学生着想，真正将育人工作渗透到解决学生实际问题中。建立自律自教机制，服务人员才能真正从学生的学习和生活需要出发拓展服务内容、转变服务方式，真正做到以良好的职业道德影响学生，以优质的服务感染学生，营造出"服务学生、关心学生、爱护学生"的育人氛围。

（三）教学系统内部思想政治理论课教学与专业教学的功能耦合

思想政治理论课是高校德育的主渠道，但也不能忽视专业教学（包括哲学社会科学课程和自然科学课程）对大学生思想道德素质的影响。思想政治理论课教学与专业教学之间的关系复杂，主要有三种情况：①专业教学中渗透德育，专业教学与思想政治理论课教学对大学生思想道德素质的形成发挥着同性同向强化的作用。②专业教学只教给学生专业知识，专业教学与思想政治理论课教学是互不相干的"两张皮"。③专业教学与思想政治理论课教学的主旨相悖，专业教学与思想政治理论课教学对大学生思想道德素质发挥着异性异向弱化的作用。第一种情况，思想政治理论课教学与专业教学产生了协同效应，实现了功能耦合。后两种情况，思想政治理论课教学与专业教学没有实现功能耦合。

1. 思想政治理论课教学与专业教学功能耦合的必要性

在高等教育中，思想政治理论课教学与专业教学的功能耦合起来，共同提升大学生的思想道德素质是非常必要的。

(1) 中国特色社会主义事业建设需要"又红又专"的人才

改革开放后，在科学技术成为第一生产力的时代，一些教育专家提出"教育与意识形态相分离""人才培养不需要政治""培养人才重在培养能力"之类的口号。在这些口号的蛊惑下，部分教育者抛弃传统的"重道鄙器"思想转而信奉"重器鄙道"的价值观，对"为谁学"的问题置之不顾，认为只要把大学生培养成国家需要的专业人才，让他们拥有建设国家的技能就可以，至于思想先进不先进是无所谓的。如果高校培养的人才有政治瑕疵，就会影响甚至危害中国特色社会主义建设事业。"人才培养不需要政治""培养人才重在培养能力"等观点只是强调了人对社会的工具性价值，忽视了人对社会的目的性价值。对于社会而言，专业能力只是一种工具性需求，只是社会在操作层面的需求，对社会只是一种浅层次的贡献与服务。建设中国特色社会主义事业不仅要培养必需的科技人才，更要培养能与国家同呼吸共命运的接班人。高校在人才培养中必须弄清"为谁培养人"和"培养什么样的人"，我们要培养的是社会主义的建设者和接班人，要让大学生树立马克思主义世界观、人生观和价值观。邓小平指出："如果我们不是马克思主义者，没有对马克思主义的充分信仰，或者不是把马克思主义同中国自己的实际相结合，走自己的道路，中国革命就搞不成功，中国现在还会是四分五裂，没有独立，也没有统一。对马克思主义的信仰，是中国革命胜利的一种精神动力。"信仰马克思主义，不仅是中国革命取得胜利的精神动力，而且是社会主义现代化建设取得胜利的根本保证。高校应从战略和全局的高度，全方位地深思"为谁培养人""培养什么样的人""怎样培养人"这些重大问题，在专业教育中渗透德育，使专业教育与德育形成合力，同性同向共同加强对大学生思想道德素质的培养，才能实现高校培养社会主义合格建设者和可靠接班人的最终目标。

21世纪中国和谐社会的建设需要全面发展的人才，即"又红又专"的人才，只专不红或只红不专的人都不能成为中国特色社会主义事业的合格建设者和可靠接班人。思想政治理论课教学和专业教学都要立德树人，都要将社会主义核心价值体系渗透其中，引导大学生形成正确的世界观、人生观和价值观。专业教学如果只教给大学生"是什么"的知识，不能提供"为什么"的价值判断，不能解决"应当怎样"的问题，那么，就有可能培养出带有"政治瑕疵"的"人才"，就会影响甚至危害中国特色社会主义建设事业。思想政治理论课教学如果不从哲学社会科学课程和自然科学课程中汲取丰富的养料，就会显得干瘪空洞，成为理论说教，不能吸引学生甚至使学生产生逆反心理。

（2）专业教学中出现"淡化意识形态"的现象

20世纪90年代以来，发展强劲的经济全球化浪潮给人的感觉是全球化已经不带有意识形态性，于是西方学者高喊"意识形态趋同""意识形态终结"的口号，大量散布"淡化意识形态"的论调。意识形态"趋同论""终结论"实质都是西方国家"和平演变"的策略，其实质是要消解、否定马克思主义意识形态，消解、否定社会主义意识形态在我国的主导地位，其要害是破坏中国特色社会主义事业的建设和发展。意识形态领域的斗争，绝不仅仅是理论争论和观念争论，而是利益之争、命运之争。如果我们在思想文化领域没有一个总体把握而忽视马克思主义意识形态的主导，就势必会消解主流价值取向，导致实用主义、相对主义价值的出现和思想领域的混乱，建设中国特色社会主义事业的根本目的就无法实现。受西方思想的影响，我国一些学者也跟着高喊"淡化意识形态"的口号，他们并不是真的抛弃意识形态，而是妄图用一种非马克思主义的意识形态代替马克思主义。近年来，高校专业教学中出现"淡化意识形态"的现象，"淡化意识形态"的专业教学与思想政治理论课教学背道而驰，消解思想政治理论课教学的效果。

2. 思想政治理论课教学与专业教学功能耦合的可能性

（1）思想政治理论课教学以意识形态性和政治性为主要特征

在阶级社会中，占领了物质生产资料的统治阶级为了维护自身利益，就要进行思想的生产与分配，统治阶级进行思想生产与分配的重要途径之一是德育。在任何阶级社会里，都存在德育，其实质和目的都是要论证统治阶级统治的合法性和合理性。在我国，思想政治理论课教学是高校德育的主渠道，意识形态性是思想政治理论课教学的根本属性。思想政治理论课教学在很大程度上是进行意识形态教育和政治教育的，而不是一般的知识教育或学术教育。我国的社会制度是中国共产党领导的多党合作和政治协商制度，因此，思想政治理论课教学必然将社会主义意识形态作为主导性内容，以论证社会主义制度的合法性和维护中国共产党的领导，让大学生树立科学的马克思主义观，坚定中国特色社会主义的政治方向，认同社会主义意识形态。

（2）哲学社会科学课程具有意识形态性和政治性的特点

哲学社会科学与人的活动直接联系在一起，它要研究人与人、人与组织、人与社会之间的关系，要解释各种社会现象发生的原因和发展变化规律，要对社会发展变化做出应然判断，即"应该是怎样的"。不同的人为达到不同目的，对同样的社会现象做出不同甚至相反的结论，这说明哲学社会科学课程具有鲜明的意识形态属性。任何一个社会都是在特定的社会制度中运行和发展的，执政党都会确立维护自身经济基础的上层建筑和反映执政党政治倾向的意识形态。灌输与宣传反映执政党政治倾向的意识形态的一个重要途径就是通过哲学社会科学课程的教育实现的。意识形态性是在思想和精神上反映执政者的主张和导向，政治性是要求人们在思想和认识上与执政者保持一致，这两个方面都会在哲学社会科学课程中体现出来。意识形态性与政治性本质上的一致，是哲学社会科学课程同一性质的不同表现形式。哲学社会科学课程的内容不能与执政党所倡导的意识形态相悖，不能与执政党制定的政治法律制度相悖，它不仅要论证执政党的合理性和合法性，而且要宣传执政党的执政理念和执政策略。哲学社会科学课程的意识形态性和政治性特点，表明它负有思想政治教育的职责。

（3）自然科学课程中蕴含丰富的人文价值

自然科学教学中也可以渗透德育内容，可以将传授自然科学知识与思想道德素质的培养结合起来。20世纪70年代，许多科学家、教育家就提出了自然科学教育要以科学的价值为目的，让学生掌握自然科学知识，学会用科学方法思考问题，为社会发展服务。联合国教科文组织国际教育发展委员会编写的《学会生存》中，列举了人类生存环境恶化的种种现象，提出自然科学教育要渗透科学的价值，要将人的体力、智力、情绪、伦理各方面因素综合起来，竭力防止和抵制人们运用自然科学制造诸如战争、污染等人为风险。中共中央、国务院《关于进一步加强和改进大学生思想政治教育的意见》强调指出，"要加强马克思主义唯物论和无神论教育，大力提倡科学精神，坚持不懈地普及科技知识"。自然科学研究自然界发展的规律，有助于大学生树立科学的世界观和价值观，提升大学生的逻辑思维能力，有助于大学生正确地分析和认识社会问题。马克思非常注重从自然科学的发展成果中汲取营养，经过系统研究技术发展的历史，写出了《资本论》，为无产阶级推翻资产阶级提供了科学理论。自然科学教学在传授专业知识的同时，既要思考技术理性的"能不能够"，还要思考价值理性的"应不应该"，使大学生正确利用专业知识，服务于祖国，造福于人类。

3. 思想政治理论课教学与专业教学实现功能耦合的条件

育人是高校各门专业课程教学的题中应有之义。《关于进一步加强和改进大学生思想政治教育的意见》明确指出，高校各门课程都具有育人功能，要深入发掘各门专业课程的思想政治教育资源。各门专业课程都是人类社会实践的智慧结晶，都是一代代人用生命和热情谱写的美丽乐章，都是人类文明的精华。高校教师的职责是把知识教育、思想教育、启迪智慧三者高度统一起来，自觉实践"教书育人"的理想。思想政治理论课教学与专业教学要在育人功能上实现耦合，就应在内容上相互交叉、渗透和融合。

(1) 思想政治理论课教学要从哲学社会科学和自然科学中汲取丰富的养料

哲学社会科学研究的对象主要是人，涉及人格、品质、情感、价值取向等问题，其中蕴含着丰富的人文精神。人文精神回答的是"应当怎样做"的问题，即应当怎样做人，怎样对国家、社会承担责任。思想政治理论课内容具有原则性、政策性等特点，这些内容要真正内化到大学生的思想中，仅仅通过宏观内容的讲解是不行的，只有将这些宏观内容与诗歌、小说、电影、电视等生动的具体内容结合起来，才会有好的教学效果。思想政治理论课教学要善于横向联系和纵向联系，把教学内容放到一定的社会背景和历史背景中有理有据地讲解，才能使大学生可感可知可践。

自然科学中蕴含着丰富的人文价值，它原本就是求知与求善的统一。柏拉图认为，知识是以理念为基础的，最高理念是善的理念。因此，求知与求善是统一的。亚里士多德认为，科学是探求世界必然真理的公理体系，而探求知识便是最高幸福，因此将求知与求善统一起来。直到近代科学，才将求知与求善分割开来。但是将求知与求善分割开来给人类社会带来巨大的灾难，两次世界大战后，人们又重新认识到自然科学的研究必须将求知与求善结合起来。每一门自然科学课程都要从历史、社会和伦理学的角度回答三个基本问题：本学科的历史和传统是什么？本学科涉及的社会和经济问题是什么？本学科要面对哪些伦理和道德问题？思想政治理论课要将这些问题融入教学中，激发学生的学习兴趣，提高学生灵活运用知识的能力，将学术知识与伦理道德统一起来，有利于大学生健全人格的培养。

(2) 哲学社会科学和自然科学教学要以社会主义核心价值体系为导向

高等教育的宗旨是大学生的全面发展，大学生全面发展的方向要靠价值观教育来导航。价值观是人类认识活动和实践活动的向导，也是人们生活信念、生活追求、道德选择的依据。价值观教育是高等教育的一项重要内容，各门课程的教学都负有引导大学生树立正确价值观的责任。随着我国经济成分的多样化，文化多样化和价值观多样化也已然成为现实，面对各种各样的价值观，大学生产生了诸多迷茫和困惑，不知所措。高等学校有责任和义务教会学生如何在多元价值观中选择和树立正确的价值观，积极健康地生活。专业教师要挖掘专业教学内容中的德育因素，在学科发展史中挖掘德育资源，利用各个环节实施德育。专业教师在传播专业知识的同时，要注意结合学科特点对学生进行思想教育和人生启迪，特别是要对学生进行科学精神和道德精神的教育。大学生学习专业课程不仅仅是学会某门具体的专业知识，更重要的是学习该专业的思想、方法、精神，学习该专业中蕴涵的人文价值，将求真与求善相结合。

即使在经济全球化和高等教育国际化的今天，教育依然"承载着构成民族国家的共同基本要素：文化、历史、民族价值观"，高等教育依然肩负着弘扬民族核心价值的重任。任何社会都有自己的核心价值体系，它是社会秩序得以维持和社会系统得以运转的基本精神依托，具有政治引导和思想统摄作用。党的十七大报告提出，要将社会主义核心价值体系融入国民教育中，增强中国特色社会主义意识形态的吸引力和凝聚力，形成全民族奋发向上的精神力量，打牢全党全国各族人民团结奋斗的精神基础。高等教育要树立"先为人，再为学，先育人，再育才"的教育理念，哲学社会科学和自然科学教学只有以社会主义核心价值体系为导向，才能与思想政治理论课教学共同促进大学生自觉坚持社会主义核心价值体系。

三、内容整合：高校德育系统内部各要素的优化组合

高校德育系统内部各要素不是杂乱无章地堆砌在一起的，要素与要素之间通过相互联系、相互作用形成一定的结构，生成不能用孤立的要素特征来解释的新特征和新功能。高校德育系统内部通过整合教育内容、聚集教育主体，使教育资源涌现出来，才能达成社会目标与个体目标的共生。

（一）整合教育内容

高度统一的德育内容不能满足现代社会大学生精神生活的多样需求，客观上要求高校德育整合教育内容。整合教育内容一定要坚持主导性内容，同时蕴涵当今时代内容、结合社会实际内容、比较中外相关内容、渗透一定业务内容，形成主导内容与多样内容的综合。整合教育内容的方式多种多样，主要有主题式教育、案例式教育、专题式讨论等。

1. 整合教育内容的必要性

在复杂多样的社会环境中，性质相异的信息潜移默化地影响着大学生，高校德育只有将社会环境中的教育内容整合进去，才能满足大学生多样化的精神需求。

（1）社会环境的复杂多样要求高校德育整合教育内容

改革开放前，政治统领经济和文化，三者具有高度一致性和协调性，人们的经济利益取向一致、政治意识形态倾向相同、文化价值导向统一，高校完全按照上级指定的内容开展教育活动，德育内容带有计划性、指令性特征，高校传递给学生的思想观念和价值规范恰好与社会环境一致，高校德育与社会环境对大学生思想行为的影响是相互强化和互补的。高校德育内容的高度统一，保证了德育意识形态功能的充分发挥，但是改革开放后，

在复杂、多样、开放的社会环境中，内容高度统一的高校德育显得单薄无力，说服力不强，感染力下降。社会环境中的各种信息渗透到大学生的生活学习中，潜移默化地影响着大学生的思想行为，社会环境对大学生的感染甚至超过高校德育。因为，社会环境对人的感染具有极强的渗透性和隐蔽性，尤其当前在微博制造的公共空间里，观点鲜明、言语犀利的观点被转发和评论，形成关注氛围，甚至影响整个舆论场，这时所谓围观的人的情绪都会受到感染，思想都会受到影响。社会环境可以产生积极的感染或消极的感染，积极的感染可以鼓舞大学生的斗志，使他们产生强烈的情感去追求和探索真理，消极的感染可以使他们精神颓废、意志消沉、抱怨社会、不思进取、随波逐流。在复杂多样的社会环境里，高校德育如果仍然一味传授高度统一的教育内容，势必引起学生的反感，难以对教育内容产生认同，这客观上要求将社会环境中的教育内容整合进高校德育。

（2）大学生对精神生活的多样需求要求高校德育整合教育内容

大学生的精神生活是指大学生为满足精神需要而进行的一系列活动，具体表现在大学生学习、交往、生活过程中，是展现大学生的精神风貌，体现大学生的精神价值的各种活动的总和。一方面，大学生是具有个性和能动性的主体，大学生因其家庭背景、成长环境、性别差异、所学专业、面临问题、知识结构、智力活动等方式的不同形成需求差异（个性化的需求），根据自己的需求有选择地吸纳不同思想，产生认知差异（兴趣爱好、情感判断等）和行为差异（行为方式）。不同类型的大学生群体有不同的需求，同样的教育内容对不同类型的大学生可能会产生迥然相异的效果。另一方面，在多元开放的社会环境中，大学生思想关注点呈现出宽域性和分散性特征，关注范围不断扩展，关注点愈益分散。各种思想信息经过大众传媒、网络、手机等传播后更加零散，它以无数次零散的、无意识的观点影响大学生。大学生对思想信息的接受过程具有散点化的特征，表现在"接受时间和地点的不确定性，接受内容的零碎化，接受过程的不连续性，内化过程的反复性等几个方面"。高校德育集中单一的方式会引起学生反感，理论化和体系化的内容不能满足学生多样化的思想关注。因此，高校德育亟须将各种错综复杂的、混乱的教育内容向着一个方向整合，既要坚持社会主义意识形态的主导性内容，又要丰富大学生的精神文化生活，满足大学生日益增长的分化性、多样性需求。

2. 整合教育内容的内涵

高校德育内容的确定和选择直接关系到大学生思想道德素质和精神面貌的发展状况。整合教育内容不是给各种教育内容同样的地位，不是让各种教育内容占有同样的分量，不是将各种教育内容杂糅在一起。整合教育内容一定要坚持主导性内容，同时蕴涵当今时代内容、结合社会实际内容、比较中外相关内容、渗透一定业务内容，形成主导内容与多样内容的综合。主导性内容只有渗透多样性内容才会变得更丰富多彩，多样性内容只有坚持主导性内容的指导才不会失去方向。

（1）坚持主导性内容

高校德育的主导性内容，是决定高校德育方向和性质的内容。不同阶级、政党和社会的根本利益和意志、根本价值取向和立场不同甚至完全对立，因此，各国高校德育的主导性内容各有特色。主导性德育内容不是一两个具体的理论观点简单拼凑而成，而是一个系统的理论体系，它反映一个阶级、一个政党、一个社会的根本利益和意志，代表一个阶级、一个政党和一个社会的根本价值取向和立场。我国的社会制度是中国共产党领导的多党合作和政治协商制度，因此高校德育必然将社会主义意识形态作为主导性内容，以论证社会主义制度的合法性和维护中国共产党的领导。在我国现阶段，坚持社会主义意识形态最主要的就是要坚持社会主义核心价值体系，因为社会主义核心价值体系是社会主义意识形态的本质体现，是全党全国各族人民团结奋斗的共同思想基础。随着国际局势和国内经济、政治、文化生态环境的变化，社会主义核心价值体系的认同受到各方面的挑战，其导向力、凝聚力、整合力还不够。如何使社会主义核心价值体系为大学生所接受、认同，并且自觉转化为实践，是高校德育需要解决的突出问题。要让大学生接受、认同社会主义核心价值体系，高校德育必须在坚持社会主义核心价值体系主导性内容的前提下，将当今时代内容、社会实际内容、中外相关内容和一定业务内容渗透其中。

（2）蕴涵当今时代内容

时代是关于人类社会发展一定时期全球性、世界性重大问题的高度概括，是对该时期世界的主要特征和发展趋势的揭示和反映。随着时代的发展，时代特征也在不断变化，当今所处的时代特征是经济全球化和市场化、政治民主化、文化多样化和社会信息化。高校德育要把握时代发展的特征，根据经济全球化和市场化所激发的竞争意识，发展主体德育，提高学生的竞争意识；根据政治民主化所激发的民主意识，发展生活德育，提高学生的参与意识；根据文化多样化所激发的选择意识，发展开放德育，提高学生的鉴别能力；根据社会信息化所激发的创新意识，发展信息德育，提高学生的创造能力。在和平与发展为主题的时代，在建设社会主义和谐社会的时代，我们要追求的是社会和个人的全面协调可持续发展，而推进社会和个人发展的主要方式是竞争，促进社会和个人发展的主要资源是科技、知识和信息。高校德育要紧扣时代主题，触摸时代跳动的脉搏，将体现时代精神的内容融合进教育中，以增强德育主导性内容的时代特色。

(3) 结合社会实际内容

在新的历史条件下，影响大学生的信息源具有多向性，大学生除接受教育者传递的教育信息外，还从家庭、同辈群体、大众传媒、社团组织等多种渠道中获取信息，尤其是在信息社会，大学生的信息更多地来源于网络、手机等新兴媒体和对现实生活的直接体验。各种信息连环传播、交互感染、交互强化，以交互的网状性方式辐射到大学生生活学习的各个领域。大学生受到多种信息的干扰，在接受教育信息时思想必然会出现波动，产生矛盾和冲突，这时他们运用原有的认知图式对各种信息进行比较鉴别，做出是否接受德育内容的决定，整合来自四面八方的信息，重新建构认知图式。高校德育如果不结合社会实际内容，就不能引起学生的共鸣，德育内容就会被学生的认知图式屏蔽掉。高校德育只有结合社会实际，才能贴近学生的实际，才能触摸到学生的思想脉搏，才能了解学生成长发展中的困惑，引导学生树立正确的价值取向，促进学生自主自觉自愿地改造自己的主观世界。

(4) 比较中外相关内容

高校德育不是无源之水、无本之木，它需要通过开发中国传统德育资源，利用国外优秀德育资源，来丰富和充实自身。中国传统文化中蕴含着丰富的德育资源，是推进高校德育发展的思想基础。高校德育要开发我国重视道德教化、强调德育首位的传统，确立高校德育的"首位"地位；开发我国重视道德人格培养的传统，按照现代社会发展要求，将"修身"与"齐家、治国、平天下"联系起来，弘扬"八荣八耻"的社会主义荣辱观，提升大学生道德人格；开发我国强调社会整体发展、以民族利益和国家利益为重的传统，弘扬民族精神和爱国主义精神，让大学生树立起中国特色社会主义的共同理想信念。在全球化时代，高校德育要面向世界，大胆吸收利用国外有益的德育资源，对国外德育文化进行辩证审视，合理取舍。国外文化中有许多反映人类共同心理、共同美感、共同道德和时代精神的德育资源，诸如以和平、发展、公平、正义、民主、自由等为核心的人文主义价值追求，我国高校德育可以汲取这些价值理念。现代社会，国外德育所涵盖的内容也越来越广泛，涉及人类生活的各个方面，诸如国家政策教育、人权教育、和平教育、国际理解教育、公民教育、消费教育、环保教育、现代生活方式教育等，我国高校德育可以借鉴这些教育内容，并与中国社会实际相结合。国外德育善于融会和汲取学习学、心理学、教育学、政治学、历史学、社会学、宗教学、伦理学等学科的相关知识，我国高校德育应借鉴国外德育依托于学科的经验，使自身从广度和深度上得到丰富和发展。

（5）渗透一定业务内容

高等学校的根本任务是育人，培育"又红又专"的人才，即思想道德素质和业务能力都过硬的复合型人才。大学生不仅希望在德育中学到"做人"的道理，还希望从德育中获取能够指导自己专业发展的思想，他们在遇到择业、就业和创业问题时，希望能够得到德育工作者的指导和帮助。因此，高校德育要渗透一定业务内容，帮助学生树立正确的择业、就业和创业价值观，引导学生正确对待和处理学习、就业压力，引导学生根据自身特点和社会发展趋势做出合理的职业生涯规划。如果高校德育不能将业务内容渗透其中，就会发生德育教育与专业教育"油水分离"的现象，在激烈的学习竞争和就业竞争中，学生必然会对德育教育置之不理。高校德育只有自觉地根据社会发展需要和大学生身心发展规律，把德育与传授科学文化知识结合起来，把"为人"与"治学"结合起来，使大学生既学会"做学问"又学会"做人"，才能真正受到学生的认可。

3. 整合教育内容的方式

高校德育整合教育内容的方式多种多样，诸如主题式教育、案例式教育、专题式讨论等。

（1）主题式教育

高校德育的主题教育就是把德育的内容主题化，即确立一个有意义的教育主题，在学生工作处、团委、辅导员和班主任等的指导下，学生自己通过多种途径与方式开展丰富多彩的活动，学生在活动中实现自我教育，提升综合素质的教育活动。主题教育活动的内容是以主导性内容为核心，往往与社会转型期出现的许多新情况、新问题相联系，与学生思想道德发展中的热点难点问题相联系，与历史传统相衔接。各个高校每年都要开展多次主题教育活动，有些主题教育活动内容紧跟国际国内形势，捕捉到大学生关心的最敏感而且最具有教育意义的问题，有些主题教育活动内容符合学生的思想实际和生活状况。例如，感恩主题教育、学雷锋主题教育、大学生文明修身主题教育等活动的开展，引导学生把专业知识学习与自身修养提高结合起来，引导学生做知书达理、诚实守信、个性鲜明、素质全面的复合型人才。有些主题教育活动内容具有地方特色和校本特色，许多学校开展的新生入学主题系列教育活动中都有一个重要内容是校史教育，通过阅读文献、观看纪录片、举办讲座、参观校史展、举办校史知识竞赛、举办主题征文大赛等形式，使大学生了解学校发展历史，增强爱校意识。有些主题教育活动以清明、端午、中秋、重阳、新年等传统节日为契机，深入挖掘传统节日的文化和精神内涵，引导学生认知传统、尊重传统、继承传统、弘扬传统，增强学生对民族文化的认同感。

(2) 案例式教育

美国哈佛大学商学院开始用案例教育培养学生，案例教育现已风靡整个管理界，产生了世界性影响。当前，案例式教育在美、英、法、日等国家十分盛行，我国从 20 世纪 80 年代也开始使用此种教育方式。近年来，高校德育也开始采用案例教学法，"所谓案例教学法，就是指教师结合教学内容，从理论的高度把纷纭复杂的生活现象经过精心筛选，提炼一些典型的人物与事件，将其浓缩成一个个的案例，引导学生运用马克思主义理论剖析这些案例，在案例分析过程中，融会贯通有关的原理，使学生提高分析问题和解决问题的能力的方法"。高校德育工作者围绕一定教育目的，把从社会实践中观察和搜集到的真实事例加以典型化处理的过程中要综合运用多种理论知识，案例中蕴含着丰富的教育内容，尤其是蕴含着丰富的时代内容，因为案例是经过实际调查研究挖掘出来的反映社会现实并具有一定典型意义的例子。案例中的事件一般是围绕现实问题展开的，因此案例教育中隐含着"问题"，学生在与教师共同讨论案例的过程中，引用古今中外相关知识分析案例中的问题，运用多学科的知识解决案例中的问题，学生可以获取大量的信息和知识。案例教育有利于将理论与实际联系起来，学生在讨论案例的过程中，可以加深对思想政治理论的理解，通过相互启发，发现案例中内含的矛盾，运用已有的知识和能力解决矛盾，获得新的知识和能力。

(3) 专题式讨论

专题式讨论主要是指高校德育工作者结合社会、学生和教材实际，选定讨论题目，让学生提前做好讨论准备，在课堂上进行专题讨论。专题式讨论的选题遵循"三点一致"的原则，即"把学生的知识结构、思想觉悟水平和认识问题的能力作为起点，把'教学基本要求'和教学大纲主要内容作为重点，把学生对现实重大社会政治事件的理解和实际思想问题的疑点作为难点，把此三点有机统一起来确立讨论的主题"。为使讨论紧凑、热烈、充实、有效，学生必须事先做好理论知识的准备和实际问题材料的搜集工作，他们在准备材料的过程中，需要对知识进行综合分析和加工，可以拓展他们的知识面。例如，开展关于对毛泽东评价的专题讨论，就应事先认真阅读毛泽东以及党的其他领导人的著作、传记、回忆录等文献，就应充分了解中国近代历史面临的主要矛盾，还要了解当前国际国内形势和党的路线、方针、政策。高校德育工作者在准备专题讨论的过程中，也需要搜集和整理各种资料，综合运用各种材料。在专题讨论中，教师与学生、学生与学生之间发生思想碰撞，相互启发，有利于拓展教师与学生的想象空间、思考空间和创新空间，有利于辩证地把握所讨论的问题。

（二）聚集教育主体

现代社会，高校德育的教育主体不仅包括个体教育者和群体教育者，还包括个体受教育者和群体受教育者，不同的教育主体拥有独特的教育资源，只有将教育主体聚集起来，才能使教育资源涌现出来，实现教育目标。

1. 聚集教育主体的必要性

现代社会，教育者与受教育者之间的边界模糊，而且二者常可以相互转化。教育者和受教育者都拥有一定的教育资源，将他们聚集起来，使教育资源涌现，并共享教育资源，共同提高学习力。

（1）教育者与受教育者的相互转化明显且边界模糊

受主客二分思维方式的影响，传统高校德育强调教育者的主体地位和能动作用，把教育者的能动性无限拔高，而把大学生看成消极被动的"受教育者"，把"受教育者"的被动性无限放大。其结果是将教育者与"受教育者"绝对对立起来，"教育者"的职责就是"教"，学生的任务就是"学"。而且，教育者认为自己总比受教育者占有更多的知识、拥有更多经验，不考虑大学生的身心发展规律，看不到大学生的思想行为对自身的制约和影响，压制和阻碍了他们学习的积极性和主动性。在信息社会，教育者与大学生的知识占有关系发生了转变，教育者传递给学生的信息在学生可接受的信息总量中所占比重逐渐减少，学生越来越多地从社会的开放学习资源中获取到教育者未传授的知识，获取到补充与深化教育内容的知识，获取到自己认为更有价值的知识，而且学生对社会学习资源的接触与接受往往要先于教育者。在这种情况下，受教育者与教育者的边界开始模糊，受教育者与教育者的地位相互转化，也就是说，此时的所谓"教育者"对教师而言只不过是一种制度身份，他在与学生的知识（包括价值、规范、态度、生活方式等）互动中的实际地位（或可视为实际扮演的角色）已变成一个'非教育者'；同理，此时的所谓'受教育者'对学生而言也只是一种制度身份，他在与教师的知识互动中也已变成了一个'非受教育者。"90 后"大学生具有很强的自主意识、能动意识和创造意识，他们希望作为主体参与到教育中，表达自己的思想观点。大学生确实在许多方面都要强于教育者，大学生成为"先生"，为教育者提供丰富的知识资源。教育者在知识的占有方面处于劣势的现象也频频发生，教育者成为"学生"，被置于学习者的位置，通过与大学生的互动，教育者完善自身的知识结构，开阔自己的信息视野。教育者与大学生都要作为教育主体，教育者可以从大学生那里开发教育资源，大学生可以从教育者那里获取学习资源，使教育资源涌现，促进教育者与大学生共同成长。

（2）合作学习，共享资源

20世纪70年代，美国为了提高教育质量，对传统教学组织形式进行反思与批判，正式提出合作学习。如今，合作学习的研究与实践已遍及世界各地，我国于20世纪90年代在课堂教学中引入小组活动，探讨合作学习的策略。"合作学习（Cooperative Learning 或 Collaborative Learning）又称协作学习，是以现代社会心理学、教育社会学、认知心理学等为基础，以研究与利用课堂教学中的人际关系为基点，以目标设计为先导，以师生、生生、师师合作作为基本动力，以小组活动为基本教学方式，以团体成绩为评价标准，以标准参照评价为基本手段，以大面积提高学生的学习成绩、改善班级内的社会心理气氛、形成学生良好的心理品质和社会技能为根本目标，极富创意与实效的教学理论与策略体系。"合作学习是融入良性竞争的互促学习，因为每个个体的目标非常紧密地联系在一起，每个个体目标的实现必须以团队其他个体也能够获得和实现他们的目标为前提。在良性竞争的互促学习中，形成学生个体与个体的互动、学生个体与群体的互动、学生群体与群体的互动、师生之间的互动、师师之间的互动，互动中的每个人都是有待开发的教育资源，通过互动实现资源共享。合作学习创设出富有活力的合作情境，生生之间、师生之间、师师之间存在认知差异、情感差异等，他们相互切磋、相互交流、相互启发、集思广益，使教育资源涌现，获取自身所需知识，完善自身认知结构。在不鼓励合作学习的教育中，学生获得的知识包括三部分，即教科书提供的知识、教师个人的知识和师生互动产生的知识，教师获得的知识只有师生互动产生的知识，而在鼓励合作学习的教育中，学生获得的知识包括四部分，即教科书提供的知识、教师个人的知识、师生互动产生的知识和生生互动产生的知识，教育者获得的知识包括师生互动产生的知识和师师互动产生的知识。

（3）创建学习型组织，提高学习力

彼得·圣吉在融合组织学习、创造原理、认知科学、群体讨论与模拟演练等理论与方法后，写出《第五项修炼——学习型组织的艺术与实务》一书，引起了人们对于学习型组织研究和实践的热潮。学习型组织是指"组织通过培养弥漫于整个组织的学习气氛，能够积极主动地、持续高效地进行组织学习，从结构、目标设计，到组织成员的思维、理念等，都具有强烈的革新和协调意识，并能驾驭组织内外环境变化的能力而获取组织成功的组织"。彼得·圣吉在《第五项修炼——学习型组织的艺术与实务》提出学习型组织的五个构成要素，即五项修炼：自我超越、改善心智模式、建立共同愿景、团体学习和系统思考。这五项修炼的目的是使组织内的全体成员全身心投入并保持持续增长的学习力，学习力是一个人或一个组织学习动力、学习毅力、学习能力的综合体现。学习动力来源于学习目标，学习毅力来源于学习者的意志，学习能力来源于学习者掌握的知识及其在实践中所获得的技能和经验等。任何类型组织之间的竞争最终一定是学习力的竞争，组织竞争力的强弱与学习力成正相关关系。学习型组织善于把学习力转化为创新力，实现以观念、知识、智能更新为表征的制度创新、管理创新、技术创新、人力资源创新等。学习型组织善于创造和谐、民主、向上的学习氛围，营造积极的组织学习文化，建立知识与信息的共享网络，用各种补偿或奖励的形式来增加知识的共享与使用，最终实现组织及组织成员的自我超越。在高校德育系统内，创建学习型组织，使教育者和大学生充分发挥生命的潜能，在学习中体悟工作意义和人生意义，使教育主体聚集起来，实现教育资源涌现，最终提高学习力。

2. 聚集教育主体的内涵

聚集是一种特殊形式的关联，分为共享聚集和组成聚集。共享聚集是指部分可以参加多个整体。组成聚集是指整体拥有部分，整体不存在则部分消失。教育主体的聚集属于共享聚集。教育主体不仅包括个体教育者和个体受教育者，而且包括群体教育者和群体受教育者。聚集教育主体是指通过交流与互动，充分开发个体教育者、个体受教育者、群体教育者和群体受教育者四种教育主体中的教育资源，实现教育资源的涌现和共享。具体来讲，包括两个方面。

（1）聚集教育者与受教育者

在传统社会，教育者与受教育者有明确的定位和界限，二者之间具有不可逾越的鸿沟，其突出表现为二者之间的等级关系。在现代社会，教育者与受教育者的主体性都明显增强，教育者和受教育者的边界日益模糊，身份相互转化，因此，教育主体就不仅包括教育者，而且包括受教育者。思想政治教育的教育者与受教育者，都是具有主体性的人，都是教育、教学的主体。

在高校德育中，教育者的主体性体现为四个方面：①全面、客观地认识大学生。全面、客观地认识大学生是有效开展德育活动的前提，它在整个德育活动中具有重要意义。教育者在引导组织大学生的学习活动时，必须仔细研究学生已有的知识结构、情感态度和行为倾向，因为学生真正的学习过程，是借助已有的知识与观点，去理解和探讨新的思想理论，将新的思想理论纳入旧有知识系统中，不断丰富知识系统的过程。②选择教育内容和教育方法。教育者要根据国家制定的高校德育准则选择教育内容，并根据时代发展和大学生的发展提出的新要求，适时提炼出反映时代和大学生发展要求的教育内容。教育者应该随着教育情境和大学生的变化,选择有效的教育方法,根据教育内容选择灵活多样的教育方法并创造新的教育方法。③主动适应、选择和改造教育环境。在传媒高度发达的现代社会,社会环境对大学生思想行为的影响力度越来越大,社会环境影响具有自发性和多重性,呈现出无目的、无计划、无组织的自发状态。这就要求高校德育工作者认识环境、选择环境、优化环境,将环境信息转化成教育资源,开发环境的育人功能。④自我改造,自我提升。教育者把自身作为认识和改造的对象,进行自我改造、自我提升,是教育者主体性的内在动力源泉。随着社会环境的变化,教育者逐渐丧失知识权威的优势,需要不断拓展知识领域,优化知识结构,使自己与时俱进,适应时代发展的要求。教育者只有发展好自己,才能掌握真理,满足大学生求知和发展的需要。

在高校德育中,受教育者的主体性体现在以下三个方面:①选择德育内容。高校德育内容主要包含反映社会要求的具有长远性和全局性的内容,具有长远性和全局性的德育内容在一定程度上与具有短期性和局部性的个体需要存在着矛盾。如果大学生不能全面理解德育内容,就必然会把德育视为外在的强制与约束,从而以消极和被动的态度对待德育。②要求与教育者平等互动。在现代社会条件下,大学生具有较强的独立自主意识,注重个性和自我价值的实现,他们不再盲目迷信教育者的权威,而是根据自己已经获得的知识和信息,对教育内容进行质疑和批判,设法影响教育者。大学生与教育者在获得知识方面具有共同的平台,甚至比教育者获得的知识和信息还要丰富,他们对各种社会现象和社会问题都有自己的看法,拒绝教育者的单向灌输,要作为独立人格的主体通过平等的双向互动,表达自己的见解。③对自教自律的诉求。在现代社会,大学生的主体意识不断增强,他们越来越不能满足自己在德育过程中的被动地位,他们希望将自己的思想观念、需要、行为内在地统一起来,使自己在德育过程中发挥主体作用,自觉自愿地改造主观世界,不断地建构自我、发展自我和完善自我,因此,他们希望采取自教自律的德育方式。自教自律既是大学生主体性发展到一定程度的产物,又是大学生主体性发展的必然结果和归宿。

在高校德育中,教育者与受教育者都具有主体性,都是教育主体,将他们聚集起来,可以使各种教育资源涌现出来。教育者可以更好地了解受教育者已有的知识结构、情感态度和行为倾向,进而选择适合受教育者的教育内容和教育方法,使受教育者更自觉地认同教育内容。将教育者与受教育者聚集起来,受教育者可以与教育者平等互动,受教育者可以充分表达自己的见解,教育者可以将受教育者的观点融入以后的教育中,丰富教育内容。

（2）聚集群体教育者、聚集群体受教育者

在马克思看来，人在现实社会中有三种存在形态，即"人类作为种属的一般形态；群体作为不同社会类型的特殊形态；个人作为有个性的人的个别形态"①。物以类聚，人以群分。人以群体作为最基本的存在形态，因为只有在群体中个人才能表现出丰富的联合性和整体性。每个人都以不同方式与他人发生直接或间接的思想交流和行为交互，在特定的时空条件下，具有相同或相似特征的思想交流和行为交互会趋于相对稳定状态，形成群体现象。在教育者与受教育者中都存在各种群体，每个群体特点不同，所拥有的知识、所持的价值观念和行为方式都不同，每个群体中都蕴含着不同的教育资源，因此，要将群体教育者和群体受教育者分别聚集起来，开发群体教育资源。

第一，聚集群体教育者。每个教育者都分属于不同的群体，形成群体教育者。在高校德育中，群体教育者主要包括德育专职教师群体、专业教师群体、管理人员群体和服务人员群体。德育专职教师群体包括思想政治理论课教师和专职辅导员。中共中央、国务院《关于进一步加强和改进大学生思想政治教育的意见》中强调，思想政治理论课教师和专职辅导员是高校德育专职教师，是开展大学生思想政治教育的骨干力量。德育专职教师群体能够自觉坚持社会主义的政治方向，能够系统掌握马克思主义理论、思想政治教育的专业知识和相关学科知识，具有运用真理、事理和情理来引导大学生的能力。专业教师群体具有高水平的学术素养，他们丰硕的学术成果可以激发学生的专业兴趣，他们的求真务实精神和艰苦探索。精神可以增强学生追求事业的责任感。管理人员群体管理的是教育资源，他们对教育资源的管理是否合理关系到大学生的全面发展与健康成长，管理人员群体规范化和科学化的管理可以为学生的学习生活提供更好更多的资源。服务人员群体以自身良好的职业道德影响学生，以优质的服务感染学生，使学生在接受服务中受到潜移默化的教育。不同的群体教育者拥有相异的教育资源，只有将他们聚集起来，综合开发不同群体教育者的教育资源，才能形成教育合力。

第二，聚集群体受教育者。大学生中存在着各种小群体，每个大学生都分属于不同的群体，每个群体在心理特征、思想观念和行为方式等方面都各具特色，这些具有不同特点的群体就形成群体受教育者。《关于进一步加强和改进大学生思想政治教育的意见》中指出，大学生存在的群体主要有：政治先进群体、共青团和学生组织群体、网络教育群体、心理教育群体、经济困难群体、毕业生群体、新型学生群体。对大学生群体进行分类的标准有多种，例如，根据群体规模大小分为大型群体和小型群体，根据群体的实际存在程度分为实际群体和假设群体，根据群体建立的原则、目的和方法等分为正式群体和非正式群体，根据群体在大学生心目中的形象分为标准群体和一般群体。每个大学生群体都具有独特的主体目标、组织结构、运行方式、时空形态等，他们通过自我管理实现群体凝聚，通过思想交流和实践活动提高思辨能力、交往能力、实践能力和创新能力。每个大学生群体中都隐藏着丰富的教育资源，只有将他们聚集起来，综合开发不同大学生群体的教育资源，才能形成相互竞争、相互学习和相互促进的教育场域。

3. 聚集教育主体的前提

聚集教育主体，使教育资源涌现的前提是教育主体之间的平等互动。因为，只有在平等互动中，教育主体才不会把对方看作被动等待的对象，而是看作与"我"共同讨论"同一话题"的对话中的"你"，教育主体之间才能形成一种同伴式的"参与—合作"关系，才能创造出一个充满自由、民主和活力的教育情境。教育主体置身其中，才能真正地传播、交流和沟通信息，才能不断重构自己的知识和价值观念。

在高校德育中，教育主体之间的平等互动，主要包括教育者与受教育者之间的平等互动、受教育者之间的平等互动、教育者之间的平等互动。

第一，教育者与受教育者之间的平等互动。教育者与受教育者作为平等的主体，相互影响、相互作用、相互渗透，在高校德育活动中展示出来的是一种交往主体性，而不是占有主体性。教育者与受教育者双方都把对方当作与自己相同的"人"来看待，教育者通过全面认识受教育者、科学掌握和运用教育客体、适应和优化教育环境等活动来提供教育资源。受教育者根据自己已经获得的知识和信息，对教育内容进行质疑和批判，通过提问、反驳、争论、探讨等方式与教育者深入交流以丰富教育活动。教育者与受教育者通过平等互动，可以丰富对方的精神世界，并创造性地生成新的精神文化。

第二，受教育者之间的平等互动。个体受教育者因其家庭背景、成长环境、性别差异、所学专业、面临问题、知识结构、智力活动方式等的不同，形成不同的心理特征、思想观念和行为方式，他们只有在平等互动中，才能互通有无，相互学习，相互影响。群体受教育者因其群体的目标、构成人员、组织结构和运行方式等的差异，有各自的价值规范和规章制度，举办丰富多样的群体活动，如体育活动、艺术活动、科技活动、志愿活动、文学活动等，通过这些群体活动，他们不但能够进行自我教育，而且可以帮助他人，成为他人的教育资源。

第三，教育者之间的平等互动。个体教育者因其年龄、性别、家庭环境、知识结构、生活经验、学术研究方向等的差异，形成不同的思想观念和思维方式，他们可以通过建立教学共同体和学术共同体的方式聚集起来，共同成长。群体教育者因其工作性质、工作内容、工作方式等的不同，有各自的教育经验和错位优势，通过平等交流平台，才能相互了解，共享教育资源，发挥合力育人优势。

4. 聚集教育主体的方式

在高校德育中，聚集教育主体要通过教育交往的方式，因为教育交往不仅是人的思想道德素质形成的基础，也是人的思想道德观念得以呈现的方式。聚集教育主体的方式多种多样，有合作学习、探究学习、实践活动、虚拟互动等。

（1）合作学习

合作学习是相对于"个体学习"而言的，是指受教育者在教育者指导下，受教育者为了完成学习任务分成小组或团队，明确责任，互相帮助。在合作学习中，学习团队为了实现共同目标，需要自由、自主地交流和讨论，激发团队成员学习的积极性，有效发挥学习潜能，提高学习效率。在合作学习中，团队成员形成一种伙伴关系，每个人首先进行独立学习和独立思考，然后在和谐、民主的氛围中进行交流和讨论，形成优势互补、资源共享的局面，借助集体的智慧提高自身的思想道德素质。在合作学习中，教育者由关注个人到关注每个小组或团队，可以将每个团队的知识信息吸纳进来，丰富教育内容，开阔视野，提高教学和辅导艺术。

（2）探究学习

在高校德育中，探究学习是指受教育者在教育者指导下为科学探索马克思主义理论与思想政治教育问题而展开的学习活动。在探究学习中，教育者发挥主导作用，教育者直接给受教育者布置需要探索的问题，或者征集受教育者希望探索的问题再进行修改整理后布置给受教育者，并指导受教育者搜集资料、开展研究、解析问题等。受教育者通过一段时间的探究后，将探究的问题整理成文字材料，向班级其他同学介绍，教育者进行点评，进一步引导受教育者思考、探究相关问题。经过探究学习，受教育者学会收集材料和整理材料，学会如何寻找问题和分析问题，学会如何运用所学马克思主义理论分析社会现实问题。经过探究学习，促进教育者进一步研究难点问题，汲取不同学科的知识，扩展知识面，为深入指导受教育者的探究学习做好准备。

（3）实践活动

在高校德育中，聚集教育主体的实践活动，主要包括思想政治理论课实践教学、校园实践活动和校外实践活动。

1. 思想政治理论课实践教学

思想政治理论课教学不是简单地传授某一方面的知识，而是要让大学生树立正确的信念，形成符合社会发展要求的行为方式，因此，通过专题讲座、社会调查、课堂讨论、课外研讨、参观考察等实践教学，可以使大学生正确认识社会，深化理论认识，产生学习兴趣。

2. 校园实践活动

校园实践活动主要是指学生社团活动，主要有文明修身类、学术科技类、社会工作与社团类、文体艺术类、志愿服务与勤工助学类、创新创业类六种活动。大学生自觉自愿聚集起来开展社团活动，在互相配合中提高合作能力，在自我教育和自我管理中主动成长、自由发展。通过策划、组织社团活动，内隐在大学生身上的教育资源可以充分涌现出来。

3. 校外实践活动

通过社会调查、志愿服务、勤工助学、挂职锻炼和生产实习等校外实践活动，使教育与生产劳动结合起来，有利于大学生运用所学理论发现问题、分析问题并创造性地解决问题，他们内隐的创造潜力得以挖掘。

(4) 虚拟互动

在信息社会，网络已成为各种信息的集散地和社会舆论的放大器，网络信息和舆论由于具有虚拟性、开放性、互动性、情绪性和突发性等特点，传播的速度之快和传播的范围之广都是传统信息和舆论不可比拟的。尤其是微博的应用，使信息和舆论传播的速度更是以几何级数增长，微博已成为大学生接受和发布信息的一个重要平台。微博通过转发机制，在极短的时间里可能把某个事件放大为整个社会关注的热点，社会事件的当事人和众多目击者第一时间将近似原生态的信息向外传播并不间断连续报道，事件有关各方、媒体人、旁观者都可以将自己的看法观点在微博上流转、汇聚和碰撞。教育者和受教育者都能够快速接收、理解、评判和容纳各种事实信息和评论信息，进而构筑自己对客观世界的认知图式。虽然微博可以让人更清楚地了解事件的细节和过程，但不超过140字的片言碎语容易将知识碎片化。这些碎片化的知识影响大学生对信息的甄别与选择，容易做出错误的价值判断，这就需要教育者在与大学生分享信息的同时，根据学生的需要，开辟专题或在线帮助，让学生发表自己观点的同时，补充、修改和引导他们建构完善的认知图式。

(三) 教育目标共生

德育目标规定着德育活动的价值取向，是德育活动的起点和归宿。1995年颁布的《中国普通高等学校德育大纲（试行）》，第一次明确地、完整地提出了"德育目标"的概念。划分德育目标的标准和方法很多，本书根据目标内容将高校德育目标划分为社会目标和个体目标。高校德育整合教育内容、聚集教育主体就是要使教育资源涌现出来，最终实现社会目标与个体目标的共生。

1. 教育目标共生的依据

埃德加·莫兰指出，人是个人、社会和族类三者整合的统一体，它们三者处于"个人—社会—族类"的圆环之中，"个人—社会—族类"是三元联立的、统一的。人不是抽象的概念，而是"现实的人"。"现实的人"无论从事何种社会实践，都不可能完全脱离社会和族类而孤立地进行。个人是人类族类繁衍的产物，人类族类的繁衍过程又离不开两个两个的个人。因此，"我们不能把个人绝对化，使他成为这个圆环的最高目的；我们也不能对族类或社会这样做。在人类学的层面上，社会为个人而生存，而个人为社会而生存；社会与个人为族类而生存，而族类又为个人与社会而生存。这三项中的每一项都同时是手段和目的；是文化和社会使得个人可能长成，是个人之间的相互作用使得文化可能永续和社会可能自我组织"。因此，一方面，作为内在于社会整体中的个体，他有对社会、族类共在价值的肯定；另一方面，作为个体的人，他有对自我存在价值的肯定。每一个个体都与社会、族类有一种相互依存、相互联系的价值关联性。如社会学家爱弥尔·涂尔干所说："事实上，两者并不势不两立，各自的发展并不以牺牲对方为代价；相反，两者是相辅相成的。个人只有趋向于社会，才能趋向于自己。社会对个人施加的影响，主要是通过教育来实现的，其目的和作用根本不是去压制和消灭个人，剥夺他的天性；相反，是促进个人成长，使他成为一个真正意义上的人。"高校德育既可以实现带有全局性、普遍性、战略性的社会目标，又可以实现局部性、差异性、战术性的个体目标。社会目标与个体目标是辩证统一的，社会目标包含个体目标，个体目标体现社会目标。

2. 教育目标共生的内涵

高校德育目标既要体现社会主义的政治方向，以促进社会发展为外在指向，培养社会主义事业的合格建设者和可靠接班人，又要体现以人为本，以促进大学生成长成才成人为内在指向，使大学生思想道德素质、科学文化素质和身心素质得以协调发展。高校德育的社会目标是主导性目标，个体目标是层次性目标，两者相互联系，相互促进，忽视其中任何一个，高校德育都不可能健康发展。

缺乏社会的主导性目标，个体的层次性目标就失去风向标。德育层次性目标的选择和制定必须以主导性目标为前提和根本，因为德育的主导性目标决定了德育的方向和性质。德育的主导性目标一旦丧失，高校德育将像成为无家可归的流浪者，四处漂泊，迷失社会主义方向，使受教育者思想混乱，失去批判力和鉴别力。缺乏个体的层次性目标，社会的主导性目标难以落实。没有个体的层次性目标，高校德育必定是没有创造力的。

高校德育目标共生就是要在社会的主导性目标中体现个体的层次性目标，同时用个体的层次性目标促进社会的主导性目标。

3. 教育目标共生的方式

社会的主导性目标要通过强化显性教育的凝聚力与影响力来实现，个体的层次性目标要通过发挥隐性教育的渗透力与辐射力来实现。要达成教育目标的共生，需要显性教育与隐性教育的有机结合。

（1）强化显性教育的凝聚力与影响力

在高校德育中，显性教育是指德育主体根据德育内容策划组织的，直接公开地对大学生进行德育教育的正规方式的总和。显性教育是一种"有形"的教育方式，具有规范性、专门性和公开性等特点，是由国家或组织用制度的形式予以规范、高校德育工作者专门设置与策划的、利用公开场合与公开方式表达德育的要求和主张，让大学生直接感受和接受德育影响的德育活动。显性教育主要包括思想政治理论课教学、党员培训课程、入党积极分子培训课程、团日主题活动、先进人物事迹报告会等。显性教育具有较强的影响力，它所承载的教育信息大多具有较强的思想理论性和政治导向性，能够对各种错误思想文化形成批判力量，增强社会主义主导文化的声音，使社会主义主导文化深入人心，充分发挥社会主义主导文化的影响力。显性教育具有较强的凝聚力，它通过有组织的、公开的信息传递渠道，将党和政府的大政方针及随形势变化不断调整的政策及时传达给大学生，将大学生未知的思想理论和实事性信息及时传送给他们，使他们知情、明理、践行，在思想和行动上与社会发展方向保持一致。随着经济全球化、政治民主化、文化多样化和社会信息化的发展，环境信息对大学生思想行为的影响越来越大，大学生自主选择的机会增加，自主选择的范围扩大，但是他们又显得迷茫困惑，漂浮不定。这恰好说明显性教育的育人作用发挥得还不够，更需要强化显性教育的凝聚力和影响力，把主导性内容与学生的思想和生活实际结合起来，有效引导学生过滤、选择和优化环境信息，不断提高大学生的思想认识，使他们认同社会主义核心价值体系，实现高校德育应有的政治功能和社会目标。

（2）发挥隐性教育的渗透力与辐射力

在高校德育中，隐性教育是指寓于显性教育之外的学习活动和生活实践中不为大学生明确感知的德育方式的总和。隐性教育是一种"无形"的教育方式，具有渗透性、潜隐性和非规范性等特点。隐性教育把带强制性的教育目的巧妙地隐藏在"非教育"的日常生活、校园文化、社会活动、网络等领域，以文明宿舍建设活动、文体活动、科技创新活动、志愿服务、演讲比赛、社会实践活动、创办青年网站等活动为载体。隐性教育具有较强的渗透力，它将德育的社会要求和内容潜隐在大学生学习生活的各个角落，渗透到第二课堂活动中，德育的社会要求和内容变为大学生开展活动所需的知识信息，于是他们就会自觉自愿地学习，德育"润物细无声"地浸润着他们的思想，潜移默化地影响着他们的行为，发挥着滴水穿石的持久影响力。隐性教育具有较强的辐射力，它的覆盖面比显性教育要广泛得多，它充分利用大学生学习生活中存在的教育因素和活动形式，灵活应对不断涌现的新情况、新问题，寓教于事、寓教于乐，全方位辐射到学习与生活领域、理论与实践领域、现实与虚拟领域，满足大学生的个性化和多样化需求。

（3）显性教育与隐性教育的有机结合

显性教育始终处于主导地位，只有通过显性教育才能对社会意识领域的复杂局面进行有效的控制，才能使高校德育显示出强势地位，才能使隐性教育顺利渗透到大学生的学习和生活中，并保持其应有的影响力。隐性教育在多样化活动空间中满足学生多样化发展需求，更贴近学生的实际生活，具有较强的渗透力和辐射力，有利于促进学生对显性教育中思想道德理论与规范的理解和接受，有利于正确观念的形成和道德习惯的养成，具有显性教育不可替代的作用，是显性教育的重要补充。显性教育与隐性教育是"皮"与"毛"的主辅关系，不能抑"显"扬"隐"，更不能以"隐"代"显"。在当前意识形态多元共存的社会中，显性教育比隐性教育更能及时快速地实现对社会意识和思想的导控。一旦用隐性教育代替显性教育，思想政治教育的战斗性和对社会的直接影响功能就难以体现，特别是长期依托和潜隐于非政治领域活动的存在形式，非常容易被所依托的活动掩盖甚至取代，以致丧失思想政治教育的存在形式和影响力。高校德育必须坚持显性教育的主导地位，并用隐性教育之优势弥补显性教育之不足，推动显性教育与隐性教育齐头并进，实现德育目标的共生。

人类认识事物、探寻真理离不开一定的工具和手段，其中思维方式就是不可或缺的工具和手段。人类任何活动的背后都是由一定的思维方式来指导，高校德育也不例外。长期以来，我们对高校德育进行了许多细枝末节的改革，但总觉得效果不佳实效不明显，其原因就在于没有找到问题的根本所在。高校德育各种问题形成的原因多种多样，但深层原因是思维方式的简单性造成的，在宏观层面高校德育系统与社会环境之间存在脱节的问题；在中观层面高校德育各子系统之间存在割裂的问题；在微观层面高校德育系统各要素之间存在结构不合理的问题。

复杂性思维方式是在复杂性科学活动领域中孕育、滋生出来的，它已经超越了复杂性科学的领域，从自然科学领域推进到社会科学领域，被提升到一般化和普遍化的哲学认识论高度，复杂性思维方式的兴起为我们提供了一个思考高校德育的新视角。

哲学家托马斯·库恩指出："范式一改变，这世界本身也随之改变了。科学家由一个新范式指引，去采用新工具，注意新领域。甚至更为重要的是，在革命过程中科学家用熟悉的工具去注意以前注意过的地方时，他们会看到新的不同的东西。这就好像整个专业共同体突然被载运到另一个行星上去，在那儿他们过去所熟悉的物体显现在一种不同的光线中，并与他们不熟悉的物体结合在一起。"运用复杂性思维方式透视高校德育，我们可以看到一些新的不同的东西：高校德育系统是一个复杂系统，具有非线性、耗散性、整体性等特征。高校德育系统的非线性主要表现在两个方面：①高校德育子系统之间的非线性。高校德育系统包括教学系统、管理系统和服务系统等，这些子系统构成错综复杂的相互关系，其作用力在方向和程度上都是有差异的。②高校德育系统构成要素之间的非线性。高校德育系统构成要素中的主体、客体、介体、环体等相互联系、相互作用、相互影响，主体与客体、主体与介体、主体与环体、客体与介体、客体与环体、介体与环体等多对关系交织在一起。高校德育系统的耗散性主要表现在：高校德育每个子系统都在耗费环境中的物质、能量和信息，同时又在向环境中释放物质、能量和信息。在开放社会，社会环境时刻都在影响着教育者和受教育者，教育者和受教育者都在选择吸收外界信息，而后又将价值评价和行为实践释放到社会环境中。

复杂性思维方式将成为高校德育思维方式的必然选择。①经济市场化、政治民主化、文化多样化、社会信息化等社会变革同时涌现，现代社会环境的复杂多变，致使影响大学生思想行为的因素越来越具有不确定性和不可控性，并给大学生的发展造成种种问题，这要求高校德育扬弃简单性思维方式，运用非线性、立体、综合的复杂性思维方式，系统整体地思考和解决问题，使高校德育在适应与优化社会环境中向前发展。②原来简单的泛政治化德育、知性德育、生活德育等都不能满足大学生全面发展的需求。大学生追求知识、能力与素质的和谐发展，身心素质、科学文化素质与思想政治素质的和谐发展，物质需要与精神需要的和谐发展，这要求扬弃简单的应试德育，以复杂性思维方式为方法论基础开展素质德育。③影响大学生思想行为的原因是多种多样的，不能进行简单归因。过去，高校德育中存在种种简单化现象：如果学生出现道德问题，就寻找道德原因；如果学生出现心理问题，就寻找心理原因；如果学生出现思想问题，就寻找思想原因。学生的心理、道德、思想问题（果）与其产生原因（因），这两个变量在时空上并不是很接近的、并不是紧密相连的，其间还有其他许多变量。因此，高校德育要"撇开因果在时间与空间上是接近的观念",运用复杂的非线性思维方式,探寻影响大学生思想行为的复杂原因,寻找他们思想行为产生的多种结果。

美国教育学家克罗韦尔说:"教育面临的最大挑战,不是技术、不是资源、不是责任感,而是去发现新的思维方式。"复杂性思维方式是一种新的思维方式,能够为高校德育提供一种新视角,能够提供面向德育实践的方法论,为德育实践的发展指明方向和路线。但是,复杂性思维方式不是包医百病的灵丹妙药,它不能为高校德育提出面向具体德育活动的方法或方案。

第三章 高校心理健康与德育教育

第一节 高校心理健康教育德育功能探析

作为我国高校心理健康教育的重要领域，大学生心理健康教育历经多年探索，已经积累了一定的理论成果和实践经验。学界对作为德育第四个子系统的心理健康教育给予了较多的关注和研究，但对心理健康教育的德育功能这一本质属性的研究仍显不足，已有的研究或是从德育学科的角度在一般意义上对心理健康教育与其关系进行分析和罗列；或者站在德育的视域自上而下、由外及里地做出探讨，对心理健康教育提出应然的要求；或者通过把思想教育、政治教育、道德教育与心理健康教育并列对比来阐释其在德育中的补充地位和可能发挥的作用。这些研究更多地将心理健康教育推向功利性和工具性。

一、高校心理健康教育德育功能研究的基本依据

高校心理健康教育的德育功能的挖掘与发现、发挥与优化的研究，都需要以马克思主义关于人的理论与思想为基本出发点，紧密联系德育基本原理和理论以及大学生心理健康教育自身的本质属性等理论成果，基于实践经验总结的基础，还要引进和吸纳人本主义和现代心理学学科所提供的新的理念与思想。只有这样，才能真正对大学生心理健康教育的德育功能给予可靠和可行的提炼和归纳，为我国高校人才的全面培养以及育人目标的达成，为新时期高校德育和心理健康教育的双发展切实助力。

（一）马克思主义关于人的理论与思想

马克思主义的理论与思想在本质上是以人为中心和出发点、以人为最高目的的理论与思想。人的需要、人的自由、人的解放、人的活动、个人的自由发展及人类的自由发展的思想和主题贯穿于马克思和恩格斯的理论体系的始终。马克思主义的人学理论始于对人的界定，当马克思认识到人应当是基于吃、穿、住、行有现实需要的人的时候，也就推开了

唯物史观的大门。因此说，马克思主义对人的需要的认识和理解为对人的心理的理解乃至对人的全面客观理解奠定了关键性基础。马克思主义不仅关注到人的需要，更关注到人的价值也即人的自由全面发展的问题。这些思想和理论为对人的认识和为了人的发展而衍生的教育的认识提供了可靠的依据。

1. 马克思主义基于需要的心理思想

马克思在论述自己的哲学观、历史唯物观的同时，对心理学的发展也给予了关注，虽然其相关表达不明确且零星分散，但依然能清晰地展现出以人的需要为主要链条的心理思想。首先是对心理学的认识，马克思在《1844年经济学哲学手稿》中这样写道："我们看到工业的历史和工业的既成的对象存在，是人类本质力量的已经打开的书卷，是感性地呈现于我们之前的人类心理学。如果这本书卷，即正是这部历史的最感人最易解的部分，对于心理学不揭开来，那么这心理学就不能成为一门真正内容丰富而又实际的科学。"其次是对人的需要的理解和认识，马克思没有对人的心理做出正式系统的论述，对人的需要的认识和评价却较多而且系统。

马克思说："他们的需要即他们的本性。"马克思、恩格斯对人的需要的论述散见于其各个阶段的论述中，主要有两个观点。一个观点是精神性是更高级的享受需要。马克思对人类的精神需要的表现进行了总结和归纳，将人的需要层次看成一个由低级到高级组成的系统体系，认为人对文化成果的享用是人精神性的需要，是更高级的需要。另一个观点为需要是人的原动力。马克思说："需要是人类心理结构中最根本的东西，是人类个体和整个人类发展的原动力。""需要也如同产品和各种劳动技能一样，是生产出来的。"

马克思、恩格斯基于需要的心理思想，是从需要出发对"现实中的个人"的心理规律的科学把握，也是对人的本质的客观认识，为一切实践活动提供了一个基准点，就是要把人放在现实中，根据人的不同层次的需要去开展相应的实践活动。这种心理观对教育特别是意识形态的教育实践活动是一种人本意义的规定，应作为当代大学生德育工作和心理健康教育工作理念和理论研究上的依据。当代德育已经从宏观世界转向微观世界，更关注教育对象自身的接受性、活动中的主体性、目的上的全面性、育人目标上从政治人的培养转为健康人的培养。这些都要基于对人的内在世界和心理基础的充分认识与了解，特别是要从教育对象的需要出发，在一定的框架下供对应求，将德育的育人目标与个体的成长需要紧密结合，充分尊重个体的成长规律，才有可能实现实践活动效果的最大化，取得双效益。而心理健康教育已经从人的需要出发，充分尊重个体的个性需要，但也要看到个体需要的狭隘性和局限性，从教育的本质和目的看，仅仅满足个体需要是不够的，还需要兼顾国家和社会的需要，个体价值和社会价值需要共同引领，心理健康教育不能是"唯乐"的教育，更不能是纯粹感性的教育，一定是情理结合、个体目的与社会效益双重实现的教育。

2. 马克思主义基于人全面发展的教育观

历史证明，生存和发展的状态决定了一个生命的价值高度。也就是说愚昧和野蛮的生存状态，决定了生命的发展处于相对较低的文化水平，那么生命的价值也必然是畸形和片面的；更高层面的生命价值一定是处于一个良好的生存和发展状态下，在很高的文化层面上，人更能获得自由和全面发展，生命的价值高度就由此得以提升。马克思由此提出了教育的重要意义。对当代大学生而言，除了专业的学科教育，更重要的就是做人的教育、精神成长的教育。也就是通常所说的除了学做事，还要学做人。在大学教育里，德育和心理健康教育就担负着培养大学生精神成长和学会做人的重任。

马克思在其关于共产主义的论述中告诉我们，人的发展必然与其所处社会的经济、政治等的发展密切相关，而一个社会的政治、经济等的发展又是一个不断改进和完善的动态而漫长的历史进程，因而人的发展也必然是动态的、持续的和漫长的。反过来也说明，社会在其连绵不断的发展中，必然依赖每个个体的能力和素质的全面发展，社会本身才能真正获得有效的、不断的、更完善的发展。人的全面发展是个体的需要，更是社会发展的需要且首先是社会发展的需要，教育要为此有所担当。

对于德育和心理健康教育来说，无论其自身属性如何、目的何在，人的问题都是其首要的和根本的问题。因为德育和心理健康教育都是一种以人为主要对象的实践活动，必然要以人为中心、以人为目的，将人的生成、发展和完善作为己任，不离不弃，不偏不倚。既然选择"人是目的""人之生成"作为自身的实践指南，那么，如何实现人之目的，人又如何生成？也就是说，人的自由而全面的发展究竟如何实现和完成？当代德育和心理健康教育者应当或者已经看到，人的自由而全面的发展是人生存和发展所必需的，是人作为类的共同期许。自由而全面发展了的人一定是实现主体人格完善的人，这种人格的人的特征就是具有很高的修养、学养和素养。而这个结果应当或者一定是通过教育来实现和完成的。

马克思关于人的全面发展的理论及其对历史过程的论述是系统而深刻的，对教育的重要意义也是明确强调的，既为人的全面发展提供了丰富的思想资源，也为实现人的全面发展指明了方向。现代科学认为人的生存是一个无止境的完善过程和学习过程，人的潜能是不可限量的，因此人和其他生物的不同就在于人的发展的长期性和无止境性。因为永远都是"未完成",因此教育应当也必须提供给人成长所需的生存知识和技能,不断补充和供给人在完成自身发展过程中所需的学习能量与资源,这也是教育存在的价值和意义。"助人完人",提供一切可能的形式去帮助一个人实现他自己,使他成为发展与变化的主体,成为实现他自己潜能的主人,帮助他通过现实去寻求他走向完人理想的道路。而如何达到这一目标,就成为当下大学生德育和心理健康教育改革与创新的首要内容和任务。

(二) 德育和心理健康教育的新成果

自最初建立德育学科,中间历经多年的丰富和完善,德育和心理健康教育已经形成了较为成熟的体系,实现了从量变到质变的跨越。特别是近几年,随着社会的发展,马克思主义理论中国化的进程加速,德育和心理健康教育的理论与实践研究出现了更多的新成果。

1. 德育的新成果

(1) 德育价值研究取得新成果

近年来,德育研究领域中诸多学者对德育价值进行了深入研究和梳理,对传统德育的工具价值提出了更多的质疑和诘问。无论是从德育目的的达成效果,还是从教育者的实施感受以及教育对象的反馈和评价,都表现出因偏向工具价值而跌入局限性的尴尬。人本德育价值观认为,德育的真正意义是提高人的完善性,丰富和美化人的生活,倡导和超越主体价值,这应该成为中国人德育改革和创新理念的基石。德育的价值追求,应是让主体释放出生命的智慧和人性的光华、让主体具有更加璀璨和绚丽的人生、让主体获得真正的幸福和快乐、实现主体价值的超越并获得永恒的价值,从而成为自由而全面发展的人,而不是限制人性、标准化智慧、统一化人生。德育应将自己拉回到生活德育、情感德育、主体性德育、生命德育、审美德育的旨趣之上,还原回其本来的目的和属性。

(2) 德育方法的理论和实践取得新成果

从目前看,德育传统的单一的以"灌输"为主要工作方法的现象正在改变,德育工作者和研究者已经意识到这种单一方式的局限性和低效性,而逐步转向对接受研究和认同教育的探索。接受研究更关注教育对象的主体性,充分尊重教育对象的心理基础、主观能动性,细心考察教育对象的接受规律和心理机制。而认同教育在教育对象接受的基础上,更侧重观察和考量教育对象对德育内容、方法、载体、活动等的认同过程、认同程度,以及在价值观、情感、认知等方面的认同效果和反馈在行为上的外化程度,其实质是客体主体化的转换。

（3）德育视域研究取得新成果

当今的德育研究，已经从传统的宏观视域转向微观视域、从共性视域转向个性视域。首先是宏观视域转向微观视域，从对人的政治高度、国际高度的要求转向对人的正常成长和全面发展的期待。德育依然具有政治和工具目的，但已经开始转向对提高对象基本素质和能力的关注；德育依然具有把教育对象放置于国际空间并期望其具有竞争和担当国家民族前途命运的能力，但同时开始更多关注教育对象的心理基础、能力形成过程及效果等规律。对教育对象的认知、情感、意志活动过程和规律的把握是德育主体性的表征之一。比如为实现育人目标，德育工作者和研究者认识到应结合人的社会知觉的不同类型，加强受教者健康自我知觉和人际知觉的培养，并使两者结合以形成正确的自我观；比如在情商培养方面，开始认识要把握并遵循一般人群的情绪和情感发展规律，更要关注大学生这个群体的特殊的情感基础和情绪表达方式，有针对性地予以培养和引导。德育工作者和研究者认识到只有有效把握教育对象的知情意的规律，才能有的放矢地对其人格进行全面塑造，对其行为开展有效矫正和养成。其次是从共性视域转向个性视域。德育工作者和研究者开始关注到集体化教育"模具化批量生产"的弊端，认识到集体化教育因个人成长的差异性、复杂性而需要转向个性化教育。个性化教育注重了解个体心理需要、成长目标、成长的心理动力和心理能力等心理基础因素，有针对性、有区别地开展培养和教育活动，努力让每个教育对象都能自由而全面地发展。

2. 大学生心理健康教育的新成果

大学生心理咨询起步较早，而心理健康教育在高校领域全面普遍地开展只有十多年，但其理论和实践成果日渐增多。

首先是理论成果。一方面是对人的认知取得进展。在对社会的认知上，所取得的初步结论包含三个方面的内容。第一，自我知觉的误差性。个体的自我认知常常与环境评价有出入或差别，个体的自我评价机制与道德教育的评价体系也会不同，道德高尚的人未必自我感觉良好，而自我感觉良好的人未必一定是思想先进、道德高尚或政治立场明确的人。因此德育要充分考量人的自我认知的共性与差异性。第二，他人知觉的模式和主流性决定了接受和认同程度。比如个体是否能认同道德楷模、政治领袖以及核心价值受个体他人知觉的模式类型和主流性状态的影响和制约。第三，人际知觉具有鲜明的情绪色彩性，即亲则近之，疏则远之。应注重对受教育者人际交往能力的培养，去其情绪化，提升理性意识，促进其形成健康的自我知觉和人际知觉。同时，要尊重人的社会知觉的层次差异，要分层地有针对性地开展相应的教育才有可能达到预期效果。另一方面是对人的情绪和情感体验的研究取得成果。关注和有效区别人的情绪、情感是心理健康教育的特质和能力之一，并将这种特质和能力运用到认知培养中，对人的情绪、情感以及认知实现有效预判和动态监控。相比之下，德育对"灌输"理念有过度使用的问题，较少顾及人的情绪和情感体验，是一种单向性的教育行为，甚至带有部分强迫性，容易使其教育效果大打折扣。除此之外，还在对人的意志活动特性的研究上取得成果。心理学发现意志具有自觉目的性、对人行为的调节性，心理健康教育鼓励学生树立符合事物发展的客观规律和社会准则的目标，因为这样更容易实现，不易产生挫折感。同时对意志特征进行有效的分析和认识，帮助教育对象激发出主观能动性，并由此形成正确的世界观和价值观。

其次是在实践上取得成果。心理健康教育在其具体实践中，摸索和积累了一些实效性强、具有普适性的教育和引导方法。

第一，人本主义的方法，即心理咨询中的以人为中心的疗法，该方法相信人性本善，主张以当事人为中心，相信积极的关怀和耐心的引导可以使当事人消除障碍、恢复健康。将以人为中心的疗法运用于高校德育实践中，以学生为中心开展育人工作，有利于营造全员育人的和谐心理环境；开展赏识教育，培养学生自信心；运用倾听、同感和鼓励的方法，建立平等民主的师生关系；以学生为中心开展主题活动，激发学生潜能，在尊重学生主体性的同时也完成了教育对象的自我教育。

第二，合理情绪疗法，即从学生的情绪、情感出发，发现学生产生不良情绪和负面感受背后的非理性观念，通过解释、说服等方法来帮助学生重新树立合理的信念，提高认知水平，消除不良情绪，养成正确行为。该方法可以运用到德育过程中，当受教育者的思想意识、价值观、道德行为等出现偏差时，教育者同样可以带领受教育者找出产生这种偏差背后的不合理信念，帮其重新树立。在此期间也可能会发现和总结出受教育对象的问题中，哪些是来自德育本身的问题，从而为进一步的教育活动找出瓶颈和症结。合理情绪疗法融合了认知疗法和行为疗法的优点，它的众多理念与技术弥补了当前高校道德教育的某些不足之处，如忽视学生的主体建构性、主体间性缺失、教师与学生关系失调、工作表里不一等，符合现代高校道德教育的发展趋势，它的工作特点也符合高校大学生的身心特点，是高校道德教育可以借鉴的工作方法。

第三，行为矫正的方法。心理健康教育中的行为矫正法是基于阳性强化理念，具体通过果断训练法、塑造法等行之有效的方法帮助个体学习和重新建立正确行为。德育在行为管理模式上主要以奖惩为手段，在个体的行为矫正上具有即时性、校内性、当面性、对象性，但不一定能泛化到受教育者稳定的行为习惯中，因而具有局限性和无力感。借助条件反射和心理受益的理论，行为矫正法可以促进新行为的稳定保留和形成。

二、高校心理健康教育德育功能的发生与体现

大学生心理健康教育从外部在学科上、方法上、理念上、根本目的上等方面对德育横向地产生作用和影响，从内部对德育的基本内容即人格培养、政治心理、道德心理、理想信仰、法律心理等方面纵向地发生作用和影响。这也是大学生心理健康教育德育功能的运行机制和规律的体现。

（一）对大学生人格的完善和提升功能

"人格"一词从心理学科发展而来，在心理学上指人的性格、气质、能力等心理特征和面貌。人格理论的鼻祖高尔顿·W·奥尔波特认为，"人格是个体内部那些决定个人对其环境独特顺应方式的身心系统的动力结构"，是个人适应环境的独特的身心系统。《辞海》对人格的解释是："人格指的是个人的尊严、价值和道德品质的总和，是人在一定社会中的地位和作用的统一。"此外，至少还有三种含义：从伦理学角度讲，指道德人格，即道德品质的优劣和道德境界的高低；从政治上讲，是指人在政治活动中的持久性心理特征；从法律上讲，是指作为国家公民承担权利和义务的状况及程度。心理健康教育以个体心理学意义的人格（个性）完善和培养为主，同时对大学生政治人格、道德人格及法律人格产生培养和提升的作用，这是其德育功能最重要最核心的体现。

1. 着力发展大学生良好个性

《心理学辞典》把个性界定为"作为社会关系和意识活动的主体的个性；由参加社会关系所决定的个体的有系统的质"，即个性是个性倾向性与个性心理特征的整体，表现一个人的整个心理面貌。哲学认为个性是指个体的人相对于群体的人的共性的特殊性，而心理学认为个性是个体在需求、生活习惯、性格、能力、兴趣、价值观念等方面表现出的稳定的心理特征。受一些国家教育思想和理念的影响，我国将个人相对稳定的各种心理品质的总和称为个性，而西方多称其为人格。

按照心理学家爱利克·埃里克森人格发展的八个阶段的观点，大学生正处于青春期和成年早期，这个阶段的个体正面临自我同一性和角色混乱的冲突，在个性的某些方面（如需求、能力等）的发展水平存在着差异，这种差异不仅表现为心理学意义上的丰富与多样，外显在政治人格、道德人格、思想境界、思维方式上也可表现为不同层次。

帮助大学生形成健全的人格和完善的个性是心理健康教育的基本目标和任务。人的本

质概括为人的需要、生产劳动的自由自觉性、社会关系和独特个性的完整统一。大学生心理健康教育基于心理学的研究成果，特别是健康心理学的理论和实践经验，对大学生个性的形成、发展规律持有深度的关注和研究。心理健康教育在大学生个性发展和人格完善方面发挥着两个功能：一个是补偿功能，一个是发展功能。心理健康教育用专业工具评估和预测学生身心健康程度、活动效率以及社会适应状况，对有人格缺陷和心理健康状况不良、社会适应不理想的个体通过心理咨询和团队辅导等给予个别帮助，发挥人格补偿功能，将个体调整为健康状态，它的这个功能被普遍认可和肯定。心理健康教育的发展功能是指它不仅关注少数有心理问题或心理疾病的个体，更关注大多数健康人：对大多数健康群体积极进行潜能开发，鼓励其自我发现、自我更新、自我超越；通过职业规划等指导，帮助个体完成职业成长和价值实现；通过团队辅导等形式，引领个体懂得合作与竞争，建立团队概念，更好达成社会适应与和谐氛围的营建，帮助其完善人格结构，提高心理健康水平。

心理健康教育通过补偿与发展两个功能的实现，帮助且加速大学生个性的发展和完善，促进其成熟和全面发展。心理健康教育在体现自身本质属性的同时也分担和承载了德育的目的和任务。

2. 同步发展心理和政治人格

政治人格是指政治主体在政治活动中产生和表现出来的持久性心理特征的综合。政治人格包括政治道德、政治品格、政治情感和政治技能。高尚健全的政治人格会产生一种人格魅力，衍生出巨大的凝聚力、感召力和说服力进而形成领导力。

因此说，政治人格直接影响人们的政治行为及其在政治生活中承担的角色。心理健康教育通过心理人格的培养奠定政治人格的心理基础。理想的政治人格侧重于智慧的培养和意志力品质的形成、情感的丰富与稳定，着重追求个性发展和自我价值的实现。西方政治文化中对政治人格的构成提出设计，有学者在政治人格设计上实施了"成人化"的格式，其内涵是：错误在所难免、在实践中检验、持批判态度、要有灵活性、保持忍让、愿意妥协、充满信心。马克斯·韦伯则认为"拥有激情、正确的判断力、责任心、意志力、强韧的心、不虚荣"是一个政治人应有的心理素质。中国的政治文化中，"内圣外王"是对政治人格的核心理想，其内涵是"博爱思想、经世胸怀、中庸风度、献身精神"。无论是西方政治文化的要求还是中国政治人格的理想，都需要一定的心理学意义的人格基础，比如激情、意志、灵活（中庸也是一种灵活）、博爱（分享）。心理健康教育为政治人格提供教育理念和心理资源，是传统政治教育和道德教育无法替代的。

心理健康教育通过对社会心理的预测与解释引领群体政治人格。近代学者杜亚泉认为"社会心理亦分为智情意三大端,即社会知识、社会感情、社会意志是也。"人是社会中的人,是群体中的人,个体政治人格与群体政治人格密不可分。在群体中,有去个性化效应,即个性消失,个体自我意识被削弱,自我控制能力会下降,表现为情绪色彩浓烈,理性下降;与此同时,变革图新、追求自由正义的愿望动力上升,行为变得与日常表现反差明显。法国社会心理学家古斯塔夫·勒庞在《乌合之众——大众心理研究》中指出,任何一次历史动荡都是人类思想(心态)不露痕迹的变化所造成的可见后果。一些大学生群体性事件表明,传统的德育更关注学生的思想动态即诉求的发生与发展,以政治命令和道德要求来调控学生的行为,忽视学生心理动机和心理动力的规律和特点,因而常常适得其反。

3. 同步发展心理和道德人格

道德人格是一个人的道德品质、价值、尊严以及道德影响力等心理状态的综合体现。良好的道德品质可以获得社会和他人的尊重,进而获得庄严感和尊严感,因此人格尊严的内涵通常来自道德意义。心理人格的发展是心理健康教育和德育共同关注的育人目的,而道德人格的发展和培育是德育的重中之重、应有之义。心理健康教育在其发挥本质属性的过程中,透过对心理状态和现象同时了解和把握学生所持的"看法"和"做法",找出其中隐含的价值观、人生观、世界观,指导学生反思和领悟"做什么""怎么做""何以这样做"的问题,且"对个性中消极方面的判断,仍以人类共有的基本价值准则如法律准则和道德准则等为依据",即并不是单纯站在心理层面更是站在思想和道德层面去评判教育对象的个性。应当说在这一点上心理健康教育已经为德育做出铺垫和承担,已然体现出其德育功能。

4. 同步发展心理和法律人格

法律人格是基于法律的认识和理念所形成的人格。人格与行为之间存在着相互作用、相互制约的关系,健全的人格不仅能反应刺激而产生行为,还能生动地引导行为。生成自我控制的人是社会发展和文化变迁的要求和结果,大学生这个特定的群体正是处于"能生动地引导行为"完善人格的关键时期。在现代化进程中,社会环境的复杂性和多样性,不仅对大学生形成健全的法律人格构成考验,也是大学生形成健全法律人格的促进条件。正如马克思所言:"尽管个人自己做决定,但却不是在自己选择的环境中这样做。"当大学生在法律知识不足够多、法律意识不够强大,还要由不成熟不健全的法律人格来"引导行为"时,自行寻找途径以行使权利和控制容易发生犯罪行为。因此大学生法律人格的塑造

是德育的重要职责,对大学生执法、懂法、守法的心理的关注是十分必要的,其必要性体现在以下三个方面:

(1) 心理健康教育为法律人格养成构建提供科学认知方式

很难想象一个偏执的人、一个有妄想的人能对法律知识给予正确理解、会对法律要求给予绝对服从。个别大学生在思维方式上重微观轻宏观,以偏概全;重表面轻内在,不能找到解决问题的关键和实质;重简化轻分析,思维极端化。如果理想、信念和世界观不正确就会缺乏必要的鉴别真伪的能力,容易形成反社会心理。以上种种认知和思维方式上的问题在一定诱因的作用下,极易导致犯罪的发生。心理健康教育对认知方式的调整和培养可以为法律提供良好认知基础,其所开展的危机干预和应激管理可以预防和避免某些犯罪动机向行为的转化。

(2) 心理健康教育为法律人格养成提供合理情感基础

大学生中比较常见的是应激性犯罪,这与大学生的情绪、情感特点有密切关系。一些大学生由于家庭环境、生活经历、生理缺陷等原因,情感发展不够顺利,易形成情感淡漠和情感障碍,在特定的诱因下,容易做出危害个人和公共安全的事件。现代心理健康教育过程越来越多重视和强调情商的培养和教育,就是要关注每个个体的情感、情绪的良性发展,帮助大学生学会爱、理解、尊重,包括情绪管理,与自己、他人、社会和自然构建和谐关系,提高情商等。

(3) 心理健康教育为法律人格养成提供意志引导

法律意志关乎法律理性与法律行为的调节与平衡。法律如果不能被当作信仰,那它的存在意义就消失了。如果法律作为一种信仰,显然是法律的个体内化过程,是一种心理现象。法律如何内化为信仰,并在此基础上升为法律意志呢?简单说教事倍功半,后现代主义下的心理健康教育可以提供"获益"理论,引申到德育的法律教育中可以应用为凡是遵守法律的必然获益,比如不偷窃的坦然、不破坏公物的安心、不伤害他人的和谐等,引导大学生体会不违法的安全感和快感,让学生明白守法具有让心灵获益的功能。这种理念的教育能满足人的需要和符合人的愿望,使人产生愉快、喜爱等肯定性的情感体验,就能主动内化于心,稳定下来就成为信仰。当然还有敬畏教育,通过违法后的惩罚体验,让不良需要和动机在恐惧或痛苦的记忆下戛然而止。此外,还可以让学生去体会规则之美,守法是一件美好的事情,因为守法,空间更有秩序美、心灵更有坦然美、关系更有和谐美,人们在此基础上获得真正的身体自由、心灵自由、行为自由的美好。

（二）对大学生理想信念的导向功能

德育的目的是持续不断地引导受教育者自我发现、自我觉醒、自我造就，让教育者意识到"他的不可穷尽性，实现由他人引导向自我引导的转换，从而自觉地进行自我建构、自我超越"①。

德育着重教育学生树立理想信念，但理想信念的种子一定要播撒在一个自我同一性完整、具有自我实现动力的心田里才能生根发芽。

通过自我同一性的培养为理想信念孕育土壤。英国著名社会学家安东尼·吉登斯指出："自我认同即个体依据个人的经历所反思性地理解到的自我。"社会转型过程中，社会秩序所发生的各种变化，必然对个体的自我内心造成影响，特别是网络时代的时空分离、抽离化和反思性动力机制的作用，带来全球性的自我认同危机。现代人出现的精神危机表现为两类人增多：一类是空心人——失去生命的价值感和方向感；另一类人是碎片人——与自然、社会的关系处于分裂的斗争状态。对于正处于自我意识并未完善的大学生来说更容易带来自我认同混乱甚至危机。在晚期现代性的背景下，个人的无意义感，即那种觉得生活没有提供任何有价值的东西的感受，成为根本性的心理问题。心理健康教育通过对自我同一性的教育和培养，能帮助学生重塑价值观进而获得价值感，激发对生命和人生的热情，使之对未来充满期待和设想，为理想信念的萌发铺垫丰厚土壤。

心理健康教育的目标是帮助个体达成自我实现。"自我实现"是人本主义之父亚伯拉罕·马斯洛所创建的人本主义心理学的核心命题。按照马斯洛的观点，自我实现源自个人自我实现的需要、个人自我发展的需要，是人充分发挥自身潜能，克服环境中的困难与考验，将自身的天分、本性等逐渐显露和外化，使自己成为更原本的自己，竭尽所能使自己趋于完美的过程和结果，成为自我实现者是人最高级的需求，也是人生追求的最高目标。马斯洛主张人具有无限的潜能，认为超越的自我实现者是人格成长的最高阶段。心理健康教育应继承和吸收这种观点，认为自我实现是现代人应有的素质，在其具体实践中秉承人本主义的这种理念，引导大学生在心性发展、德性发展、理性发展、个性发展和群性发展等方面不断探索和超越，成为自我实现的人。

三、高校心理健康教育德育功能的优化与发展

无论是培养大学生全面发展育人目的的达成，还是德育与心理健康教育学科发展的需

---

① 王啸，《教育人学——当代教育学的人学路向》

要，鼓励大学生心理健康教育积极发挥德育功能对彼此都具有完善和补充的作用。但大学生心理健康教育和德育两者终究具有理念上的差异和实践上的不同风格，即使理念问题解决了，还需要对基本问题进行深入思考，使其进一步优化与发展。鉴于此，大学生心理健康教育需超越自身局限，从自身体系的优化与发展、大学生心理健康教育德育功能的认识系统及实践系统的优化与发展等方面做出努力，追求更具有可持续和未来意义的更新，将大学生心理健康教育德育功能的基本问题一一解决，全面提升，从而带动大学生心理健康教育和德育的双优化。

（一）心理健康教育自身的优化

1. 本质属性的深入凝练

心理健康教育充分发挥其德育功能的首要问题是自身的成熟与完善。心理健康教育起步相对较晚，且多以引用和模仿为主，其本质性要素如信念、目标、价值、功能、方式、内容、载体和模式等都处于"摸着石头过河"式的研究和探索中。特别是其自身的功能与价值还有待挖掘和转化，目标有待于强化，模式、内容、方式等还需完善。这些本质性问题的研究都应归于对心理健康教育深层的优化意义上的探讨。从经验和尝试角度，大多数人将心理健康教育归纳为"做心理咨询"的，走近它的人会了解到其是基于心理学为人们开展心理、精神服务和教育的。而从范式的角度对心理健康教育进行思考和构建，有助于"在心理教育理论与实践方面有新的突破和拓展。"

本质属性的自我挖掘与凝练是心理健康教育自我价值的追寻。完善的理想的心理健康教育应当是从信念上充满智慧之光、人性之爱、人本之念，以人格化为目标，具有发展性功能，内容上关注生活层，载体上趋向整合型，方式上提倡自主式，模式多元化的一种教育，"通过思想的叙述，通过智慧的演说，通过精神的教化，本质地反映了人们对现代人和心理生活的阐释……"① 这种理想追求和自我价值的追寻也是心理健康教育完善其功能、提升其价值的过程。因为功能的完善和价值的提升，心理健康教育在德育领域中更显其华彩之处。

2. 学科上的系统发展

学科性质的准确界定是搞好心理健康教育研究与学科建设的前提。国家教育部将心理健康教育作为高校思想品德课的重要组成部分。随着对心理健康教育的日渐重视，大学生

---

① 耿志涛，《心理健康教育理想——教育的一种哲学反思》

心理健康教育以独立的学科身份进入大德育的范畴是诸多心理工作者的预期。心理健康教育应该是一门心理学、教育学、伦理学、社会学、哲学等学科相互交叉的融合性学科。既有心理学的科学主义，也有教育学、哲学、伦理学、社会学等的人文性质。高等教育的趋势就是要跨越科学主义，实现科学主义与人文主义的融合，让培养目标从对真的钻研，融入对善和美的追求，实现大学生培养的发展性、全面性和可持续性。心理健康教育作为一门精神科学，既是一门科学，也是一门哲学；既是一门技术，也是一门艺术。

实践中，德育对心理学学科予以了关注和应用，其主要成果是道德教育心理学的出现。道德教育心理学是研究人们在道德教育过程中心理现象发生、发展及其规律的科学。可见，道德教育心理学是一门新兴的交叉学科，是德育与心理学相互作用的结果，这种结合使得德育学科和心理学科均有丰富和拓展，主要体现在以下几个方面：

第一，对人的心理、意识、思想的内在联系有了新的认识。作为基础的心理，其健康状态、认知程度、情绪情感类型、意志水平等因素必然对意识产生影响，进而影响到思维和思想的形成与发展；已经形成的思维风格方式、思想的结果反过来对人的心理健康状态以及认知情意也会产生影响与支配。这些研究成果充分让德育工作者和研究者认识到心理、意识、思想是密切相关且具有相通性和递进性的，即心理在先，意识随之发展，意识上升到理性思维，最后形成某种思想而固定下来作为行动的指导。因此在思想教育、政治教育、道德教育中必然要关注教育对象的心理基础，有效应用心理学的理论和实践成果，促进教育对象意识的产生，促进其理性思维的发展，引导其形成与主流和核心价值体系相对应的思想，才有可能保证德育的实效性，达成其目的性。同时也充分证明其与心理学的结合是科学的也是必要的。这种认识对于德育一直以来的"自说自话""目中无人"的状况显然是瓶颈上的重大突破。

第二，德育的现有理论和实践更多集中在教育主体和教育内容的成果研究上。遵循的主要方法就是通过"灌输"把所凝练和规定的教育内容（思想、道德）借助教育主体传递给教育客体，即教育主体——灌输——教育客体，对教育主体而言带有一定的主观性、强制性和单向性，无法掌控和实现教育效果；而对教育客体而言具有一定的被动性、被迫性和简单接收性，内化的程度难以达到理想和预期。这样的德育方法和对方法的认识直接导致当前德育的有效性和实效性弱，教育目标与现实状况出现错位的后果。随着高等教育以人为本整体理念的转变，对教育本体、教育过程中的方法及规律的研究越发重要，只有这些研究才有可能监控教育方向朝着预期目标有效达成。心理学通过科学的实证性方法，对个体心理状态、接受心理、内化规律等提供数据和常模等参考依据，可以为德育的过程研究、接受研究带来科学有效的方法上的更新与保证。

第三，德育是实践活动，而心理健康教育是应用心理学及伦理学、社会学、哲学等多学科的应用实践。在当下改革开放深入的社会转型时期，各种思潮、多元化价值体系的冲击，虚拟与现实的交织、革新与碰撞，使得大学生的思想动态、政治意识和道德状况都变得复杂、多样和未知。心理状态与思想道德是交叉波动的。有些问题既是道德的又是心理的，而有一些学生的问题是法律、道德、思想、心理多因素的混合问题。心理健康教育的危机干预与应激管理研究、生命教育、人际问题的教育与引导等都可以给德育实践提供必要的参考和借鉴。

一个新知识场的形成，不仅仅需要开放的边界，而且需要对生成边界的东西即知识组织的原理进行改造。德育具有多维性，因此其发展与创新都需要多学科的支撑和融合。除了道德教育学本身，政治教育需要政治学、新闻学等，道德教育需要伦理学、社会学、消费学等，思想教育需要哲学，心理教育需要教育学和心理学下的健康心理学、咨询心理学、变态心理学等的理论成果与实践经验。而心理健康教育本身也是以多学科、多视角、多维度、多样化的方式去研讨人性、人生，积极培养人、引导人和发展人。人的问题本身就是多学科的全方位探索，心理健康教育实现其目的本身就要求其全面开放，吸纳多学科对人的价值和作用，在德育的四个子系统中，心理健康教育更易于成为德育引进多学科的通道，成为德育与多学科之间的软性联结。

（二）认识系统的优化与发展

新的健康概念不仅是指没有疾病，还包括心理健康、社会适应性良好和道德健康。对健康的新解读也称"四维健康新概念"。健康新概念的提出对原有的心理健康认知也带来了新的冲击与启示，也由此引发心理健康教育的反思与问话，即心理是单纯的自然属性吗？心理健康是孤立纯粹的吗？心理健康教育仅仅把"社会适应性良好"作为培养目标就足够了吗？研究结果表明，心理本身就是一种社会化了的自然属性，具体到大学生这个特定群体上，其心理健康的评价指标一定不是单纯的快乐、幸福、适应无问题和疾病的状态。作为高校心理健康教育也一定不会以此简单作为培养人的目标，我们应将更科学更具意义的视角投放到德育的心理健康功能的研讨上。因此，心理健康教育在发展自身的同时，其德育功能的发挥应基于对自身思想基础、政治基础、道德基础及其相互关系的理性认识。

1. 充分重视思想健康对心理健康的理性作用

正确的世界观对个体的心理发展具有促进作用。德国社会学家卡尔·曼海姆将世界观解释为"是一组从结构上看联系在一起的经验结构，它构成了许多个体向生活学习并投入生活的共同基础"。这个"经验结构"中包含了"人们对世界本质、人与周围世界的关系、人在世界中的地位和生存价值等一系列观点的总和"。人们所处的生活世界是由多个具体事物构成的且充满了人类所赋予其的意义和价值，因此需要有个对生命、自由、好、坏、利、害等问题的共同判断标准。有共同的观点和共同的自知才有可能求同存异、共生共存、共同发展，否则生活世界必然被冲突和矛盾所充斥与挤占，人类的社会实践活动将变得失去方向而无法正常进行。世界观决定了人们立身处世的基本态度，对人生观和其他价值观、道德观的形成起到了指导和定向的作用，因此，开展科学世界观教育一直是德育的根本性内容。

作为基本理论和指导思想的马克思主义哲学中的辩证唯物主义和历史唯物主义是德育开展科学世界观教育的主要内容和方面。其核心观点有物质决定意识、物质世界的普遍联系与永恒发展、对立统一、否定之否定、实践上的感性到理性到实践的认识规律等，这些精辟的阐述引领人的思维和认识从片面到辩证、从对立到统一、从主观到客观、从唯心到唯物、从单一到全面、从孤立到联系、从静止到发展。德育所开展的世界观教育，为心理健康教育的教育对象和教育主体都打下了哲学基础。

2. 深度认识政治健康对心理健康的方向作用

任何人都离不开政治，古希腊学者亚里士多德说过，人天生是一种政治动物。人对社会政治生活的自发反映通过政治认知、政治情感、政治态度等表现出一种稳定的政治人格。德育中的政治教育的主要内容为理想信念教育、爱国主义教育、集体主义教育、社会主义教育等，即培养大学生能够基于共产主义信仰，立足社会主义的国家性质，用科学的"三观"来认识、判断及评价政治生活中各种人物、事件、活动及其规律的认知能力。政治教育的结果是，大多数大学生已经初步形成积极的政治人格，还有一少部分存在消极政治人格的问题。

积极的政治人格促进心理健康。高校政治教育的效果可以具体表现为大学生牢固稳定地确立了共产主义和中国特色社会主义政治信念，从感性消极服从逐步转变为主动理性抉择，能够自觉且坚定不移地按照自己确定的信念来选择政治行为，用相对稳定的政治价值观念来鉴别和抵御形形色色的社会政治思潮。具备这种人格的学生个体能够体现出现代公民意识，能够很好地履行和承担社会角色，推动大学生政治发展的良性循环。这种良性循环也会表现为政治人格和整体人格发展间的相互促进。政治人格健康完善的大学生能够主动关心和积极参与到社会政治生活中，产生融入其中的强烈动机，比如现实中大学生都以加入中国共产党为大学生活的政治目标，这种政治上的人格发展可以让大学生获得主流社会的归属感、主体意识的觉醒、自我实现的动力，行为上表现为思想积极、要求进步、主动性强和上进心强等，这些心理变化也会带动自身人格、心理、行为方式的整体发展和成熟，从而获得主流社会的进一步接纳、认同和欣赏。

四、高校心理健康教育德育功能的实现与发挥

大学生心理健康教育已经成为德育的重要资源，其所具有的德育功能就目前发展态势上看存在一定的无意识性和潜在性。如何让大学生心理健康教育的德育功能从无意识变成有意识，从潜在转化为外显，从客观必然实现主观能动，是大学生心理健康教育德育功能发挥的核心要素。尽管大学生心理健康教育主体已经开始关注并在实践中有所探索，研究者们也陆续取得教学、宣传、技术方法等方面的实践总结，但终究没有形成共识。主体性实践路径、载体路径以及合力路径的采用对于大学生心理健康教育德育功能的发挥更具前瞻性和基础性。

（一）主体性实践路径

主体性是人性中最集中体现人的本质的部分，人不但能思想，而且能知其所思想（能批评、检讨、反省、纠正自己的思想）；人不但能感受，而且能知其所感受；人不但有意识，觉知到周围的世界，而且更有自我意识，觉知到自己在世界中的存在。教育者和教育对象是一切教育活动中的关键元素，任何一种教育功能的发挥和价值实现都需要通过主体来承担和完成。关注主体的教育资源，挖掘客体的教育基础，充分发挥主客体交往互动中的教育资源和育人力量是教育实践必要的视角和维度。主体性德育所要培养的不是德育要求的执行者和实践工具，而是接纳德育、享用德育，并能自由和有创造性地践行德育要求的人。

1. 重视教育主体的德育资源

教育的主体一般被认为是"教育者"主体。德育传统意义上的教育主体通常指国家等道德教育群体、道德教育者、作为阶段性主体的教育对象（受教育者）。当代德育的发展与外延研究认为，我国的道德教育主体应具有广泛性，在前述三个主体基础上，外延拓展到对人们的政治人格、思想观念和道德人格产生影响的组织和个人。心理健康教育的主体

主要指从事心理工作的专兼职教师，这些主体本身就具有丰富的德育功能，主要体现在以下几个方面：

第一，心理健康教育主体具有德育效果的示范性。首先，大多心理教育者特别是高校心理健康教育的主体大都是优中选优而从事该职业的，本身是德育和心理健康教育的直接受益者和效果承载者。"学为人师，行为世范"，教育主体具有先天的示范作用。其次，大多数心理教育者的人格完善成熟度相对较高，个体发展比较全面，对正确的价值体系、良好的个性特质形成规律、行为模式调整等都有更深的理解和认识，在与教育对象的互动中，本身会传递出德育所需的理念、信息和感受。最后，心理健康教育工作者具有对人的心理关照和人文情怀，具有高知识分子群体相应的认知水平、道德修养及主流政治立场，且大多是专业能力突出、政治素质过硬（大多是中共党员）的人员；还有一部分早期入职的心理工作者是从德育教师、辅导员等转岗进入心理工作领域的，政治素养、道德水平和心理健康程度较高。这说明心理健康教育主体本身就是德育目的的呈现，展现着德育之后的效果。教育主体的一言一行、举止风貌、观念信仰的表达，就是在向教育对象身体力行地示范德育的要求和标准。

第二，心理健康教育主体具有德育内容的承载性。心理咨询的伦理要求是客观中立，即心理咨询人员要心怀尊重和平等，用开放性的态度去接纳每一个来访对象，即便有价值冲突，也不能因个人期望、情感或偏见来影响咨询的方向。但对于高校心理健康教育实践来讲，教育对象具有既是学生又是来访者的双重身份，访谈学生的问题或诉求中时常出现与主流价值观相违背的内容，比如同性恋问题、心理危机问题；同样，实践主体即心理工作者承担着高校教师和咨询师的双重角色，既不能违背价值中立的原则，又不能有悖教育者的职责和功能，这就要求在作为教师角色时应以自身所内化的科学观念和价值予以引导和施加影响，又要在显示咨询师身份时不能带有强迫性和歧视。在这种独特的引导和施加影响活动中，传递的是心理工作者自身所承载的德育内容和要求，比如价值观、人生观、世界观、道德原则和伦理规范、法律知识等。

第三，心理健康教育主体具有德育艺术的供给性。德育活动丰富多彩，其具体方法也是多种多样，德育工作者为了有效实现德育目的而创造性运用的具有感染力的教育技能和技巧统称为德育艺术。常见的德育艺术主要有运用语言的艺术、选择时机的艺术、选择突破口的艺术、把握适度的艺术、综合运用各种教育方式的艺术。而心理健康教育的主体在其工作中需要学习和掌握多种咨询技术和技巧，且其中的一些技巧可以作为德育艺术拓展和创新的有益借鉴。比如：心理咨询会谈中的倾听技巧，有效的倾听如表情、非语言动作、坐姿等可以鼓励和支持来访者更好地开放和袒露心声；心理咨询中的观察技巧，可以通过观察生理特点如表情、语气、肢体语言、情绪等来判断对象的心理变化，以更好地研判对象的真实状况，及时调整咨询内容和话题走向；心理咨询中的影响性技术，其中面质技巧可以帮助对象厘清心理困扰的实质，解释技术可以运用相关理论对其内心进行干预和扰动等。这些心理健康教育基本活动技巧的借鉴有利于提升德育以语言为主要工具和技术的实践活动的艺术性和实效性。

2. 观照教育客体的德育基础

教育客体与一般物质客体的区别在于他是有思想意识、有情感、有意志、有能动性的人。高校心理健康教育的对象——大学生，已接受了十多年以上的德育熏陶，在德育环境下成长起来的他们已经被深深印刻上传统德育的教育痕迹，德育系统的内容和要求已经通过小、初、高三个阶段的不同德育实践投放在他们的头脑与内心中。从总体上说，他们已经具有一定的德育基础，不同的德育基础和内化程度需要心理健康教育予以不同层次的对待，以发挥其在此基础之上的德育功能。

德育思维也可以表达为德性思维，是人类认识史上连接价值判断和事实判断的一种思维方式，它把人的"自由而全面发展"的品质作为最高和最完善的德性，它作为一种思维形式，即内化为个人的和社会的思维（追求）起点和思维原则，并且按照一定的理性活动逻辑去进行。良好的德育效果可以帮助大学生形成科学的价值理性思维。从政治角度，多数大学生爱国情感浓厚、社会责任感强烈，与国家和民族同心同德；从道德层面，他们懂规则重德性，表现出良好的道德修养。对这样的大学生，心理健康教育应以发展和超越为目标，引导教育对象将德育思维提升为理想信仰，在追求德性价值中完成自我实现和自我超越，真正达到"自由而全面发展"。另外，也有部分大学生因多种原因缺乏理想信仰、功利意识强、价值取向偏颇，那么心理健康教育理应从认知发展角度，引领学生通过对"自由而全面发展"的自我实现角度积极吸纳和构建德性思维。

（二）载体路径

1. 课堂教学内容的有机渗透

按照《中国普通高等学校德育大纲（试行）》《思想道德修养教育大纲》的要求，在思想道德修养课中，科学安排有关心理健康教育的内容，在心理健康教育的具体实践中，课堂教学发展到现在已经实现了独立开课，在制订心理健康教育课程目标时，已经充分考虑了课程目标的适应性、超前性、发展性、层次性、连贯性以及可操作性，且在其中积极主动地、有机地渗透思想道德教育的内涵和导向。

第一，由心理层面的需要、兴趣、动机的解析与指导教育上升为理想信念教育。通过对需要、动机、兴趣等动力心理知识和调节技能的学习和指导，使学生了解从兴趣和爱好出发，将适度的需要和动机作为心理发展的起点，合理调节需要、激励健康动机，将个人成长需要与国家需要和社会期望有益结合起来，将个人价值与社会价值统筹兼顾，将小我需要变成大我需要、将小我梦想变成大我梦想、将自然需要变成理想信念，实现个体的自我发展与自我超越，同时为国家和社会的发展贡献力量。

第二，由心理层面的情绪、情感、意志的解析与指导教育上升为情操教育。通过开展情绪、情感、意志等控制心理知识和调节技能的学习和指导，促进学生养成自觉性、果断性、自制性等心理品质，并从情感上将小我升华为大我，形成对他人、社会、国家、自然的一种境界与情操，达成和谐的关系观念。从意志品质上升华为一种自我管理、自我调节的能动性和理性思维，实现自我教育到自我完善乃至自我超越的全面发展的境界。

第三，由心理层面的知识、认知的解析与指导教育上升为人生观和价值观教育。新兴的认知心理学的研究启示我们，人的心理活动机能的发展是无限的。心理健康教育课程教学通过对世界、自然、社会、个人、他人等认知心理知识和技能培养的学习和指导，帮助学生了解自己，使之对人生、人性、社会等有客观理性的认识和了解，并在此基础上形成积极、健康、主流的人生观、价值观，作为指导自身知情意行的准则，进而实现德育的相应目标和要求。

2. 教育活动蕴含的双重目标

（1）心理咨询蕴含的德育价值

心理咨询中存在的价值干预体现了教育的双重目标，是心理健康教育工作的重要组成部分。首先，从心理咨询本质属性看，心理咨询基于文化的起点决定其含有价值干预。事实上，许多心理问题就是价值观的问题，是价值判断与价值选择的问题，是个人需要与社会道德和个人道德的自我要求出现错位所导致的心理矛盾与心理冲突，是因当事人缺乏旁观者的理性判断和自我调节经验而引发的。因此心理咨询中所谓的价值中立，是指对来访者的价值内容和结构避免主观批判和评价，咨询方案中的引导实质是对来访者应用价值功能的失调予以帮助和协调。其次，心理咨询的主体具有价值干预的必然。如前所述，咨询师本身就是价值的承载体，即使恪守价值中立的职业伦理，其咨询活动也一定会带有自身所持的价值痕迹，比如对问题的研判和分析、对咨询方案的选择、对技术和方法的择取，客观上都会出现价值观的传递和输出。因此，心理健康教育中的心理咨询一定含有价值干预,而价值干预正是德育所要承担的任务。最后,心理咨询对象决定其必然要有价值干预。高校心理工作者直接面对的教育对象是大学生,大学生处在独特的生理和心理成长阶段,社会化没有全部完成,因价值体系没有构建完善而处于调整和不稳定状态,不成熟的心理状态因价值取向的不明确或者价值冲突而产生动荡和困扰。如果高校心理工作者完全执行职业心理咨询中的价值中立原则,没有用自身更为完善的价值观去影响和感染来访者,不仅无助于来访学生解决其认知中的核心问题,同时也不利于来访学生的心理成长,不能真正达成咨询的效果和目标。

当然,心理咨询中的价值干预是从个体心理感受和问题的解决为出发点的,而德育的价值干预更多侧重于从社会的规范、和谐氛围的角度。实践中,许多个体的心理问题的解决也一定是以尊重社会规范和伦理要求、适应社会并充分完成社会化为目标的,这既是心理咨询效果的要求,也是心理咨询帮助人全面发展的目标的要求。因此高校心理工作者已然担任了道德教育工作者的任务,在其实践活动中从主客观双重层面实现心理健康教育和德育的双重目的。

(2) 团体辅导中内隐的德育导向

团体辅导是心理健康教育中另一个重要的工作形式和途径。团体辅导,是在团体情境下进行心理辅导的形式,它与个体心理辅导的区别在于以团体为对象,根据所需要解决的问题的方向设计方案,创建一个让团体成员可以实现互动的情境,促使个体在团队互动中学会观察、获得体验、分享或效仿新的态度与行为方式,从而找到新的成长经验和模式,进而发展自己。团体辅导可一次性多人次地解决团员的共性问题,促进个人自我发现和个人成长,实现了心理健康教育从单一的矫治性辅导方式向集预防、优化、发展为一体的多元化辅导方式的转变,拓宽了教育的覆盖面。同时,在团队辅导过程中,随着辅导方案的渐次实施,产生越来越多的人际互动,形成开放、包容、支持性的团体氛围,给人以归属感和安全感,每个成员都得到更多方面的借鉴和情感支持,化解了心理问题,提高了心理健康水平。因此说团体辅导这种实践形式在客观上起到了团结、互助的德育作用,教育对象能够获得激励和成长。

第二节 心理健康教育对高校德育实现途径的效用

德育教育成效的大小,与心理教育密切相关。传统的高校德育通常重视理论的灌输,或者对学生的日常行为提出一定的规范要求，而很少考虑从心理学的角度去关注学生，解决学生存在的心理问题。传统的德育注重政治理论的教化，注重思想品德的提升，关注共性的问题，而普遍忽视学生的个体差异，忽视学生的心理问题，忽视学生心理素质的提升。这样的德育容易流于空洞的说教，也容易引起学生的厌烦情绪，从而达不到应有的教育效果。将心理教育融入高校德育之中，可以更多地关注学生的心理，这样就比较有效地解决了空洞说教的问题，也能有效地提高教育效果，从而达到提高学生心理素质、培养学生健全人格的目的。

一、心理健康教育概述

多年前，"心理教育"在我国还是一个新鲜事物。如今，它已经成为学校教育的一个热门话题，特别是在高等教育中，更加重视心理教育。目前，人们对心理教育的研究还不是很深入，甚至对心理教育内涵的理解也不尽相同。针对这种状况，首先应在前人研究的基础上，深入探讨心理教育的内涵，这也是进一步深入研究的基础。

（一）心理教育的理念

作为学校教育的一个有机组成部分，心理教育是指面向全体学生提供的一项服务，其目的在于解决学生的心理困惑和心理问题，最终以提高学生的心理健康水平为宗旨。对于心理教育内涵的阐述，不同学者的理解不尽相同，这也说明心理教育有着丰富的内涵。心理教育是一项实践性很强的活动，心理教育的内涵也在不断地发展。具体而言，心理教育应该包括以下几方面的内容：

1. 树立科学的心理健康意识

心理教育首先要解决的问题应该是帮助学生树立科学的心理健康意识，这是心理教育的一项重要内容，是心理教育效果优劣的一项重要评价指标，同时也是心理教育的主要目的。

心理健康意识作为一种思想意识，有着特殊的内涵和意义。首先，表现为一种心理认知，包括对于心理的认知和对于健康的认知。这涉及对一些心理知识以及健康内涵的把握，例如，心理意识的内涵、心理与生理的区别、健康的内涵以及如何实现心理健康等问题。其次，表现为一种态度。这种态度包括对心理问题关注的程度、对有关心理健康知识获取的积极程度等。最后，心理健康意识还表现为一种具体的行为。心理健康意识不仅仅是一种内在的意识，也不仅仅是一种态度，而是一种具体的行为。心理健康意识要最终体现在日常生活的具体行为中，才能体现出心理健康教育的意义。

对于心理健康意识的认知主要依赖于对相关心理学知识和心理健康知识的学习和掌握。而学习和掌握心理健康知识的关键在于学以致用，要把所学到的理论在日常学习与生活中加以运用，这样才能真正树立科学的心理健康意识，也才能真正把心理健康教育落到实处。

2. 掌握有关心理健康方面的常识

关于心理健康，有一些基本的常识问题。对于心理健康基本常识的把握是深入了解心理健康内涵的前提和基础。具体包括以下几方面的内容：

（1）心理健康的标准

探讨心理健康，首先需要明确的是心理健康的标准。如何判定心理是否健康，有几种不同的评价标准。评价标准的多样性使得确立心理健康的标准成为一个比较复杂的问题。但这又是一个必须首先面对的问题，倘若对心理健康的评价标准模糊不清，对于心理健康问题的认识必然只会停留在一个比较低的层次。目前对于心理健康的评判，比较常用和权威的标准是心理测验标准。除此之外，还有社会适应标准、主观经验标准等。

所谓心理测验标准，从名称上的"测验"二字就能感受到其权威性和规范性。心理测验需要运用一些专门的心理测验仪器，通过这些仪器对接受测验的对象进行各项心理因素的测验。这种测验如同文化课的考试测验一样，其优点是受众面较广，而且比较规范，测验之后还有确切的数据可以参考。整个测验过程体现出科学实验的严谨性，其测验数据也就具有一定的权威性。但这种测验显然也是有缺点的，而且缺点还比较明显。心理测验虽然形式上如同文化课的考试测验，但其实质还是有不少差别的。首先，文化课的测验能够表明学生目前对所学知识的掌握程度，即能够说明"现在有什么"；其次，文化课的测验结果也表明学生存在的问题，并且还能大致分析出学生存在问题的原因，即能够说明"为什么"；再次，文化课的测验结果还能够预测学生在以后的学习中对哪些知识会掌握得比较好，对哪些知识的掌握还存在一定困难，即能够说明"将来会怎么样"。而心理测验只能够说明"现在有什么"，而不能说明"为什么"，对于学生未来的心理发展走向更是无法预测。所谓社会适应评价，实际是一种关系适应评价。人生活在社会中，不可避免地要同其他人、其他团体乃至社会环境形成各种各样的关系。在各种关系中，不同的主体的适应程度不同，或者说不同的主体对于关系适应的质量是不同的。这就是所谓社会适应评价。不同的评价主体对于评价的标准要求不同，或者说对于关系适应质量的要求不同，造成对于同一对象的评价也会出现比较大的差异。从某种意义上讲，这种差异是不可避免的。所谓主观经验标准，单从字面上看，就带有主观臆断的色彩，主要是指评价主体对自身心理健康状况的体验和感受。同上述两种评价标准相比，主观经验标准更容易出现评价失误。

由此可见，心理健康标准的划定是一个比较困难的问题。每一种标准都有其合理之处，但也都有不足之处，很难简单地用某一种标准作为评价尺度。这要求我们不能把问题简单化，而应该具体问题具体对待。用马克思主义的观点来看，就是不能用机械的、绝对的、静止的眼光看问题，而应该考虑到不同主体的具体情况，运用辩证的方法去进行科学的评价。

（2）心理健康的表现

尽管如何判定心理健康与否是一项难题，但我们却无法回避这个问题。因为不了解心理健康的表现，就无法进一步深入研究关于心理教育的其他问题，也就无从谈及心理教育对于德育实现途径的影响。综合专家学者的观点，实际上大学生心理健康应该包括以下几方面的内容。首先，心理健康最重要的表现应该是有较强的自我调节能力，包括在顺境中如何调整自己的心态以及如何应对困境。一个善于自我调节的人既不容易在顺境时太得意忘形而导致丧失自我，也不容易在困境时出现悲观失望的心态，而是较长时间地保持一种较为积极乐观的心态。其次，心理健康表现为善于认识自我，或者说有自知之明。这种自知之明包括对自己目前的处境以及今后的发展都有一个比较清醒的认识，善于适度地自我批评，但不是过分地苛责自己。再次，心理健康表现为在日常生活中善于与人交流，能与周围的环境和谐相处，能与他人建立和谐的关系。最后，心理健康表现为生活目的明确。有明确的生活目的是积极生活的前提和基础，这也是心理健康的一个重要表现。此外，心理健康还表现为要有自我学习的能力。每一个人都不可能一辈子都待在学校，不可能一直在教师的教导下学习。从某种角度上讲，大学学习的重点不在于掌握了多少知识，而在于学会了多少方法。因此培养学生自我学习的能力，是心理教育的一项重要内容。

（3）心理健康的程度判别

心理健康的评判标准各异，再加上评判主体的差异性等因素的影响，使得对心理健康程度的判别成为一项比较困难的课题。心理健康与否既然不好评判，那么对于什么是健康心理、什么是不健康心理，就难以区别清楚。而且在大多数情况下，心理健康状况不是一成不变的，而是呈现出不断变化的特点，是以动态的形式出现的。即使是在相同的心理状况下，对于不同性别、不同年龄、不同社会文化背景下的大学生的学习与生活的影响也是不相同的。因此，对心理健康程度的判别不能简单化，而要参照各种标准综合来评判。总之，进行心理健康程度的判别，要因人、因时、因事、因地而异，而不能统一化或是简单化。

3. 学会对不健康心理的调适与处理

当前大学生所面临的社会生活远不如以前那样单纯，各种各样的社会问题或多或少都能影响到大学生的心理健康。心理教育的一项重要内容就是帮助大学生主动而有效地进行心理调适。

善于进行自我调适是大学生心理健康最重要的一个表现。社会生活纷繁复杂，大学生在日常生活中难免会遇到一些困惑，会产生这样或那样的心理问题。当出现心理问题时，倘若善于自我调适，或者说善于采用一些有效的方法和途径，进行一定的心理调适，往往就能达到消除心理困惑、最终恢复心理健康的目的。但需要指出的是，这种自我心理调适不是每一名大学生都能胜任的，必须建立在自我意识比较正常的基础上。对于一些心理问题过于严重且自我意识有障碍的人来说就不太合适。一般情形下，大学生所遇到的问题都是日常生活中的常见问题，都不太严重，绝大多数人的自我意识也都表现正常。对于日常生活中出现的一般的困惑和问题，大学生普遍都具有一定的自我调适的能力，尤其是在接受了一定心理教育的基础上，在遇到心理问题时能比较自觉地进行自我调适，从而在一定程度上减轻了心理困惑。

4. 促进人格的健全发展

心理教育的一项重要内容及目标是提高大学生的心理素质水平，培养健全的人格。心理教育不是孤立存在的，它是学校德育的重要补充。心理教育有利于学生健康心态的培养，有利于学生健全人格的形成。可以说，心理教育极大地丰富了德育的内涵，是德育中一项不可缺少的内容，是为实现教育的最终目标服务的。另外，通过心理教育，通过对学生心理的分析和疏导，可以使学生更充分地了解自己，培养学生善于自我调适的能力，提高学生心理健康的程度，从而最终促进健康人格的发展。当然，我们强调心理教育的重要性，强调心理教育在德育实现过程中的作用，也不能走向另一个极端，即不能用心理教育来代替德育。学生在日常学习和生活中出现的问题是多种多样的，既有思想观念、人生价值甚至是政治观念方面的问题，也有心理方面的问题。我们不能把一切问题都看成思想品德方面的问题，用德育来代替心理教育，或是使心理教育德育化；也不能过分夸大心理教育的作用，把所有问题都看成心理方面的问题，用心理教育代替德育。

综上所述，心理教育首先是一种育人活动，是学校教育内容的一部分。心理教育所面对的应该是学校的全体学生，而不仅仅是一部分自认为有心理障碍且上门求助的学生。心理教育的教育性应该体现为主动性，在学生的心理问题尚未产生和暴露之前进行积极干预，预防心理问题产生是心理教育的重要职责。随着心理教育事业的不断发展，心理教育工作领域的内容也在不断拓宽。心理教育在诸多方面发挥着越来越重要的作用。另外，随着社会的发展，对人的心理素质的要求也在不断提高，心理教育在学校教育中也会占据越来越重要的地位。

（二）心理教育在德育实现途径中的意义

在高校德育中逐步运用心理教育，可以极大地扩展高校德育的领域，能运用更多的方法和途径，从而更好地发挥高校德育的功能。

高校教育历来比较强调德育。但是传统的德育比较关注的是德育的政治性功能，这当然也无可厚非。高校德育的政治性功能是德育的一项重要内容，但同时也不能过于专注这一点。在注重政治性功能的同时，也要重视德育对个体的发展。传统高校的德育目标是针对全体受教育者提出的，在教育过程中容易忽视个体发展存在的差异性，因而加强心理教育就成为新时期高校德育的新内容、新课题。加强心理教育，还可以拉近教育者与被教育者之间的心理距离，可以有效地解决许多新问题，而这些新问题往往是传统的德育难以处理的。此外，加强心理教育可以培养学生良好的心理素质，这也是高校德育的一项重要内容。在新的历史时期，大学生的思想道德状况如何，大学生心理素质的高低，直接影响高校教育目标的实现程度。因此明确心理教育在高校德育中的意义，对于探索心理教育在高校德育中的运用，对于高校德育的全面发展，无疑有着十分重要的意义。

1. 心理教育有利于提高高校德育的实效性

心理教育是高校德育的一个有机组成部分，只有加强大学生心理教育，才能确保高校德育内容的完整性，从而进一步提高高校德育的实效性。

传统的高校德育工作一般注重理论讲授，而轻视实践运用。但这种单纯的理论学习往往效果不大，通常的情形是浪费了大量的人力和物力，但最后所取得的成效却并不尽如人意。高校德育的理论教育固然很重要，但把理论指导的地位提到太高的位置，轻视实践，轻视个体的感受，最终的结果只能是影响高校德育的实效性。只有注重心理教育，才能既使学生明白"为什么"，又使学生知道"怎么做"，才能把大学生培养成为符合社会需要的全面发展的人。

（1）心理教育为保证高校德育的有效实施奠定了心理基础

高校德育主要是指思想道德教育，其中对道德方面的行为规范较为关注，而对于心理问题重视程度不够。关于大学生如何更好地认识自己、如何成功地进行人际交往、如何应付生活中的挫折,以及如何及时调整自己的情绪状态等问题,传统的德育涉及并不多。只有通过心理教育,只有关注大学生出现的心理问题,并适当地指导大学生进行有效的心理调适,才能有效地解决上述问题。这样不但能帮助大学生建立良好的心态,培养良好的心理素质,而且也能更有效地提高高校德育的实效性。

(2) 心理教育是高校德育有效实施的重要辅助力量

传统德育主要运用理论的方法来提高大学生的道德认识。这种教育方法只注重普遍性,即只关注到大学生中普遍出现的问题,而忽视了个体的差异。对于大学生个体面临的实际问题,则不能有效地解决,从而直接影响了高校德育的实效性。在高校德育中运用心理教育,就是从遵循大学生心理发展规律的角度去做德育工作,是对高校德育一种有效的补充。与传统的德育相比,心理教育更加注重学生的个性特征,更加关注学生的心理问题,把培养健康的心理作为教育的目标,这对于高校德育目标的实现是有很大的促进作用的。

2. 心理教育有利于提高高校德育工作者自身的素质

相对于传统的德育,心理教育是一项复杂而艰巨的工作,因此对教育者的素质要求较高。心理教育在有效地提高学生心理素质的同时,也有利于提高高校德育工作者自身的素质。

(1) 心理教育有利于提高高校德育工作者的道德素质

与其他种类的教育相比,高校的心理教育是一项比较复杂的系统工程,对于教育者的素质要求比较高。除心理方面的专业知识外,心理教育者还必须具备良好的思想道德素质。一个自身思想道德素质不高的人很难培养出思想道德素质很高的受教育者。从某种角度上看,心理教育的过程实际上就是教育者自身素质展示的过程。心理教育者必须不断提高自身的素质,才能更好地承担心理教育的工作。因此心理教育的过程,实际上也是教育者自身道德素质提高的过程。

(2) 心理教育有利于提高高校德育工作者的心理素质

高校德育的培养目标,是要培养学生具有健全的人格。这就要求高校德育工作者有良好的心理素质。从事心理教育是一项挑战性较强的工作,心理教育的特殊性要求教育者应该具有较高的心理素质。从事心理教育,每天要面对各种心理问题,没有过硬的心理承受能力是做不来的。当然对于任何一个生活在现实社会中的个体的人,都会难免出现各种各样的心理问题。心理素质的高低主要表现在应对各种心理问题和解决各种心理问题的能力。只有具备了扎实的专业知识，具备良好思想道德素质和较高心理素质的人，才能给予受教育者以有用的启示。从这个意义上讲，心理教育在高校德育中运用的过程，也是高校德育工作者不断提高自身心理素质的过程。所谓教学相长，不但体现在文化课的教育过程中，也体现在心理教育的过程中。

二、心理健康教育在高校德育实现途径中的现状分析

目前，对心理教育在高校德育中运用的认识还有待于进一步提高。对于普通教育者来说，一般都能认识到心理教育与德育具有不同的特色，从理论依据、具体内容到教育方法等方面认识到二者有诸多不同之处，也有不少教师尝试将心理教育融入德育中，以期提高高校德育的效果。应该说，这样的尝试很有价值，也取得了一定的成效。但在大多数情况下，将心理教育融入德育中的效果还是不尽如人意，心理教育在大学生德育实现途径中的现状还有待于进一步改善。

（一）心理教育在高校德育实现途径中的认识现状

目前，对心理教育在高校德育中运用的认识还不一致。这种认识上的不一致体现在诸多方面，不仅存在于高校内部，而且对于心理教育在高校德育中运用的各种社会环境的认识也存在不一致的现象。

1. 心理教育与高校德育自成体系

有不少人认为，心理教育与高校德育自成体系，两者有着本质的不同，因此心理教育在高校德育中难以运用。他们认为高校德育与心理教育在诸多方面都存在区别。第一，德育旨在使学生具有一定的世界观、人生观和价值观，具有符合一定社会要求的道德规范等；而心理教育则旨在解决学生的心理问题，或是排除学生的心理障碍，注重学生心理健康水平的维护和提高。第二，德育中的双方是教育者与被教育者的关系，常常表现为教育者直接说教，被教育者被动接受；心理教育则主要是一个沟通、疏导的过程，教育者在更多的情形下采取一种被动态势，注意倾听被教育者的"宣泄"，努力进入并力求疏导被教育者的内心世界。第三，德育工作带有很强的阶级性与政治色彩，以培养合格的建设者和接班人为目标；而心理教育则很少受阶级性和社会制度的制约，以培养健康的心理为目标。可以说二者的理论依据不同，具体内容和任务不同，采用的方法不同，教育目标也不尽相同。因此，他们认为既然心理教育与高校德育存在诸多差异，心理教育在高校德育中的运用自然就谈不上。

2. 心理教育机构设置模糊

近年来，随着高校心理教育的发展，各高校纷纷设立了相关的心理教育服务机构，比如心理咨询、心理治疗等。但从整体上说，由于对心理教育的理解还存在认识上的偏差，对于心理教育机构的设置仍旧处在比较模糊的阶段。有些高校把心理教育作为学生的一门必修课程列入教学计划中，由教务处统筹管理；有些高校根据心理教育的内容将其归到社科部，作为与德育课并行的科目，强调其学科性和知识性；有些高校则根据心理教育在素质教育中的特殊作用，把心理教育机构挂靠在团委，只偏重其咨询服务，而忽视其理论教育的功能；还有的高校则将心理教育看作一种医疗手段，将其挂靠到校医院，结果让绝大多数学生望而生畏，心理教育自然不能发挥其应有的功能。

3. 心理教育人员配备不当

目前担当心理教育的人员主要有三部分成员。一是德育课教师。作为德育课教师，受过专门心理学知识培训的人员很少。而心理教育着重要解决的是学生的心理问题以及心理障碍，这要求教育者不但要有心理学理论基础，还要有丰富的知识和实践经验。没有丰富心理学知识的教师显然难以胜任心理教育的工作，而且也很难产生良好的效果。二是心理专业人员。与德育课教师兼职相比，这部分人具备专业理论知识，熟悉心理领域的各种理论，但不熟悉学生的具体情况。结果就会造成心理教育只偏重心理知识的教育，忽视德育指导，从而使心理教育的效果难以全面发挥出来。三是心理医生。作为心理医生，他们都接受过较长时间的专业训练，熟悉心理学的有关理论。但心理医生的职责主要是治疗各种心理疾病，其治疗对象是患有较严重心理障碍的人。心理医生中的"医生"二字鲜明地体现出心理医生的特点，医生注定只能面对一小部分有心理疾病的学生，而不能面向大多数学生。但心理教育应该是面向全体学生的，而不应该有所偏差。由心理医生来担当心理教育工作显然也是不太合适的。心理教育的目标是促进大学生心理健康发展，提高大学生的心理素质，培养健全的人格。这样的工作性质对从事心理教育的人员提出了相当高的要求，不是单纯的德育工作者或者单纯的心理专业毕业的人员就能胜任的。

4. 心理问题与德育问题混淆不清

对于什么是心理问题、什么是思想品德问题，很多人并没有弄得太清楚，经常把二者混为一谈。对于二者的独特性搞不清楚，就会造成在实际工作中把心理问题当成思想品德问题来处理的情形。这样处理的后果自然会导致很多不尽如人意的地方。形成这种认识的主要原因就在于在高校教育中过分强调政治，过分强调思想道德教育，这样强调的后果就是经常把学生出现的一些心理问题看作单纯的思想问题，看成思想觉悟的问题。另一方面,由于近年来高校教育对心理教育比较重视,尤其是强调心理教育在高校德育中的运用,就又造成过分夸大心理教育的倾向。他们把学生在学习生活中出现的所在问题几乎都看成心理问题,都主张用心理教育的方法加以解决,甚至主张用心理教育代替德育。这种倾向显然又走向了另一个极端,同上一种偏差相比,同样不利于高校德育工作的开展。

5. 对心理教育认识模糊

对于心理教育是什么、包括哪些内容,有相当一部分大学生并不清楚。虽然新时期的大学生与过去相比,已经有了比较强烈地了解自己心理健康意识的要求,但其结果往往并不尽如人意。学生有了这样或那样的心理问题,也有进行心理咨询的想法。但一方面这种想法并不迫切,另一方面对于心理咨询的效果也持怀疑态度。大学生对心理教育的认识模糊,直接影响了心理教育在高校德育中的运用。

6. 对心理教育重视程度不够

新时期的大学生受到来自各方面的压力日益加大,很容易产生一些心理问题乃至心理疾病。比如缺乏学习的动力,甚至产生厌学情绪,或者自卑心理较为严重等。这些心理问题如果得不到及时的处理,势必会严重影响大学生正常的生活和学习。但是这些情况并没有引起高校的足够重视,也缺乏卓有成效的改善措施,致使这些心理问题一直困扰着大学生,从而造成大学生心理健康状况普遍不佳的状况。

(二) 心理教育在高校德育实现途径中的方法现状

传统的高校德育方法比较简单,心理教育融入德育的结果为高校德育工作提供了新的方法。心理教育在自身的发展中,形成了一些较为系统的理论和方法。将这些理论和方法引入德育工作中,对提高德育水平有极大的促进作用。但是由于对心理教育还存在这样或那样的认识缺陷,有关心理教育的一些新的方法在高校德育中尚未得到广泛的运用,因此心理教育在大学生德育实现途径中还存在这样或那样的问题。

第一,重视社会教化,忽视个体的自我内化。传统的高校德育注重社会教化,更多地关注大学生的社会性特征。而实际上社会化的社会教化和个体的自我内化是两个密不可分的部分,二者不可偏废。当前,在对大学生进行德育的过程中,往往过多地强调社会教化对个体道德形成的影响,而忽视个体自我内化在道德品质形成中的重要作用。这样的德育就容易导致理论与具体行为脱节,也就不能更好地达到德育的目的。

第二,重视道德说教,忽视个体的内心需要。一提起德育,给人的感觉就是枯燥乏味。传统的德育比较重视道德说教,但却忽视个体的内心需要,尤其忽视对个体情感的激发。不可否认，传统的道德说教具有一定的约束和导向作用，它告诉学生在一定的社会环境中应该做什么、不应该做什么。因此，道德说教应该成为德育的一个重要内容。但另一方面，个体的内心需要是多种多样的，个体情感也是人行为的动力因素之一。忽视个体的内心需要，忽视个体情感，就不能有效地提高道德认知的效率，也不能有效地促使人的认识转化为行为，甚至会产生一定的逆反心理，从而使德育工作流于形式。

第三，重视道德知识的灌输，忽视道德行为的培养和锻炼。关于大学生的德育工作，一直都存在一个不容忽视的问题，即大学生掌握的理论知识与实际行为脱节的现象比较严重。这种现象的存在与传统的德育方法关系密切。长期以来，德育就是以课堂教学为主要形式，重视道德知识的灌输。这种教育方法也许在过去还能得到学生的理解，并能取得一定的效果，但在当前的教育环境中，单纯理论的灌输就表现出更多的不足。主要表现为学生普遍对这种教育方式表示不满，而且也难以把理论知识转化为实践。如果道德品质不能转化为一种实践，那么道德知识传授的意义和价值也就不复存在。因此，在德育工作中，我们应该更多地关注实践精神，更多地关注其实际功效，而不是单凭掌握了多少理论知识来评价其道德品质的高低。

第四，重视遵从意识的培养，忽视健全人格的塑造。德育工作的最终目标是要培养具有健全人格的人。而传统的德育过多强调个体的服从，强调对人的意志与行为的限制与防范，忽视个体的自主发展，忽视健全人格的塑造。从而导致学生的个性差异得不到应有的体现，学生的独立人格也得不到应有的尊重。这种教育模式下培养出来的学生往往缺少独立性，缺乏进取精神，容易盲目从众和循规蹈矩，当然更谈不到会有怎样的创造性。一旦置身于复杂多变的社会环境中，往往会因为其不健全的人格而显得无所适从。

（三）心理教育在高校德育实现途径中的作用现状

与过去相比，新时期的教育理念也在不断地发生变化。其中最值得关注的一点就是把心理教育融入高校德育领域，二者相互融合所达到的最为显著的效果就是丰富了高校德育的方法，拉近了教育者与被教育者之间的心理距离，解决了许多传统德育难以解决的问题，同时也丰富了高校德育工作者的形象和知识。可以说，心理教育对加强和改进学校德育发挥了巨大的作用。当然，目前心理教育与高校德育之间的融合还远未达到完善的境地，还有许多方面需要加强和改善。

1. 心理教育对高校德育的促进作用

心理教育与高校德育的相互融合，使高校德育的作用得到了充分的发挥。一是观念补偿作用。心理教育与高校德育的融合，进一步丰富了德育观的内涵。广大的德育工作者充分认识到其工作的性质和应有的地位。在德育过程中，德育工作者不仅是主导者，而且是协助者；不但传授理论知识，而且关注大学生的心理状况；德育的最终目标不仅是提高学生的思想道德水准，而且注重提高学生的心理素质。二是指导作用。在高校德育中，心理教育能够提供更为多样的教育方法。比如通过心理咨询、测试等方法，使高校德育更具科学性，也更有针对性。传统的德育只注重教育对象的共性，而心理教育则把大学生当作一个个具体的人来要求，强调尊重学生的人格。心理健康教育的教育方式显然更容易得到学生的理解和支持，也就更容易达到预定的目标。三是调节作用。传统的德育以说教为主，而传统的理论说教又往往容易千篇一律，这样很容易使学生产生逆反心理。心理教育则注重沟通的效果。心理教育的工作者往往更注重深入学生的内心世界，深入了解学生内心的真实想法，对学生在实际生活中所产生的心理问题注意采取疏泄、暗示等方法，注重对学生的心理进行适当调节，这样往往会取得比较好的效果。

2. 心理教育对高校德育作用的不足

心理教育在高校德育中起到一定的促进作用，但这种促进作用还远未达到理想状态。心理教育注重个人的发展，在教育过程中容易取得成效，但也容易出现目标偏低、境界不高等问题，严重时甚至会出现庸俗化的倾向。所以心理教育必须以高校德育目标为导向，坚持正确的政治方向，坚持把心理教育与学生树立正确的世界观、人生观以及价值观的教育结合起来，给学生指出更高层次的努力方向。

心理教育的内涵很丰富，心理教育绝不单单是对学生出现的心理问题进行简单的疏通和引导。大学生个体的自然属性当然是心理教育工作者所应该关注的问题，但是如果过分强调大学生内在的需要，而较少考虑社会的要求，这样的心理教育工作只能治标而不能治本。只有把心理教育与德育更好地融合在一起，才能从根本上解决学生出现的各种心理问题，才能使学生既明白个人本身的价值取向，又清楚社会需求，才能使学生既注重个人利益，也不忽视社会利益，否则就会出现心理教育在育人方向上与德育相背离的现象。

三、心理健康教育对提高德育实效性具体途径分析

实践表明，从大学生的心理特点和实际需要出发，在高校德育中融入心理教育，往往会收到意想不到的效果，对于加强和改进高校德育是很有益处的。但是由于我们过去对心理学不够重视，将心理教育运用于高校德育的时间较短，目前对心理教育如何更好地为高校德育服务这一问题仍处于初步研究阶段。因此对于大学生德育实现途径的心理教育过程

的探讨，不论对高校德育还是心理教育本身的发展，都有十分重要的意义。

（一）改进心理教育方法，增强德育的实效性

心理教育取得成效的多少，直接影响高校德育工作的进展及其成效。要想提高心理教育的有效性，就必须大力改进心理教育方法，多角度、多层次地在高校中开展心理教育活动，切实增强高校德育的实效性。

1. 积极开展心理咨询和开设心理指导课

在高校教育中，积极开展心理咨询和开设心理指导课应成为大学生思想教育的重要内容之一。心理咨询和心理指导课要以高校德育目标为指导，有的放矢地帮助大学生解决各种心理问题。积极开展心理咨询和开设心理指导课，有利于形成科学的心理教育格局，有利于更为切实有效地解决学生的心理问题。

（1）积极开展心理咨询活动，提高大学生的思想道德品质

在高校德育教育过程中，心理咨询是一项能够极大促进高校德育目标顺利实现的因素。心理咨询出现的时间并不算长，在高校德育中可以说还是一个新生事物。但这新生事物的发展势头却非常迅猛，目前各大高校中已经普遍设立了心理咨询机构。虽然不同学校的心理咨询机构规模大小有别，具体实施过程中的成效有异，但毕竟是从无到有、从小到大地一步一步向前发展。高校的心理咨询机构可以更有效地帮助大学生处理好在学习生活中遇到的诸多心理困惑和心理问题，对大学生的顺利成长起到良好的指导作用。虽然如此，心理咨询在高校德育中还远未发挥出应有的作用。主要表现为心理咨询在大学生中还并不普及，抽样调查显示，只有不到20%的大学生在遇到心理困惑或是心理问题时能首先想到进行心理咨询，并且能在心理咨询中心接受专职人员的指导。绝大部分学生或是想不到在校园中还有心理咨询中心这样一个机构，或是想到了却由于这样或那样的原因不去进行咨询。有相当一部分学生理所当然地认为凡是前去进行心理咨询的都是心理有问题的，或者干脆认为只有出现心理疾病的人才会去进行心理咨询。这样的思想意识直接导致心理咨询工作不能顺利开展，导致心理咨询的成效始终不太理想。因此在高校德育中，除了要设立专门的心理咨询中心外，还要大力进行宣传，让学生对心理咨询有一个正确的理解。当学生需要心理咨询服务时，应该有针对性地向大学生提供及时、有效的指导与服务，这样才能有效地提高心理咨询的功效。此外，还可以充分利用高校的广播、计算机网络、校刊、板报等多种宣传媒体，广泛进行心理咨询的教育活动。

（2）开设心理指导课，进一步拓宽高校德育教学领域

在高校德育中融入心理教育，不单单是指运用一些心理教育的方法提高德育的成效，也不单单是指在高校校园里设立面向学生的心理咨询机构，还要系统地开设一些心理指导课，这样才能更加充分地发挥心理教育的功能。心理指导课不同于普通的心理学课程，它是针对大学生出现的心理问题进行理论分析和指导，从而解决心理问题、塑造健全人格的课程。

心理指导课的开设，有利于大学生个体心理健康的培养，有利于大学生健全人格的塑造。与普通的心理学课程相比，心理指导课以解决大学生具体的心理问题为目标，既有理论性，又有针对性。这对大学生心理健康的培养十分重要。心理指导课主要是针对学生出现的心理问题进行疏导，从而促成大学生健全人格的实现。这对于进一步拓宽高校德育教学领域，深化高校德育的内涵，都是很有益处的。

2. 广泛开展心理普查，增强思想教育的针对性

心理普查在心理教育体系内占有极其重要的地位。不论何种形式的心理普查，都具有一定的科学性，这使得心理普查成为一项促进心理教育顺利开展的科学的辅助手段。心理普查不但能帮助大学生更好地认识自己，而且能帮助教师更好地了解学生，从而增强德育工作的针对性。

（1）广泛开展心理普查，帮助大学生认识自己

心理普查是一种国内通用的评估方法。这种方法主要是通过问卷调查的形式，对有关心理健康方面的状况做出评估。在心理普查中，大学生要对问卷中的问题逐一回答，因此具有较广泛的普遍性和较高的可信度。而大学生逐一回答问题的过程，也是大学生对自身思想和自我行为进行审视的过程。因此心理普查能够更好地帮助大学生认识自己，从而有效促进心理的健康发展。

（2）广泛开展心理普查，帮助教师了解大学生

心理普查可以使普查对象更好地了解自我，而且也能使教师对大学生有更全面、更科学的了解。通过广泛的心理普查，对有心理问题或是心理障碍的大学生进行必要的疏导、矫正，对患有心理疾病的部分学生提供及时有效的心理援助，这样就使德育工作更加具有针对性。

对心理普查的结果还可以进行深入研究，以探讨某种规律性的形成过程。一般情形下，各高校都应该对新生进行心理普查，必要时可以建立大学生心理档案之类的文字资料，以便更有针对性地展开工作。需要特别注意的是，心理普查是一项专业性很强的活

动，参与心理普查的人员应该掌握一定的心理知识，对普查结果不能掉以轻心，而应以非常谨慎的态度给予科学的解释。

（二）提高教师知识素养，在学校教学中多渠道渗透心理教育

增强心理教育在大学生德育实现途径中的作用，提高心理教育与高校德育相结合的重要性的认识是改进德育成效的首要条件；营造一个有利于心理教育在高校德育中运用的环境，并且适当改进心理教育方法是改进德育成效的必要条件；而提高教师知识素养，在学校教学中多渠道渗透心理教育则是改进德育成效的充分条件。

1. 造就一支既懂德育又懂心理教育的教师队伍

高校心理教育的诞生，是德育工作者积极探索德育发展的结果。目前我国高校心理教育的地位越来越重要，所起的作用也越来越大，这些都与高校德育工作者的辛勤耕耘、无私奉献分不开。在高校德育工作者的努力下，目前高校的心理教育取得了较大的成就，这是应该肯定的地方。但在取得成绩的同时，还要看到高校心理教育还存在着诸多不尽如人意的地方，面临的任务还很艰巨。因此要加大教师队伍的素质建设，教师除了熟悉和掌握有关思想道德方面的专业知识，还要学习和掌握有关高校心理教育方面的知识，二者的地位几乎同样重要。

（1）高校德育工作者要学习、掌握有关心理教育的知识

德育成效的高低与德育工作者本身的理论水平以及实践经验有着十分密切的关系。从事德育的人员首先应该具备一定的理论知识，包括政治理论知识和心理学知识，其次还应当具有一定的学历及职称，这样才能更好地胜任德育工作。一般来说，德育工作者都具备一定的政治理论知识，但或多或少对于心理学方面的知识都有所欠缺，从而影响了对学生的全面认识。而心理教育注重研究和了解人的内心世界，注重心理疏导，可以有效地提高思想教育的有效性。因此加强高校德育工作者的心理教育培训，提高德育工作者的心理教育的意识和水平，对于提高德育工作者的理论知识水平，提高德育工作者自身的素质，提高德育的有效性，都具有十分重要的现实意义。

高校德育工作者学习的途径和方法是多种多样的，其中最有效的办法是采取集中培训的方式。比如可以举办培训班，可以定期开办一些专题讲座等。诸多的方式中，举办培训班是比较易见成效的一种方式，这是提高高校德育工作者心理教育水平的重要举措之一。此外，还可以采取自学的方式。自学方式比较简单易行，而且在自学过程中，德育工作者可以边学习边运用，边实践边摸索，也容易取得成效。一名合格的德育工作者，在某种程

度上也将是一位合格的心理健康教育工作者，至少他应该接受过这方面的教育。

（2）从事心理教育的人员要学习、掌握高校德育的有关知识、方法

心理教育虽然地位重要，功能多样，在发挥高校德育的整体育人功能方面起着不可替代的作用，但是作为高校德育的一个有机组成部分，从事心理教育的工作人员也要学习、掌握高校德育的有关知识和方法。从我国高校心理教育的现状看，目前在高校中从事心理教育工作的人员除德育工作者外，还包括一些医务工作人员、心理专业教师，甚至还有一部分其他专业教师。那么，这部分非德育专业的工作人员就有必要学习和掌握一些有关德育的知识和方法，不然势必会影响心理教育在高校德育中作用的发挥。

高校心理教育与德育之所以能融合在一起，关键的一点就在于二者在育人目标上具有某种程度的一致性。高校心理教育在为大学生提供有关心理学知识的同时，也不能无视思想道德方面的内容。相反，心理教育始终要与高校德育相结合，在育人方向上与高校德育保持一致，要把提升学生的思想道德水平作为自己的工作目标之一。因此，从事心理教育工作的其他人员也要学习和掌握高校德育的有关知识、方法，这样才能有效地防止专业知识的偏失，也能有效地预防在心理教育过程中出现目标偏低的倾向。可以说，学习和掌握高校德育的有关知识、方法既是他们完善知识结构的需要，也是他们提高自身思想修养的需要。

2. 在学校教学中多渠道渗透心理教育

在学校的各项教育活动中，不但德育工作者要注重对学生进行心理教育，其他部门的人员包括辅导员也要注重对学生进行心理教育，做到全面渗透、全员参与、全程落实，使心理教育渗透到整个学校教育的全过程。

（1）在各学科教学中渗透心理教育

寓心理教育于各科教学中，这是对学生加强心理关怀的重要举措。学校心理教育仅靠几个德育教师开展，多少总显得有些势单力薄，不可能收到良好效果，也不容易实现心理健康教育的最终目标。在学科教学中渗透心理教育，动员学校全体教师共同参与，使每个教师都成为心理教育者，使每个教师都承担起心理教育的一份责任。为此，在教学中每个教师都要具备一定的心理教育理论知识，都要有一定的心理教育意识，都要善于根据学生的心理规律来安排组织教学。此外，每个教师都要善于挖掘教材中所蕴含着的有关心理教育的内容素材，并能充分加以利用，使各科教学都能起到培养学生良好心理素质的作用。比如语文教学在提升学生的读写能力、全面发展学生的思维品质的同时，还能有效提升学生的审美能力，促进学生的非认知心理品质的发展；数学教学注重发展学生的逻辑思维品

质；自然科学教学则把关注的重点放在培养学生的创造性思维品质上，同时还注重培养学生的科学精神和科学态度；社会科学教学对于提升学生的道德心理素质有很大帮助；艺术教学注重形象思维品质，同时注重学生的美感与道德感的发展；体育教学的主要目的是增进学生的身体健康，同时也为培养学生良好的心理品质奠定了生理素质的基础，并能够在一定程度上培养学生良好的意志品质。

以上所述并没有涵盖各科教学在心理教育中所起的全部作用，但至少体现了各科教学在心理教育的过程中所占据的重要地位和所起的作用。如果各科教学都能对心理教育起到一定的促进作用，心理教育就会发挥出其应有的成效，这对于促进学生心理素质的提升无疑是大有益处的。

（2）在德育系列教育活动中渗透心理教育

心理教育是高校德育的一个有机组成部分。心理教育是德育工作的基础，德育工作、德育活动是心理教育的一个重要载体，二者密切结合，不可分割。在德育系列教育活动中更好地渗透心理教育并不是一件简单的事情，但我们可以通过以下四个方面来进行：

一是通过扩充和完善德育目标，比如把关注学生的心理健康纳入德育的目标，就可以在德育教育中渗透心理教育；二是通过丰富德育内容，比如把培养学生良好的心理品质纳入德育的内容，就可以在德育教育中渗透心理教育；三是通过拓宽德育方法，比如开展心理咨询、运用测量技术等，就可以在德育工作中渗透心理教育；四是通过提高德育队伍素质，比如德育工作者学习和掌握心理学的有关专业知识，有效地提升德育工作者的素质，这也可以在德育中渗透心理教育。总之，德育工作者常常扮演双重角色，既是德育工作者，也是心理教育工作者。缺乏心理教育的有关知识，德育工作就会是不完善的。因此，德育工作者要努力学习和掌握心理学的有关理论和方法，并将心理学的有关知识和方法自觉运用到实践工作中去，以增强德育的效果。当然，在德育工作中强调心理教育的同时，也要看到二者的区别，既不能用心理教育取代德育，也不能用德育去代替心理教育。

（3）在课外活动中渗透心理教育

学校课外活动大致包括道德教育活动、知识趣味活动、文体娱乐活动以及社会实践活动等内容。一般来说，课外活动内容丰富，种类繁多，其中蕴藏着形式多样的心理教育。在丰富多样的课外活动中，学生可以开阔自己的视野，锻炼自己的意志，丰富自己的情感体验，可以提高自我调节的能力、研究和创新的能力，以及独立思考问题和解决问题的能力。既然课外活动对学生的各种实际能力都有不同程度的提升作用，如果适当加以引导，势必会朝着更加规范的方向迈进，对学生的心理素质的提升也会起到更有效的促进作用。

(三) 提高心理教育在高校德育功效中的对策

1. 提高对大学生德育实现途径中心理教育重要性的认识

在大学生德育实现途径中关注心理教育与之融合的程度，提高对心理教育以及心理教育与高校德育相互融合重要性的认识，是正确认识二者的相互关系以及探讨二者相结合的首要条件。

（1）正确认识心理教育与高校德育的相互关系

心理教育与德育之间既存在一定的区别，又存在较为密切的联系。心理教育效果的好坏，直接影响到高校德育的效果。一般来说，学生的心理问题往往是与思想问题或是道德问题联系在一起的。许多学生正是因为缺乏正确的人生观、价值观，才出现这样或那样的心理问题。而对于心理不健康或是有心理障碍的学生来说，不但不能很好地接受高校德育，对于文化课的教育也未必就很好地接受。心理教育必须与德育相结合，才能取得更好的成效。可以说心理教育对高校德育工作的有效开展起到很重要的作用。同时，德育为心理教育提供了更高层次的目标和努力方向，使心理教育的效果更加突出。二者相辅相成，相得益彰。二者的相互融合，不论对于高校德育任务的有效完成还是对于心理教育自身的发展都是十分有益的。

（2）心理教育有利于培养大学生健康的心理素质

心理素质的培养是一项长期的工作，同时又是非常重要的一项工作。高等德育的目标之一就是要培养学生具有良好的心理素质。而学生心理素质的培养单凭传统的高校德育很难收到好的成效。将心理教育运用于高校德育中，对于培养学生良好的心理素质，将会起到很重要的作用。作为新时期的德育工作，不仅仅要注重提高大学生的思想道德水平，而且要注重提高大学生的心理素质水平。要达到这一目标，离开心理教育几乎是不可能实现的。

2. "心理教育与高校德育"相结合，提高德育水平

随着社会的发展，大学生所面临的各种问题越来越多，尤其是各种心理问题愈加突出。大学生是一个高素质的群体，但又是一个高压力的群体，他们的需求往往比一般的群体高，承受的压力也比一般群体大。他们对自身寄予的希望较大，同时社会、学校和家庭对他们寄予的希望往往也更大。在这种情势下，他们所遇到的心理问题与以前相比，要多出几倍甚至十几倍。面对层出不穷的心理问题，传统的高校德育就显得力不从心。而高校在开展心理教育时必须将其融入德育教育中，必须以德育目标为导向，才能有效避免心理

教育容易出现的目标偏低、境界不高等问题,保证心理教育的正确发展方向。把心理教育与德育结合起来,可以更深入地认识和了解学生的特点,从而有助于增强思想教育的针对性和有效性。面对新时代出现的新课题,高校德育需要进一步结合心理教育,以解决大学生心理问题为重点,最终达到培养健全人格的目的。

(四)营造心理教育对提高德育实效性的有利运用环境

在高校德育中,营造一个良好的心理教育的运用环境,对于高校德育工作的开展,无疑有着良好的促进作用。马克思曾说过:"有一种唯物主义学说,认为人是环境和教育的产物,因而认为改变了的人是另一种和改变了的教育的产物。这种学说忘记了环境正是由人来改变的,而教育者本人一定是受教育的。"环境影响人,人也影响环境。因此,人去优化环境,反过来环境对于人的优化也起到很重要的作用,具体而言有利于心理教育在高校德育中运用的环境包括以下几种:

1. 营造健康的社会心理环境

高校德育成效的好坏,在很大程度上受社会心理环境的影响和制约,而社会心理环境的好坏又受到社会舆论导向作用的影响。因此,坚持正确的社会舆论导向对于高校德育工作的开展有很大的影响。

社会舆论对于高校德育的影响在很大程度上取决于传播的渠道和速度。过去通讯不发达,社会舆论的传播渠道还比较单一。随着社会的发展传播渠道越来越广,传播速度也越来越快。各种社会舆论对于大学生来说,无疑是一种极大的诱惑。大学生的接受能力较强,但是辨别是非的能力较弱,一些虚假的信息就容易乘虚而入,其影响往往较为恶劣。对于这种情况的存在,高校德育工作者就要正确引导学生辨别是非,拒绝各种错误思想,从而为学生营造一个健康的社会心理环境。

2. 营造健康的校园心理环境

所谓校园心理环境,是指校园内部能够影响师生员工心理的环境因素,包括高校的道德风气、学术气氛、校园文化、管理方式乃至高校本身的历史传统等。校园心理环境是大学生个性形成与发展的土壤,也是大学生学习和工作的动力来源之一。营造健康的校园心理环境对于大学生道德品质的形成乃至德育实效性的提高都是非常必要的。

(1) 建设积极向上的高校校园精神

校园精神可以说是校园心理环境的最高层次,它是学校本质和学校办学精神的集中体现,具体反映在校风、教风和学风等几个方面。

高校校风是全体教职员工的工作态度与学生学风的集中反映，包括师生员工的道德品质、理想信念等方面。良好的校风对于培养学生健全的人格、提高学生的综合素质都有很好的促进作用。

高校教风是指教师的教学风格，是包括教师的知识水平、教学技能乃至道德风尚在内的综合表现。要形成良好的教风，首先就要提高教师的专业素质水平。教师的专业素质水平不高，就难以赢得学生的认同，其结果势必影响到教学效果的提高。在提升专业素质水平的同时，教师还要有良好的道德风尚，这样才能起到表率作用，给学生以好的影响。

高校学风是指学生在较长期的学习过程中形成的一种较为稳定的学习行为和学习风气，是校园精神的主要体现。学风的形成需要较长的时间，学风的转变也有一定的过程。因此维持良好的学风，对于调动学生的学习积极性、培养健全人格都有极其重要的影响。

（2）创建良好的校园文化氛围

高校教育的一项重要任务就是提升学生的文化素质。文化素质的提高并不单纯是在课堂中获得的，良好的校园文化氛围对于学生文化素质的提高有很大的影响，在某些时候甚至能起到某种意想不到的效果。

校园文化作为高校教育的一个有机组成部分，一直都为高校的领导者所重视。甚至可以毫不夸张地说，从幼儿园的活动室到高校的校园里，对于校园文化都比较重视。校园文化一般包括文化观展和文化活动两部分，二者相得益彰，缺少哪一方面都会给校园文化建设带来不利的影响。校园中的文化观展形式多样，不论是何种样式的文化观展，都会对学生起到一种熏陶感染的作用，使学生在潜移默化中形成良好的道德情操和品质。至于高校中的文化活动，包括学校组织的各类文体活动，比如各种演讲比赛、辩论赛等。这些活动对于开发学生的智力，提升学生的道德品质都有良好的促进作用。

3. 营造良好的课堂心理环境

在高校德育中，营造良好的课堂心理环境也是相当重要的一个方面。具体可以通过以下几个方面的内容来实现：

（1）提高教师的心理健康素质

教师是教学过程的组织者，课堂心理环境主要是由教师创设的。教师心理健康、精神饱满、准备充分，在课堂教学中不但能有效组织自己的教学语言，做到既轻松幽默，又逻辑严密，而且还能在课堂上营造一个轻松愉快的课堂氛围。学生在这样的课堂氛围中不仅不会感觉到学习的苦恼，在很多时候还会有一种如沐春风的感觉，学生学习的效果也就可想而知。然而令人遗憾的是，近年来随着教学任务和科研任务的加重，教师感受到的压力也越来越大。许多教师经常处于极度忙碌的状态，没有时间娱乐，没有时间锻炼，致使相当一部分教师长期处于一种亚健康状态，表现为情绪低落、上课缺少激情，甚至厌倦上课。这种负面情绪带到课堂上，很容易传染学生，使得学生也表现为情绪低落、学习没有兴致。可见，良好的课堂心理环境的创设，首先取决于教师的心理健康素质。也就是说，只有具备健康心理素质的教师，才能营造良好的课堂心理环境。这就要求教师不仅要加强自己的理论修养，提高自身的知识水平，还要提高自我调节情绪的能力，培养健康的心理素质。

（2）创设和谐的课堂气氛

创设和谐的课堂氛围，需要做到以下两点：一是提高教师的心理素质；二是建立融洽的师生关系。融洽师生关系的建立，需要教师在了解学生思想、了解学生生活、了解学生心理发展规律的基础上加强与学生的沟通交流。和谐的课堂氛围有利于教师与学生之间进行交流，有利于激发起学生的学习热情，有利于学生健全人格的培养。

（3）运用心理学知识积极改善教学方法

目前，高校教学包括德育课的教学主要还是采取传统的讲授法。这种教学模式固然有不少优点，但是缺点与不足也是显而易见的。最明显的不足之处就在于这种讲授方法重灌输而轻引导，学生的学习只是被动地接受，而不是主动地吸收，因此教学效果往往不太理想。要想提高教学效果，就要想办法改善教学方法。将心理学知识运用于平时的授课中，往往会取得意想不到的效果。

将心理学知识运用到教学中，首先要着眼于诱导。对于绝大多数学生来说，学习并不是一件"乐事"，甚至在多数情形下是件"苦事"。如何使学生以苦为乐、变苦为乐，是一个很值得探讨的问题。心理学研究结果表明，进行一项研究工作，倘若能持续不断地从中获得成功的体验，那么从事研究的动力就越大。学生的学习也是这样。我们在教学中经常看到的一种情形是，好学生经常是越学越好，而差学生的表现则是越来越差。我们对这种情况可能已经司空见惯了，但是从心理学的角度分析，则大有研究的价值。具体到学生的学习中，学生获得的成功体验越多，则其持续学习的动机就会越强。如果教师能从学生的实际出发，在讲课过程中善于诱导，让学生在学习过程中不断获得成功的体验，学生就会体会到学习的乐趣，也就会产生持续学习的动机。其次，教师在授课过程中要注重指导。有人曾讲过这样的话，教师在讲台上应该是一个导演的身份，要善于指导学生如何去做，而不是扮演一个演员，只让学生在台下看。从某种程度上讲，教师的课堂讲授不是为了让学生获得多少具体的知识，而是要教会学生如何"学"。学生在教室里度过的时间其

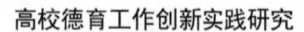

实并不多，有相当一部分时间应该是在自学中度过的。大学教师讲课的目的其实是指导学生如何自我学习，更多的是培养学生自己学习的能力，而不是学会了几个词语、背会了几篇文章。一个合格的大学生应该是在自我学习的过程中善于发现问题，同时也善于解决问题。这样的教学才是一种理想的教学方式。

第四章 高校德育立体化的基础认知

二十一世纪是一个充满机遇和挑战的新世纪。随着全球化、信息化进程的不断加快，知识经济的竞争，意识形态领域的渗透，对青年一代的争夺越来越激烈，我国经济、科技、安全将面临更大的挑战。这样复杂化的社会背景，对我国高校德育提出了新的要求。如何加强和改进大学生思想道德教育，不仅事关广大青年学生的健康成长，而且关系着整个国家和民族的前途和命运。增强高校德育的影响力和实效性，不仅是理论界和教育界相关人士、学者所关注的热点问题，更是整个社会所关心的民心问题、希望问题和社会问题。高校德育不仅是学校教育，更应是学校教育、家庭教育、社会教育三者之间协调互动，共同作用的教育。如何建立一种全方位、多渠道、多角度、多因素积极影响，作用方式生动、形象、具体、真切的立体化德育模式，是值得深入研究并在德育教育中具有十分重要的理论意义和实践意义的事情。

第一节 高校立体化德育的含义

高校立体化德育的内涵比较丰富，外延也较宽泛，作为一个新的概念，到目前为止，学术界尚未对其做出一个准确的定义。然而，高校立体化德育的含义与特征是立体化德育体系中最基础的部分，因此，有必要就"高校立体化德育"的内涵和外延进行分析，力图弄清楚各种概念间的关系。

一、高校立体化德育概念的界定

（一）立体化概念界定

所谓立体，是相对平面而言的。平面的特征是仅有二维性，立体具有三维性，并且立体化德育的"立体"不局限于空间限定，而且有时间的延续性，是多维度、全方位和运动变化的。进而，立体也更加突出完整性，它不仅具有三维的空间要素，一维的时间要素和运动变化的过程，而且有颜色、气味、声音、氛围等要素参与，与平面二维度相比更加直观、生动、形象、真实。"化"则包含转化之含意，完全彻底的意思，前者讲过程，后者说结果的状态。立体化的概念就是指由平面向立体转变的过程和通过这个过程所追求的结果。

（二）立体化德育概念界定

立体化德育是相当于平面化德育而言的，是一种全方位、多渠道、多因素共同作用的生动、形象、丰富、真切的德育。简言之，就是一种追求真情实感的德育。

立体化德育概念也有广义和狭义之分。

广义的立体化德育，是以"学校、家庭、社会"三位一体的立体化德育。狭义的立体化德育，专指高校立体化德育。

高校通过建立立体化德育内容体系、立体化德育渠道、立体化德育环境、立体化德育教育体系、立体化德育作用方式等各个方面实现高校立体化德育。由于高校和大学生属于社会的组成部分和成员，高校德育研究不可能作为一个完全封闭、孤立的对象来进行，所以，立体化德育研究也必然涉及家庭和社会的教育作用和影响。

二、高校立体化德育的内涵之辨

（一）平面化德育与立体化德育

平面化德育与立体化德育，是围绕同一教育目的而采取不同的德育方式。平面化德育是运用相对单一、静态、抽象、枯燥的途径和方法，对大学生进行思想道德教育和道德品质的教育。

平面化德育是以单纯的文字和语言为特征的。它以报纸、杂志、书籍、录音、广播、墙报等语言文字为主要工具，采取讲授、报告、宣传的德育方式。其不足之处是，实施过程带有一定程度的时空上的局限性，内容也相对抽象，途径单一，方法静态。

而立体化德育与平面化德育有着截然不同的德育方式。

立体化德育是立体的，多信号刺激的，多渠道影响的，全方位作用的德育。它使用多媒体、网络、手机、影视等传媒工具或创造富有教育影响的软硬环境，或设置学生实践体验的场合和条件，运用丰富、生动、形象、真切的教育方式，使学生在生动活泼、轻松愉快的氛围或环境中，接受德育教育或受到潜移默化的影响。

高校立体化德育特点具体体现在以下方面：

第一，高校立体化德育的教育影响来源是多渠道、多方面、多因素的，既有宏观意义上的大环境影响，也有微观意义上的小环境影响。通过大学生所接触的所有人、事、物活动接受不同程度的教育影响。

第二，高校立体化德育教育过程生动、内容真实，让学生有身临其境的感觉，有真情实感的感受。

第三，高校立体化德育媒介和手段更加趋向于现代化。例如，运用网络、影视等传播媒介，形成"声、形、图、文"等为一体的德育教育传播方式，适合青年学生身心特点，运用学生喜闻乐见的方法。

第四，立体化德育方式克服了平面德育的时空局限，具有影响渠道多，覆盖面宽，渗透力强的特点。

（二）立体化德育与德育立体化

如前所述，立体化德育是不同于平面化德育的一种新的德育方式，是一种全方位、多渠道、多因素共同作用的生动、形象、丰富、真切的德育。而德育立体化，则是由平面化德育向立体化德育转化的过程和所追求的目标。

德育立体化可以分成三个层次。第一层次，是通过书面语言或口头表述的方式，对学生进行德育教育活动，通过形象生动的描述，借助形象思维而实现德育立体化过程。

第二层次，是通过电影、电视等影像手段，直接作用于大学生的听觉和视觉器官，给予大学生以立体的感受，称为间接的立体化。

第三层次，是让大学生直接进入某项具体的实践活动之中，使多种刺激信号同时作用于学生视觉、听觉、触觉等感觉器官，感受真实存在的场景和真实过程，得到真实体验。

德育立体化也是一种完全彻底的立体化，用立体化德育代替平面化德育的含义。但是，这只是一种理论意义的状态和目标。实际上，我们在追求立体化德育的同时，也不能否认平面化德育的作用和效果。

三、高校立体化德育的主要构成要素

（一）高校立体化德育的主体

德育主体和德育客体是德育过程中的两个基本因素。两者间的关系是德育过程中最基本的关系。纵观德育的发展历程，不难得出，传统教学中，德育模式基本为"主体——客体"德育活动：德育工作者为德育主体，德育对象被视为被动接受的德育客体，德育工作者采取单向灌输的方法，将德育内容灌输给大学生，此种方式很大程度上挫伤了大学生自主学习德育内容的积极性和热情。在弥补此种模式不足的情况下，高校立体化德育提出"主体（客体）——客体（主体）"为一体的双向互动的德育模式，德育工作者既是主体又是客体，向大学生进行德育教育引导时，也受到大学生对其的德育影响；大学生既是客体又是主体，他在接受教育影响的同时，也对周围人群产生着影响。

根据马克思主义的观点，人是有思想、有感情的动物，具有社会性和主观能动性，大学生德育主体性也由此呈现出来。高校立体化德育就是充分肯定和尊重了大学生在德育活动中的主体性，把大学生和教育工作者看作平等的人，把大学生和教育工作者共同作为德育主体，尊重大学生的人格、尊严和权利，发挥大学生主动参与德育活动的意识。

（二）高校立体化德育的客体

高校德育的对象是大学生。根据一个人思想品德的形成过程，实际是他们的知、情、信、意、行五个要素均衡发展的过程，也是把这五个要素作为一个整体，全面地对大学生进行教育的过程，再加上大学生本身又是现实生活中的"立体人"，这就要求对大学生进行思想道德教育和道德品质教育，也需要采取立体化的过程。另外，由于思想道德教育对象的情况错综复杂、千差万别，表现出非常明显的层次性，而且在现实的生活的社会环境之中，他们生活、学习与工作的周围环境、社会关系，每时每刻都影响着教育对象的思想政治品德的形成和发展，引起教育对象思想品德结构发生变化。因此，对大学生实施德育活动，要根据不同标准、不同层次的大学生采取不同应对措施，对各种思想道德教育现象和问题进行立体的综合分析，从多种渠道、多种角度、多种层次、全方位实施，避免把复杂的现象和复杂的人的特性简单化。

（三）高校立体化德育的介体

传统平面化德育工具，课堂上主要由黑板、粉笔和书报组成，课外德育工具主要采用报纸、杂志、图书等纸质媒体和形象媒体广播组成，传播渠道相对单一、简单。而立体化德育工具，在原有德育资源和德育媒介的基础上，把现代化的科技成果引进学校、引进德育课堂，运用现代媒介增强德育效果。高校立体化德育媒介，不仅包括图书、广播、电视等平面化德育媒介，而且包括现代德育媒介，比如，电影、电视、多媒体、网络和手机等新型的传播工具。集"文字、声音、生动形象的画面"为一体,使得课堂教学更加生动、形象;课下,把德育信息通过网络、手机等现代工具进行传播,加速了人与人的沟通,加深了德育主、客体间的联系,拓宽了德育传播渠道,推进了高校立体化德育渠道的建设。

(四) 高校立体化德育的环境

每个人需要面对的环境都是多元的、立体的。根据环境具有多元化、立体化的特性,高校立体化德育环境可以从多个角度、多个层次进行区分。立体化德育大环境分"家庭、学校、社会"三个层次的立体环境。因为人具有生命起,家庭环境就开始对其思想意识产生影响;经过不懈的努力和不间断的学习成为一名大学生,从以往比较单纯、简单的家庭环境影响下,步入到相对丰富的校园环境影响之中。其间,还要接受复杂的社会环境的制约。大学毕业后,又要回归到家庭环境和复杂的社会环境中,继续接受环境对其的影响、作用,相对来说,高校校园环境属于环境的"中间站"。

立体化德育小环境仅指学校环境。学校是学生生活、学习的场所,作为德育教育的主阵地,其本身也是立体的场所,且高校立体化校园环境也具有层次性。例如,硬环境和软环境。硬环境是指学生赖以成才的物质基础,如各种各样的教学设施、生活设施,以及文化活动场所。软环境是指影响学生发展的精神因素,如大学精神、校风、教风、学风、校训、文化氛围、人际交往、制度文化、风俗习惯等多方面。因为学生成长的环境是一个立体的受多种因素影响的系统,所以,必须整合德育环境,系统地育人。

(五) 高校立体化德育作用方式

高校立体化德育的作用方式是通过多方面、全方位、多因素的方式、方法和手段,共同作用于大学生思想素质、道德品行的形成,最终实现大学生的全面发展。高校立体化德育的作用方式主要有三种。

首先,体现在人与人间的教育影响作用。高校内部教育者与学生互动、管理者与学生互动、学生间的互动;高校外部的人群,父母与子女互动、社会人群与学生互动等多个方面、立体互动的交往途径,是真实客观存在的德育教育渠道,而且能使学生真实感受到对其人格形成的教育影响作用。

其次,体现在人与物的立体影响作用。物是一个立体存在的客观物体,对大学生思想也具有重要的影响作用。因为人在能动改造某些物体的时候,物体也在对人的思想的形成进行着不同程度的影响作用。最后,体现在现代传媒对大学生道德的影响作用。电视、网络、手机、微信、微博、QQ 聊天等现代信息技术的运用，直接对大学生的思维方式、生活方式、交往方式产生巨大的影响。因此，要紧跟时代发展的客观要求，有效地利用现代传媒，对大学生思想道德品质和综合素质进行的教育影响作用，增强高校德育的实效。

四、高校立体化德育的特点

高校立体化德育，是一个多层次、多因素构成的系统互动过程，是一个整合、立体的运行过程。高校立体化德育具有其自身的规定性，体现在教育的整体性和过程的生动性、空间的立体性和内容的真实性、方法的多样性和媒介的多元性、对象的主体性和地位的平等性等特点。

（一）教育的整体性和过程的生动性

系统的最大特点在于整体的功能大于各部分之和，通常系统的整体功能相对于各组成部分的功能是一种质变。高校立体化德育不是简单的在个体之间进行的德育实践活动，其整体性体现在资源的整体性、德育方法的整体性、德育目的的整体性、德育内容的整体性、德育过程的整体性等方面。高校立体化德育把多种资源作为一个整体，对大学生进行教育、引导和培养的德育活动，形成一种德育合力。无论是从广义的"学校、家庭、社会"一体的高校立体化德育，或者是狭义概念上的高校立体化德育来看，其目的就是实现大学生的全面发展，强调具有德育功能的多个方面形成一个整体，使它们为了共同的德育目的互相支持，形成一种前进的合力。例如，高校内形成的人文环境、多种多样的德育活动、文化宣传、网络信息的传递、教育基地作用等德育功能，共同协调作用于大学生的思想政治素质和道德文化素质的形成，从而推进德育的效能。

高校立体化德育媒介的运用，使得德育信息传播更加生动化、更加形象化、更加感性化。借助现代化传媒工具、手段对德育进行广泛传播，使过去平面化德育由"读""想""听"变成了"看""听""信"为一体，让学生能真实地"看"到德育画面，画面中的时间、地点、人物、景色都是客观存在的；"听"到视频中人物间的语言交流；"信"服道德是人成长的需要，以及把良好道德行为作为人生的一种信念。而且运用现代传媒工具，可以在极短的时间内甚至几乎是同时，把具有道德功能和作用的视频在广大民众间迅速传递，被大家迅速了解，其传播空间广阔，德育辐射范围宽广，跨越了年龄、性别等之间的界限。

（二）空间的立体性和内容的真实性

高校立体化德育具有一个最鲜明的特点就是空间的立体性。空间的立体性可以从多个角度进行考虑。宏观上看，从家庭教育、社会教育、学校教育、环境教育等空间上，对人产生多维教育影响作用；微观上看，从教育者、社会人群、亲朋好友、影视人物等，对人多维教育影响作用。从载体的功能上看，集声音、视频、文字、图片等立体多维地对人进行教育作用。通过建立立体多维的空间，运用多渠道、多角度、全方位地教育影响，使受教育者在不知不觉中发生变化，而且，这种教育不受时空限制，可以处处存在，能够有效地覆盖受教育者的学习和生活空间，使教育从单一走向多元，如管理育人、教育育人、服务育人、环境育人等，从不同层次、不同维度，对受教育者进行立体教育影响。

高校立体化德育内容，具有鲜明的真实性和生活化。高校立体化德育能给予学生真实、真切的感受，因为无论是环境育人还是服务育人，都是发生在身边的真人、真事，能让大学生深刻感受到，很大程度上改变大学生理念中德育就是"假、大、空"的理论性知识。

另外，在选择德育教育内容时，也要与大学生的真实生活接轨，如果高校立体化德育内容与大学生身边的生活相差甚远，无法解决大学生生活中存在的问题，就很难激发学生学习的热情，即要在教育中体现生活气息，增强了德育真实效果。正如中国教育先导陶行知所说"生活即教育"，好的生活就是好的教育，坏的生活就是坏的教育，使学生在生活中，处处感知教育的存在，彰显德育的真实性和生活化。

（三）方法的多样性和媒介的多元性

立体化德育方法是德育工作者面向德育对象在德育过程中所采用的方法，是德育教育者与德育对象相互作用的媒介和桥梁。立体化德育，其方法或方式具有生动、形象、真实的特点，它既不是教育者一方的活动方法，也不是以教育为主的活动方式，而是教育者和受教育者共同活动、相互作用的方法。高校立体化德育在采用方法方面具有多种多样性的特点。比如，理论讲授法、案例教学法、情景教学法、现场教学法和模拟教学法、体验教学法等，都是立体化教育的方法，而且把教育者的榜样示范法和实践教育法相结合、环境教育法和隐性教育法相结合等等，共同协同对大学生进行德育影响，更能增强大学生德育的效果。如，教育者的榜样示范法是最有效的让学生感知的方法，在校期间与教育者接触最多，教育者的道德行为是最具有说服力。实践德育方法，就是在社会实践和社会环境中，在社会教育活动中达到教化目的和作用，使大学生感受到良好的道德品质，不仅是社会发展的需要，更是人客观发展的需求。而隐性德育是大学生在无意中，所感知、所感触的教育方法，因为隐性德育是发生在大学生在身边的真人、真事，所以更能激起大学生内心中产生共鸣。

随着现代化科技成果大量地被引入德育活动中，立体化德育的媒介选择越来越趋向于现代化、多元化。传统德育课堂媒介主要是"一黑板、一粉笔、一本书、一张嘴"，其他课外德育媒介主要是由报纸、杂志、广播等相对平面的德育传播工具。信息化时代的今天，电视、网络、短信通信等现代传媒资讯方法已经深刻地介入和影响着大学生的生活，改变大学生的生活方式，对学生的思想道德品质的形成产生着深刻的影响。高校德育在继续利用传统常规媒介前提下，又增添了现代化的德育媒介，即电视、网络、手机短信、微信、微博等现代化的传播媒介，通过现代信息技术所提供的平台，丰富了高校德育的教育手段，推进了高校立体化德育实施途径的完善。

（四）对象的主体性和地位的平等性

传统高校德育模式基本属于以管理者、教育者为主体，忽视受教育者的主体地位，而高校立体化德育充分肯定了学生的主体性和能动性，以学生全面发展和满足学生的成长需要为德育目的，将"以学生为本"作为立体化德育的归宿点，管理者和教育者是为学生的全面发展服务的；发挥学生主体作用，让大学生在社会实践中践行自身的德育认知，从自发到自主、自觉地进行思想道德教育和价值判断与选择，并最终养成良好的思想政治素质和道德素质。

高校立体化德育主客体地位的平等性，是建立一种人人都是德育主体，个个都具有教育影响、改变仅由教育者单方面灌输的德育模式，同样，也改变了德育主客体间的不平等、不对等性。由于人与人的平等性，最大限度地调动受教育者的参与意识。另外，由于教育者与受教育者间的平等关系，也避免了教育过程中受教育者的逆反心理，通过受教育者无意识的心灵反应机制来施加影响，受教育者受周围环境、行为和信息的感染、熏陶，会在无排斥心理状态下不知不觉地接受教育信息。由于受教育者在参与实践中发挥了其自身的主观能动性，在行为中检验了自身的教育认知，因此，德育平等性更能促进大学生自主内化、自我教育思想的形成，自觉提高自身的道德素质。

第二节 高校立体化德育的现状及分析

高校立体化德育，是伴随着高校德育的改革而逐渐发展起来的，是对当前高校德育教育的新探索。当前，高校立体化德育尚处在起始阶段，所以，在推进高校立体化德育建设的进程中，还有很多尚需改进与完善的地方。

一、高校立体化德育理念初步形成

在德育改革的不断探索当中，立体化德育的理念进入人们的视野并被越来越多的人所接受，获得肯定。在高校德育教育的实践中，积极以立体化德育为指导，努力发挥全员参与、全方位覆盖、全过程教育的多渠道教育影响作用，不断探索立体化德育实现的新途径，推进高校立体化德育进程。

高校立体化德育以其教育方式的生动性、形象性，教育内容的丰富性，趣味性，正慢慢地在高校德育实践中开展起来并取得很好的效果。全方位地推进大学生德育教育，多层次地实施德育教育方式，多角度地探索德育教育途径，全面促进大学生德育发展，已经成为新时期高校德育的发展趋势。

二、德育课堂采用立体化方式教学取得显著成效

高校立体化德育课堂教学模式初步建立起来，并取得很好的课堂教育效果。高校立体化德育课堂把互联网、多媒体等现代化工具作为教学媒介引进教育课堂中，强化教育的直观效果，丰富感知材料，给学生提供声、像、图、文等综合信息，让学生在有声有色、图文并茂，动静结合的情境中有更加直观的感受。这再与老师利用声音、表情和手势，向学生传递信息结合起来，大大增强了德育课堂的效果，使大学生更好地接受德育教育。立体化德育课堂将现代化教学手段与传统教学手段结合，以多种信息传递方式作用于学生，给学生以立体感受，思想政治理论课明确要求，必须让学生结合进行社会实践，形成立体化的教学过程，达到最优化的教育效果。

三、高校立体化德育载体不断丰富

高校立体化德育的载体是丰富多样的，并且伴随着社会的发展和科技进步而不断更

新。传统德育教育的载体主要通过课程教学发挥作用，通过教育者的理论灌输及各类学科中承载的德育因素，让受教育者接受德育教育，载体比较单一，受教育者接受程度不高。高校立体化德育注重载体在德育教育中的作用，积极拓展德育载体。立体化德育的现有载体主要包括文化载体、管理制度载体、大众传媒载体、活动载体、网络载体等。高校立体化德育载体的丰富性，使得立体化德育全方位、多角度地影响到每一个人，扩大了德育教育的覆盖面。

四、环境育人越来越受到重视

环境对一个人的德育发展起着非常重要的作用。传统的高校德育没有充分意识到这一点，在一定程度上忽略了环境育人的作用。环境有育人作用，是毋庸置疑的事实，随着对环境育人作用的进一步研究和探索，得出思想道德教育环境可以被看作是一个特殊的环境系统的结论。而且是一个广泛而复杂的动态性体系，它是不同层次、不同类型的环境因素相互联系构成的立体、多维的系统。因学生成长的环境是一个立体的受多种因素影响的系统，所以，必须大力整合优化德育环境，消除不良环境给受教育者带来的影响。

五、高校立体化德育推进中存在的不足

（一）高校立体化德育没有形成合力

高校立体化德育是全方位、多层次、多角度共同作用的德育教育，高校立体化德育教育合力，是各种德育教育力量相互作用结合在一起的状态。立体化德育合力不是各单方面力量、单个要素、单项教育活动的教育效果的简单相加，而是有别于这些孤立教育因素的新的力量。这个结果又可以看作一个作为整体的、不自觉地和不自主地起着作用的力量产物。而目前高校立体化德育尚未完全形成合力，立体化德育教育的系统性、整体性的功能效应尚未完全发挥，各种教育力量的优化组合、有机联系水平不高，产生的德育教育综合效果不好，有待进一步提高。

（二）高校德育立体化水平不高

高校德育由平面化德育向立体化德育转化，可以分为三个层次。

第一层次，是通过书面语言或口头语言作用于视觉或者听觉单一感觉器官，借助于形象思维的立体化过程。

第二层次，是通过如电影、电视这样间接的立体音像，直接作用于听觉和视觉器官而给予人立体的感受，可以称之为间接的立体化。

第三层次，是直接的立体的各种刺激同时作用于视觉、听觉、触觉等感觉器官，具有真情实感的完全立体化。

目前，第一和第二层次开展得比较好，通过借助各种高科技和新媒体手段，给受教育者呈现出听觉和视觉的立体感受，一定程度上解决了德育教育方式单一、死板和难以引起受教育者兴趣的问题，增强了德育教育的效果。但是，立体化追求的第三层次——真情实感完全的立体化仍有很大差距，立体化水平不高。目前，立体化德育教育一定程度上停留在简单地利用科技手段给受教育者以听觉和视觉上的感官刺激，却忽略情感上的感知，在教育过程中，很少完全赋予真情实感，难以使受教育者从心理上产生认同和思想上引起共鸣，没有真正实现德育教育的立体化。

（三）高校立体化德育环境有待进一步完善

尽管环境育人的重要性越来越受到认同，高校立体化德育的环境也得到很大改善，但是，还有待进一步提高。立体化德育环境是随着外部的变化而不断变化，不是一成不变的，要根据社会的变化不断调整，使立体化德育的环境能够适应德育发展的需要。可是，环境育人的作用是隐形的，育人的效果也不是立竿见影，所以对环境改善的热情和投入就不高，因此需要进一步完善高校立体化德育环境。

（四）学生对高校德育教育的接受程度不高

当前德育工作中，教育内容侧重理论灌输，往往反映事实与联系实际情况的少，使受教育者认为，学习枯燥无味的理论性知识，离自己的生活远，德育知识的习得用处不大，出现理论与实际的脱节现象，对德育教育有种虚无缥缈的感觉，致使大学生主动学习德育的认知不强，对道德理解不深刻，很难产生认同感，感知性不强。在高校德育目标定位上，缺乏目标的层次意识，基本上是用一个统一的模式去塑造所有的学生。从低到高、千篇一律、千人一面地规定一种要求、一种规格目标，只注重塑造人的共性，无视受教育者的内在需要差异性，使德育目标成为一种刻板的标准。评价方式上又单纯以考试为主，让受教育者产生厌烦心理，没有将评价贯穿在受教育者的道德实践中，没有以学生德育实践的改善和提高作为衡量主体德行发展、评估教育效果的标准。

六、高校立体化德育推进中存在问题的分析

高校立体化德育的建设不是一朝一夕就能实现的，要有一个不断向前发展和完善的过程，要立足于当前高校德育的现状，分析和梳理德育教育中存在的不足，对有缺陷的地方要及时改正，在不断的探索中，更好地建设高校立体化德育，指导德育实践。

（一）思想观念上存在一定偏差

高校德育教育是学生成才的重要保证，立体化德育的开展，更是提高德育实效性的重要手段。高校领导和教育者对此都有一定的认识，但是认识还不够深刻，思想观念上或多或少还存在一定的偏差。有一小部分学校领导和教育者认为，一个学校办得好坏，关键是看学生学业成绩的好坏和毕业生的就业率，对德育教育没有很好的重视。德育方法方式简单、枯燥、流于形式的情况，在一定范围和程度上依然存在。有的虽然认为德育教育应该开展，但是德育的位置还不够突出和规范，德育制度不够健全，德育经费投入不足，体现在人力、物力、财力等方面给予的支持不够，而是更多地倾向于投入学校的科研建设中。

此外，部分教育者对德育教育的重要性认识也不够，认为开展德育教育就是单纯地完成自己的工作任务，没有用心地开展德育教育，有"重课堂、轻课外"，"重理论、轻实践"，"重教化、轻内化"的思想。这就需要转变思想观念，正确地认识德育教育，树立立体化德育思想，将立体化德育落实到实处。

（二）高校德育教育对主体认识存在不足

之前的高校德育存在片面强调教育者主体地位的现象，而将受教育者当成消极被动接受教育的客体，没有将受教育者放在主体的地位。德育教育的形式化和功利化明显，也就导致了德育工作的强制性、灌输性和德育效果的低效性。德育教育虽然有规范性和约束性，但是，这种规范并不是简单的外部强制，而是受教育者追求理性和完善自身的过程，受教育者是德育教育的主体，教育者仅是起到教育和引导的作用。

在高校德育教育过程中，没有意识到受教育者的德行形成与发展是他们自主选择的结果，只是简单地把他们作为教育对象进行说教，灌输式的教育忽略了受教育者的选择，只能在一定程度上起到影响作用，但是，不能内化为受教育者自身的德育素质。其次，漠视受教育者在知、情、意、行各方面的变化，也没有注重发挥受教育者的主观能动性，没有积极开展受教育者的自我教育，没有能使德育教育真正成为学生共同关心和参与的活动。

（三）高校德育整体性欠缺

德育教育整体性欠缺体现在多个方面。

其一，欠缺学校、家庭与社会教育三者共同作用形成的整体合力。学校、家庭与社会教育是德育建设的三个重要环节，社会是教育学生的大课堂，学校是培养学生的主阵地、主渠道，家长是第一任老师，单纯依靠某一方面的教育，都是不够的，要把德育教育由学校向家庭辐射、向社会延伸，形成三结合的立体网络模式。现在有不少情况，由于三者教育的不一致，缺乏整体协调地进行德育活动，使学校教育与家庭、社会教育脱节，甚至出现抵消学校正面教育的效果。

其二，德育资源协同性不足。德育实施并没有统筹兼顾到高校德育资源，调动并运用各种德育资源，无法实现德育教育处处存在，时时存在的育人目标。

其三，立体化德育途径全面协调不够，协调环境教育、实践教育、现代媒介的教育作用等德育途径力度不够，多种渠道整体致力于大学生德育改善的实效性不强。

（四）高校德育实践性不足

传统的高校德育针对性和实效性差，主要原因之一就是脱离了受教育者的现实生活，变成单纯而抽象的说教，没有将教育和实践结合起来，使德育教育缺乏实践性。德育本质上是一种实践活动，"生活不能只是思，生活是需行的。"从平凡习俗、日用常识到以此为基础的德育活动，都是实践性的。从实际意义上说，"行"比知、情、意更为重要，实践的道德才是真正的道德，如果只知不行，只有意愿和体验而没有实践行动，则是口头的、肤浅的道德，甚至会变为虚伪的道德。受教育者道德品质的高低，是通过实践主体在实际活动中表现出来的，现在的德育教育更多地从书面上检验德育成果，有些学生如果从文字上或口头上去检验他所受的德育效果，他会讲得动听，写得精彩，可是在他的实际德育实践中，却是另一套。道德的教育不仅是理论的传授，而要寓学于行、躬行践履。

第三节　高校立体化德育实施途径的探索

立体化德育效果在多数情况下都优于平面化德育。然而，如何将平面化德育转化为立体化德育，通过什么途径来实现德育的立体化，仍然需要进行不断的探索。

一、努力创造育人环境

人都是生活在一定的环境之中,环境无疑是立体的环境。通过环境的创设来产生德育影响,达到德育的目的,符合立体化德育教育的理念和特性,是对德育教育的方式和途径的创新性尝试。把环境作为德育的载体可以承载着丰富的德育元素,对大学生的影响是客观存在的,而且是一种无处不在、无时不有、自发渗透的立体多维和动态发展的影响。高校大学生的德育教育和德育形成,是在一个多维的空间和持续的时间中进行的,理解好高校德育、环境、人三者之间的互动性关联,会使我们更好地把握和建设高校德育环境,从而为高校立体化德育教育服务。当前,对大学生德育教育影响主要来自家庭、学校、社会和网络,因此,创造好家庭、学校、社会和网络环境,无疑是立体化德育实现的有效途径之一。

(一) 家庭环境

家庭对大学生德育的养成起到极为关键的作用。家庭在一个人的一生中,不仅是童年的摇篮,一生的港湾,而且对其一生德智体美劳等全面素质的形成和发展,起着全面持久的影响。虽然大学生入校后,家庭对大学生德育的影响有所减少,但是家庭德育依旧发挥着基础性的作用。由于家庭德育的基础性和影响的深刻性,家庭应该承担起自身的教育职责,积极营造健康、向上、和谐的家庭德育环境,为大学生创造良好的家庭教育环境。

家庭氛围是家庭中长期积累而成的精神状态和情意倾向,是一种潜移默化熏陶感化的潜在教育因素。家庭环境可以分为物质和精神两个方面。物质方面,包括家庭经济收入、居住条件、环境美化,等等。精神方面,包括家庭道德、家庭文化、家庭舆论、家庭风尚等。所有这些因素紧密地联结在一起,共同构成现实家庭教育环境的整体和合力,全方位、多角度、多层次地影响着教育对象。

因此,家庭教育应该是立体化德育的实施途径之一。优化家庭内部的教育环境,家长要在物质和精神两个方面做出努力。

首先,要创造良好的物质环境。家庭的物质条件,不求如何豪华、奢侈,只求舒适、整洁,一切东西摆放有序,如将一盆美丽的花摆放在孩子的房间,会使孩子将自己的房间整理得整洁有序。这样,可以促进孩子形成良好的生活习惯和审美观念。

其次,要创建良好的精神环境。家长要创建民主和谐的家庭氛围,反对专制和暴力,充分尊重孩子的主体意识,孩子拥有自主的活动空间,具有一定的发言权和自由支配的时间，使家庭环境具有积极的道德取向、主流的家庭文化、正确的舆论导向，形成良好的家庭风尚。

（二）学校环境

学校教育是大学生德育教育的直接责任者，《公民道德建设实施纲要》指出"学校是进行系统德育教育的重要阵地"，学校环境是高校立体化德育的重要方面，要不断优化学校环境建设。学校环境特别是文化建设，对育人发挥着潜移默化的影响，一所大学的文化，通过明确导向、创设环境、营造氛围，潜移默化地影响大学教育和社会教化。学校环境质量如何，与大学生息息相关，它对大学生具有强烈的暗示性、渗透性和潜移默化的作用，并持久地产生着影响。所以学校环境应该是高校立体化德育建设的重点，要不断地加强校园硬环境、软环境包括制度环境的建设，更好地为高校德育教育服务。

首先，要科学规划，精心设计，构建优美的校园硬环境。学校硬环，境是指高校的自然地理位置、校园建筑、整体的布局和规划、绿化美化以及校园的文化设施等，是学校环境的有形部分。如果在校园环境的建设中融入德育教育的要素，按照德育规律加以精心设计和构建，使其从一般的物质环境转化为具有育人功能的德育环境，进而转化为影响学生的思想情感和道德行为的重要外部力量，转化为持续不断地感染、陶冶人的精神力量。

其次，要认真制定严格规范，科学合理的制度，创建良好的校园制度环境。学校的管理制度是一所学校精神文化的反映，通过制度的约束力、影响力和牵引力，来体现学校的导向，规范引导学生的行为。要建立强有力的德育工作管理体系和高校的德育运行机制，为高校动态的德育活动奠定坚实的基础。在制定制度的过程中，要注重制度安排和引导，用科学制度的制定、执行、监督、保证、规范并引导高校师生的言行，要将制度的制定和高校德育工作，以及大学生多方面的发展需求结合起来，建立起科学且规范的规章制度，使大学生在遵守各种规章制度的过程中，自觉地向德育要求的目标靠拢，将自我约束和自我管理结合起来，更好地提升自身的道德素质。

最后，搞好宣传教育，树立良好校风、学风、教风，营造优越的校园软环境。校园软环境是一种无形的德育环境，它与校园硬环境及制度环境一起，共同构成了学校德育环境，并发挥着重要的作用。学校软环境从不同层面影响、改变和塑造着大学生的认知、情感、行为，还反映了高校追求的价值目标、道德情感和行为模式。它是通过学校师生共同营造，并经过积淀、选择、凝练发展而成的，它所倡导的道德价值和校园精神已经浸透和附着在校园内的各种环境和人文因素之中，并让大学生时时刻刻感受到它的存在。因此，校园软环境对大学生的德育教育和熏陶是十分重要的，要坚持不懈地构建和营造优越的校园软环境。

（三）社会环境

社会对大学生德育的影响日趋增强，社会影响源转化为德育影响的成分越来越多，社会环境中所包含的经济、文化、教育等因素，日益成为影响大学生德育的重要方面。美国实用主义教育学家杜威在其《民本主义与教育》中强调："社会环境能通过个体的种种活动，塑造个人行为的智力和情感倾向。社会环境毫无意识的，不设任何目的地发挥着教育和塑造的影响。"社会环境是相对于家庭环境、学校环境而言的，是指家庭、学校以外的德育教育环境。社会环境对高校德育的影响程度日益加深，大学生不仅仅受到来自校内德育教育的影响，也受到现实社会生活的影响，大学生德育素质的形成是多种因素共同作用形成的结果。因此，高校立体化德育要关注社会环境建设，推进有利的社会环境建设，优化和开发社会环境，充分利用和挖掘社会环境因素的育人功能，提高立体化德育教育的实效。立体化德育作为社会实践活动的一部分，存在于社会之中，无法脱离社会自成系统。要积极营造有利于高校德育教育的综合环境，使人们在优美、有序、和谐的自然环境和社会环境中受到潜移默化的教育，实现环境育人，增强德育教育的效果。

一方面，积极建设社会硬环境。社会的"硬环境"主要是以实物形态所展示的人口、地物、地貌、资源、设施等物质环境。要特别注意开发、挖掘它们中所有可能成为德育教育的资料，并积极加以利用。

比如，建立一些与当地教育发展相适应的德育基地。这些基地可以是历史纪念馆、文物保护区、革命遗址等爱国基地；也可以是军训、社会实践、专业实习等实践基地；还可以是文化娱乐、体育运动等文体活动基地。通过对这些硬环境的改造和利用，既能填补学校德育条件的不足，又积极拓展了德育教育的空间，给大学生更好的德育熏陶。

另一方面，努力创设社会软环境。社会的"软环境"主要是指以精神面貌所展示的社会、政治、法制、文化、教育等人文环境。就蕴含的德育因素来说，社会软环境就是社会上的人们在经济、文化、精神等活动中共同生活、相互交往，积淀形成的价值观念、行为规范和道德准则，高校德育从这种环境中获得的渗透力最为强烈，也是立体化德育实施的重要途径。要创设良好的社会环境氛围，特别要重视文化的管理和法制的建设。例如，文化部门要会同相关执法部门认真开展对音像、书刊市场的管理和稽查活动，消除音像制品和黄色书刊的危害，切实加强对各种文化场所的管理。公安部门要采取有效措施，维护社会秩序，打击歪风邪气和各种社会犯罪活动。积极开展各种构建和谐社会的活动，创设一个良好的社会软环境，让大学生在美好的环境中受到德育教育。

（四）虚拟环境

虚拟环境主要是指网络环境，构建积极健康的网络环境。随着信息技术的发展，网络与人们的生活日益密切，给人们的思想也带来重要影响，网络正在逐渐成为德育教育的新阵地，不但为高校德育工作提供了丰富的资源，而且突破了时间和空间的限制，可以将家庭、学校、社会的影响有机地整合起来，极大地扩展了德育的时间和空间。网络已成为大学生思想道德教育信息的新载体，它以一种全新的信息传播方式，加速了思想道德教育的知识、价值传播，网络互动平台更好地满足了思想道德教育者和受教育者之间双向互动的需要，网络的技术特性有利于促进思想道德教育获得最佳效果，网络与思想道德教育的关联日趋紧密。所以，高校立体化德育的环境与虚拟环境的关联亦应紧密起来。要加强虚拟环境的建设，构建健康积极、催人上进的网络环境。开展以德育为主题的网上论坛、网上讨论、网上交流等，通过平等交流、民主对话、积极渗透、加强监督等方式，强化德育教育，不断增强网络环境的影响力。现实环境与虚拟环境，没有孰轻孰重的问题，必须整体建设、协调一致。要坚持管理和教育相结合、"堵"与"疏"相结合、他律与自律相结合的原则，积极制定有利于德育教育虚拟环境建设的政策，保障虚拟环境的健康发展。

总之，高校立体化德育与家庭环境、学校环境、社会环境，以及虚拟环境之间存在着不可分割的关系。而家庭环境、学校环境、社会环境和虚拟环境之间也相互作用、相互影响。家庭、学校、社会作为教育的三个渠道、三大领域，尽管它们在教育手段、内容、策略等方面有着显著的差别，在教育过程中的作用也各不相同，但却从不同的层面教育着同一个对象。学校、家庭、社会（社区）德育一体化必将成为教育的重要发展趋势。建立家庭、学校、社会相结合的'德育网络'，使三者在德育方向上保持一致，在内容上相互促进和取长补短，才能形成科学的社会化德育体系，同样现实环境和虚拟环境建设，也要良性互动起来，彼此照应，共同形成完善的立体的德育教育环境。

二、用心打造校园文化

校园文化作为学校精神、传统和作风的综合体现，客观地营造了一个立体的育人环境和氛围，它对大学生德育教育工作具有巨大的推动力和感染力。它的形成不仅是一个历史积累的过程，更是一个主动积极营造的过程。校园文化是开展大学生德育教育的有效途径和载体。它将平面化德育的说教转变为立体的、全方位的校园文化熏陶，以一种无形的力量对每位师生产生教育作用，使学生在耳濡目染、潜移默化中受到道德的熏陶，提升道德境界。这种立体化的德育方式，对学生心灵的陶冶、精神的激励，是平面化德育所无法达到的。要不断加强校园文化建设，营造良好的育人氛围，充分发挥高校校园文化的育人功能，积极探索与尝试将立体化德育融入校园文化建设之中，使得校园文化在立体化德育的指导下成为大学生德育教育更为有效的实施途径。

（一）建设丰富多彩的校园文化阵地

当前，校园文化阵地除了教学阵地之外，校园课外文化阵地概括起来可以分为以下三种，活动阵地、社团阵地、舆论阵地。这些阵地都可以发挥他们各自的优势，成为立体化德育融入校园文化的有效载体。

1. 活动阵地

即校园内的政治、学术、科技、文体等活动，和这些活动的延伸与扩展。这些活动不但承载和体现着校园文化的内涵，也传承和发展着校园文化的内涵，高校应把立体化德育的理念注入这些活动中，在提升校园文化内涵的同时，也使广大师生从这些活动中受到锻炼、熏陶和教育。例如，大学生文化节、体育节、艺术节等活动，已经形成传统的开学典礼、毕业典礼、校庆日等校园节庆。将德育因素巧妙地融入其中，要精心设计，认真组织，长期营造，形成特色，使之成为吸引力和感染力强的教育活动阵地。

2. 社团阵地

即校园中由师生按照个人兴趣爱好，自愿组织和参加的政治性、学术性、科技性、文体性等各种社团。社团活动的开展给大学生的业余生活和大学校园增添了亮丽的色彩，大学生社团的建设在创建校园精神文明、繁荣校园文化、拓展学生综合素质及实践能力等方面，起到的作用越来越突出，加强社团建设正成为拓展高校德育空间的重要手段，也是立体化德育的重要组成部分。高校应当加强对校园内各种社团的扶持和管理，引导和帮助他们把握社团发展的方向，健全社团规章制度，活跃社团生活，提高社团活动质量，扩大社团影响，在有利于个人、学校和社会三方面健康发展的轨道上前进。社团自身也要不断强化育人功能，使学生社团真正成为学生的精神乐园，成为校园文化的亮点，成为立体化德育教育的重要阵地。

3. 舆论阵地

主要是指学校的校报、校刊、校内广播电视、学校的出版物，以及校园网等。高校开展德育教育，要树立立体化德育理念，坚持正确的舆论导向，采用多种方式发挥舆论阵地在德育教育中的积极作用。高校除了要加强对各种传统媒体的建设和管理外，还要特别重视和加强对校园网等新型媒体的建设，主动占领网络德育新阵地，使网络成为弘扬主旋律、帮助大学生积极向上健康成长的新手段。高校可以针对网络特点，建设一些融思想性、知识性、趣味性和服务性于一体的主体教育网站和网页，建立网上德育工作队伍和网络德育教育工作体系，积极主动地开展生动活泼的网络德育教育活动，形成网上德育教育的合力。

（二）充分发挥大学生在建设校园文化中的作用

在校园文化活动中，大学生无疑是主角，融入立体化德育的校园文化建设，需要牢牢依靠学生群体。要调动他们的积极性，发挥他们的聪明才智，使他们的主体性作用得到最大限度的发挥。也只有在校园文化活动中发挥学生的主体性作用，学生的思想、品德、知识、技能、心理品质等，才能在校园文化活动中得到提高。

1. 充分调动学生的积极性

大学生是校园文化建设的主力军，他们不仅有较强的表现欲和交际需求，这使他们能积极主动地投入校园文化活动之中，而且，他们大多都具有较高的政治觉悟、敏锐的鉴别观察力和开拓进取、敢于冒险的精神，这可以使得校园文化更好地发展。首先，高校要给大学生提供一个民主自由的环境，让大学生可以尽情地发挥自己的才能，不受太多约束。其次，可以采取一些激励措施。例如，通过征文比赛，鼓励学生创作新的文艺作品，用年轻并且独特的视角阐述校园文化；将大学生参与校园活动所取得的成绩，计入大学生的综合测评等形式，让大学生更为积极地参与校园文化活动。最后，提供一定的经费投入和制度保障，让学生真正参与进来，从单纯的接受者变成主动的创造者，在参与中加强对德育的认同，加深学生对德育的理解。

2. 努力激发他们的创造性

校园文化要想获得发展，从根本上离不开创新，离不开激发他们的创造性。这种创造性也是发挥他们在校园文化建设中的主动性的必然要求。而在这个创造过程中，他们能挖掘出适合他们的校园文化中的德育因素，用他们喜欢接受的方式来创造，能更好地取得校园文化建设的效果和提高学术的德育素质水平。

3. 提倡尊重他们的个性

校园文化以其独特的文化创造为标志，也在不断显示个性。个性是一种创造活力，是一种对自身价值的追求。作为校园文化主体的大学生，既是文化影响的对象，又是文化建设的主人，校园文化个性的塑造，还得依靠他们的个性来实现。

所以，高校在校园文化建设中应该高度尊重他们个性的主动性发挥，乃至在推动立体化德育融入校园文化发展中的作用，激发他们的责任感，让他们在品味自己劳动成果、体验自己成功喜悦的同时，获得德育教育，在个性完善中提升德育素质并促进校园文化的发展。

总之，立体化德育融入校园文化，可以把德育教育的内容渗透到各种生动活泼、形式多样的校园文化活动当中，能使青年大学生在快乐中接受教育，在教育中体会快乐。这样的教育效果往往比传统平面德育教育的方式要好。同时，立体化德育融入校园文化，会形成一种无形的感染力量，影响大学生的思想观念、陶冶大学生的情操，使大学生在潜移默化中获得教育，弥补传统德育教育的不足。

三、深入开展社会实践

立体化德育是一种追求真情实感的德育。让学生投身社会实践，是立体化德育最直接最有效的途径。社会是一个立体的社会，现实的社会。让学生投身社会实践，在社会实践中了解国情、体察民意、拓展知识、增长才干、磨炼意志、品味人生、培养工农感情，感受为社会做贡献的快乐，本身具有很强的德育功能。德育本质上是一种实践活动，大学生的社会实践已成为高校人才培养和德育实施的重要途径。通过社会实践这一条重要途径，大学生才能深刻理解和内化德育教育内容，才能真正树立正确的人生观、价值观和世界观。我们应该深刻认识到，立体化德育体系融入大学生社会实践的重要意义，并使之在德育教育的总格局中，获得应有的重视。因此，根据大学生社会实践的特点和要求，把立体化德育有机地融入和贯穿其中，积极探索和不断完善德育立体化融入大学生社会实践的途径，能使大学生在社会实践中更好地理解德育和接受德育，在实际参与和体验中，提升大学生的德育素质。

（一）大学生社会实践的特点

1. 形式多样化

大学生德育实践的形式灵活多样，而且得以不断地拓展和创新，越来越丰富。大学生德育实践的类型可以分为很多种。而即使是某一种类型的社会实践也有许多具体的活动形式。比如，社团活动、社会调查和实践、参观思想教育基地、大学生志愿服务、暑假三下乡、政策宣讲、支教、支农等形式。

2. 场景开放性

大学生德育实践的场景是开放的，不局限于校内，可以走出校园；不局限于社区，还可以深入企业、机关。德育实践场景的开放有利于大学生融入社会，也因此而深深吸引大学生参与其中，这一特点使德育实践深受大学生的欢迎。

3. 主体参与广泛性

德育实践的参与主体是十分广泛的，不论年级、所学专业和性别，可以是全体学生；而且不同年级、不同班级、不同院校的大学生，可以联手共同开展一些大型实践活动。德育实践以其参与主体的广泛性，使不同院校和不同年级的大学生共同交流、相互促进，也使实践活动能够轰轰烈烈，产生广泛的影响。

4. 体验深刻性

大学生德育实践给大学生带来的体验是深刻的。大学生在第一课堂所学的知识，还停留在一般的理论认知程度，没有深刻的切身体验。大学生德育实践以实际体验为主的活动模式，使大学生在实践的过程中，能够产生深刻的感受，从而有利于形成感性认识，加深对课堂德育教育的理解。

5. 易于接受性

大学生德育实践，不仅形式多样、场景开放，而且大多是大学生自己设计、组织和实施的活动项目，大学生在其中有很高的自主性。因此，德育实践对大学生有较强的吸引力，也因为在实践中的学习是自主学习和启发式学习，因而更容易使大学生理解德育教育，大大提高德育的认知水平。

（二）努力拓展社会实践的新实践形式

大学生德育实践活动在各高校都开展了很长时间，在实践过程中也总结出了许多好的活动形式和内容。比如，大学生社团型的社会实践，义务支教、党的理论宣传，社会热点调查等。这些活动充分发挥了大学生的积极性、主动性，容易使活动落实到实处，收到很好的效果。同时，要积极拓展新的德育实践形式，丰富实践活动，推动德育发展。可以结合当前社会发展需要和大学生成长需求，赋予德育活动新时代的特色，给德育实践注入新的活力。

（三）积极扩大社会实践活动的参与面

坚持理论学习、创新思维与社会实践相统一，坚持向实践学习、向人民群众学习，是大学生成长成才的必由之路。这充分强调了实践育人的重要性。当前，高校实践育人虽然进一步得到重视，内容也在不断丰富，形式也在不断拓展，取得了很大成绩，但是实践育人仍然是高校人才培养比较薄弱的环节。要积极扩大社会实践活动的参与面，打破传统集中于本科生、研究生单一参与层面的社会实践，积极鼓励党团干部、辅导员和两课教师参与指导，提高德育教育的有效性。本科生是社会实践的主体，在班级、专业与年级之间，确立好实践活动课题。在确定参与人员，做到专业间相互弥补，打破实践活动集中于一个专业或一个年级的传统实践模式。研究生与本科生共同参与社会实践活动时，本科生可以从研究生那里获得人生经验和知识技能的帮助，研究生也可以在指导本科生实践的过程中，使自身能力得到进一步加强。党团干部、辅导员、两课教师的参与，可以将大学生德育教育更好地融入社会实践过程中，打破传统的德育教育只有在校园内完成的观念，走出校门，在社会实践这一相对宽松和谐的环境中进行思想教育，与课堂教育相比起着事半功倍的效果。

（四）重视实践活动基地建设

实践育人基地是开展实践育人工作的重要载体，建立大学生德育实践基地，使大学生的德育实践活动变得基地化、规范化，这是进一步深化高校德育实践活动的内在要求。大学生实践基地是开展好大学生实践活动的基础和有力保障，要给予足够的重视。高校应该将现有的一批实践活动基地拓展为德育教育基地，最大限度地发挥实践活动基地的实践教育和德育两大功能。同时，高校要提供必要的经费和制定相应的政策做保障，建立、健全长效的激励机制，加大对实践基地建设的投入力度，同时也要避免建设的随意性，避免重建设、轻培育的现象，更好地为德育教育服务。

将立体化德育融入大学生社会实践的过程，是以一个新的视角来审视高校大学生社会实践。把立体化德育体系融入大学生社会实践，在社会实践中提高德育教育的有效性与针对性，使立体化德育融入大学生实践落实到实处。

四、充分运用现代传媒

网络、手机、电视（IPTV）等新兴媒体，已经成为当今时代最有影响力的传媒，高校德育要面对网络时代的现实，积极利用好这些新兴媒体为高校德育教育服务，给高校德育注入新的活力，使德育教育取得更好的效果。新兴媒体在高校德育教育中的运用契合了立体化德育的特征，与凭借简单的语言、文字而出现的单一、抽象、枯燥的平面教育方式相比，新兴媒体所提供的声、像、图、文等综合性信息，让学生在有声有色、图文并茂的，动静结合的情境中感受德育氛围，使得德育教育的过程及其思想内容更加生动、活泼、形象、具体、真切，增加其吸引力和感染力。

（一）开展丰富多彩的校园网络文化活动

丰富多彩的校园网络活动有助于形成良好的校园网络文化环境，活跃校园文化氛围，是实现立体化德育融入网络文化建设持续、健康发展的重要载体。

第一，正确认识校园网络文化活动的主题。校园网络的主体是人，立体化德育的主题依然是人。要突出育人这一主题，就要正确把握校园网络文化活动的主导方向。通过校园网络文化活动，使师生员工在良莠不齐的道德思想天地中，明辨是非，武装头脑，自觉抵制歪理邪说；坚定信念，树立正确的世界观、人生观和价值观；主动适应青年学生喜欢上网、兴趣广泛、审美能力强的特点，积极开展丰富多彩的网上文化、艺术、体育与娱乐活动，满足多层次的精神文化需求。

第二，切实掌握校园网络活动的方式、方法。一定要以学生为本，找到网络活动的切入点，把活动深入到师生中间。还要把握青年学生特别是学生网民这个特殊群体的特征，充分调动他们主动参与校园网络活动的积极性，激发其创作力，使他们成为校园网络文化活动的主体。在这个过程中，教育工作者要加强监管，主动指导校园网络文化活动，不仅可以提高活动的档次，而且可以将育人渗透到活动之中。

（二）坚持网上和网下德育教育相结合

互联网具有及时、互动、灵活、形象等优势。当今微博、QQ、拍客、博客成为大学生的热衷，我们应充分发挥和利用互联网的优势，结合大学生思想动态，针对他们关心的热点、难点问题，在思想政治工作网站上设立一些如论坛、班级交流群、留言本、邮件列表等形式的栏目和常见问题回答栏目，为大学生的思想政治工作服务。互联网为德育教育工作提供了有效的途径，但网络不是万能的，网上教育只是德育工作的一种有效方式。只有将实行网上和网下德育教育有机地结合起来，德育教育工作才能发挥出最大的效应。网下德育工作要发挥传统德育工作的优势，多形式多途径地进行，务求实效。比如，通过课堂教育开展德育教育，开展一系列德育主题活动，营造良好的校园氛围等。

（三）促进学生心理健康发展

高素质人才需要拥有一个良好的心理素质，网络文化中所包含的积极因素，可为学生培养健康的心理素质提供有效的方法。当今社会，来自各方面激烈的竞争及社会和自身的诸多原因，使得大学生承受着巨大的心理压力，有部分学生还在一定程度上存在心理疾病，高校可以通过开设网上咨询热线，给存有心理问题的大学生以及时和正确的指导，使学生在不需要说明自己身份的情况下，尽情地诉说或宣泄，还可在网上接受心理矫治，使其拥有良好的心态。高校还可以利用网络来教育大学生树立心理健康意识，增强心理调适能力，全面提高心理素质，使其坦然面对和正确处理学习、择业、人际交往中所遇到的问题。

另外，可以设计一些健康的网络游戏、有奖答题竞猜、网友讨论等多种自娱自乐、喜闻乐见的网上活动，为青年学生提供适度的自我表现机会。一旦这种精神环境和文化氛围形成，就会既满足大学生身心发展的需要，也将形成蓬勃向上、健康的校园文化氛围。

（四）举办有特色的校园活动

以网络为载体开展的校园文化活动可以集声音、图像于一体，同时，运用学生视觉和听觉，给大学生以立体化的感受。另外，在网上开展各种校园文化活动，可以不受时间、地点等条件的限制，也可以充分发挥学生的创造力、调动学生参与的积极性。这种利用多媒体技术开展的活动可以取得传统媒体难以取得的效果。例如，大学生社会实践成果欣赏，配上音乐和精美的图片，将会提高实践活动的感染力，激发学生的参与德育实践的热情。同时在网上可以开展各种类型的知识竞赛、辩论赛等活动，可以在校园营造追求知识、追求真理、积极向上的文化氛围，在这种氛围的熏陶下使大学生德育素质得到提高。

（五）开展便捷生动的德育教育

手机的普及，使我们建立信息传递移动平台，借助移动互联网开展德育教育具备了必备的硬件条件。移动互联网真正实现了不受时间、地域限制的随时教育，必将形成德育教育工作的巨大优势。

有一位学者曾经下过一个论断：世界上再也没有一种终端和介质，会比手机更具有媒体的兼容性、整合性和贴身性，以及像手机那样便于互动，甚至可以直接呼唤手机的主人，强迫性引起用户的关注和阅读。手机媒体集文本、图画、声音于一体，具有多重的感官刺激功能，将色彩艳丽的图片、悦耳的音响、生动的三维动画视频逼真地展现在大学生"拇指族"面前，极大地激发了他们的想象力，满足了他们对新鲜事物的追求。这些都给移动互联网增添了无穷的魅力，吸引着大学生走进这个世界。利用手机媒体，开展便捷生动的个性化教育。通过手机加强辅导员与学生的沟通，随时了解学生的思想动态，做好实时互动的德育教育和管理工作，将大学生心理健康教育延伸到手机移动互联网，通过短信更加方便地开展心理咨询和辅导，及时进行危机干预，更好地消除大学生的心理障碍。

（六）电视及网络视频是当前推进立体化德育的重要手段

高校对硬件设施投入的加大，有的学校学生公寓每个寝室都配有电视的目标，而且随着电脑价格的下降，电脑在大学生中也越来越普及，逐渐成为大学生的必备学习工具，这些都为高校德育立体化的开展奠定了物质基础。此外，科学技术的发展，信息技术、多媒体技术和影视技术的日趋完善，为高校德育立体化的开展提供了良好的技术基础。充分利用这些条件，利用好电视和网络视频，大力推进德育现代化，提高德育教育的覆盖面和渗透力，也是德育立体化的有效措施。随着3D技术的发展及其电视频道的开通，将会给观看的大学生带来不一样的感受。它将画面立体逼真地呈现在观众的面前，配合动作、声音，不仅给观众带来听觉和视觉的刺激，而且让观众有种身临其境的感觉，增强了立体化的感受，能够取得很好的效果。因此，我们可以制作生动、形象富含德育教育因素的视频和短片，通过信号的转化，转变为3D的信号再通过校园电视频道向大学生播放，让他们接受立体的德育教育，提高德育的实效性。网络视频的应用拉近了教育者和大学生之间的距离，让交流变得更加自由和活跃，即使两者在地理位置上相距甚远，教育者仍可以利用网络视频第一时间掌握学生的现实生活状态和心理特征，从而因势利导，矫正认知上的偏差，引导他们健康成长，让大学生觉得教育者就在身边，体现了立体化德育的全方位性。因此，要发挥好网络视频的作用，推进立体化德育的发展。此外，由于网络视频的上传者特别是大学生拍客的存在，他们乐于随时随地将身边发生的事情上传网络，与大家共享，让不在现场的人也能第一时间近距离知晓现场状况，进入当时发生的情境中，给他们以立体的感受，符合了立体化德育的要求，体现了大学生的主体性，而且激发了大学生参与的积极性。因此，要鼓励大学生并制定相应的激励措施，鼓励他们将拍下的身边感人事例和好人好事的视频上传到网络，让大学生感受到德育现实的存在，让他们在情感上受到震撼，在思想上受到教育，德育素质得到提高。

五、积极发动全员育人

立体化德育强调全方位、多层次、多角度的育人，力求使高校中的每个人都来关心、重视、支持和参与德育教育，发挥德育教育作用，形成整体的教育合力。而全员育人正是这种全方位地育人，从教书育人、管理育人、服务育人再到大学生自我教育的发挥，让每个人都参与其中，凝聚育人的强大力量，形成高校整体育人的氛围，提高德育教育的整体效应，让大学生在这浓厚的育人氛围中接受德育教育，取得良好的育人效果。

（一）充分发挥教书育人的作用

建立教书与育人相结合的机制，将教书与育人贯穿于教育全过程。正如德国教育家赫尔巴特所说："教学如果没有进行道德教育，只是一种没有目的的手段道德教育如果离开教学，就是一种没有手段的目的。"在全员育人中突出教书育人，这就要求教师在不同的教学岗位和教学环节，都明确自己对学生的责任，把德育教育渗透到教学、科研和社会服务各个方面，教师既要教好书，又要育好人，不单是对学生传授知识，也注重对学生理想、品德、情操的教育和培养。

首先，要不断加强师德修养，提高教育者的思想境界。高校立体化德育非常注重教书育人对受教育者德育施加的影响，教师用自己的实际行动和人格魅力教育感染学生，影响着大学生的人格。作为教师，比其他任何职业的人们更需要严格要求自己，必须努力做到"以德育德"、"以才培才"、"以情动情"、"以行导行"，以自己的良好道德为学生树立榜样。

其次，打造好立体化的德育课堂。立体化德育课堂要营造一种立体化、交互式的教学情境，改变德育教学过程中唯教材至上的现状，紧密结合当前大学生关注的热点问题，积极主动去挖掘其中蕴含的德育因素，通过有感情的讲解，去感染和激励学生，潜移默化地在课堂教育中渗透德育，使教学过程不仅仅是传授知识和技能的过程，同时，也是实施德育的过程。积极采取多媒体教学来辅助强化大学生的认知力，通过多媒体教育可以使德育教育的内容情境化，生动直观，充分调动学生的视觉、听觉，有效刺激听觉和视觉器官，强化德育教育效果，增强教育的实效性。同时，注重课堂上的交流和互动，将枯燥的德育课堂转变为丰富、生动的德育课堂，发挥德育教学的吸引力和感召力。

最后，要改进德育教育工作的方式、方法、手段，切实提高德育教育实效。改变传统的灌输式教育，拓展为立体的、互动的教学方法手段，开展平等对话式的交流，让学生积极参与而不再是被动地接受。不断充实德育教育内容，充分利用各种新兴的高科技媒介，给学生创设一个图文并茂、音像合一，视听结合、动静结合的直观情境，强化直观效果，丰富感知材料，让德育教育入心入脑，真正提高德育教育实效。

（二）充分发挥管理育人的作用

高校立体化德育着眼于构建大学生良好的道德品质，而管理则从规范大学生的道德行为入手，通过实施外部约束，促进大学生良好道德品质的形成。高校立体化德育贯穿管理工作的始终，管理工作有赖于德育教育条件的提高和支持，管理的过程有时就是立体化德育贯彻落实和深化的过程，有时立体化德育的方法和手段又以管理的形式表现出来，二者相辅相成，互相促进。

要坚持管理育人，把立体化德育教育与大学生日常学习、生活结合起来，无论是日常的学习生活，还是学校的教学、管理工作，都既要进行德育教育，又要依靠相关的法规校纪来约束管理，要把立体化德育教育工作制度化，使得立体化德育得到制度的规范、保障和支持，有助于建立立体化德育教育的长效机制，更好地开展德育教育工作。建立自律与他律，激励与约束有机结合的管理机制，加强对学生的管理，严格规范大学生的学习、生活和行为，促进他们自觉遵守各项规章制度和社会公德，逐步养成良好的行为习惯。

（三）充分发挥服务育人的作用

高校立体化德育注重德育教育的全过程，是覆盖全校园和全学习阶段的，立体化德育努力做到每个环节都能直接或间接地对大学生进行德育教育。在这过程中，服务育人往往被忽视，但是它却是开展德育教育的一个重要路径。服务育人主要是通过服务过程中贯穿育人内容来完成的，后勤人员作为"不上讲台的教师"，通过为大学生提供各种后勤管理和服务来达到育人的目的，依托于服务间接地进行德育教育，也是"服务育人"的主体。

第五章 高校德育社会化的基础认知

德育实施是道德信息整合、传授的过程，就社会层面而言，社会传媒是社会生活信息的汇集器和发送台，分析、评价社会事件和现象，校正人们的心理与行为，塑造生活观念、引导生活态度，间接地左右人们的价值观，构建起信息化道德环境。传媒技术日新月异，各种媒介形式不断涌现，推动媒体内容、渠道、功能不断融合，催生了"全媒体"时代的到来，使得社会传媒为人们的现实生活提供了越来越多的价值观参照和借鉴，并且深刻地改变着人们的生活方式和思想观念。当代大学生身处立体、融合的社会媒体环境中，特有的学习和生活方式让他们每时每刻都在与各类媒介接触。在日益开放、自由、平等、共享的传媒交流平台中，大学生不仅接受社会舆论的引导，还直接或间接地参与社会信息的生产，传媒作用方式的变化要求我们及时更新理念，对现代社会传媒的德育功能重新加以审视和把握。

第一节 社会传媒与大学生德育

一、社会传媒为高校德育工作提供舆论参考

大众传播时代的到来，结束了知识信息作为上流阶层的特权进而垄断人类精神生活的历史，使之列入大多数人的日常消费。随着社会开放化程度的不断提高，社会传媒在全社会意识形态引导、价值观念传播等思想精神层面的影响和作用与日俱增。媒介作为一种文化的技术逻辑和力量，无情地塑造着大众的文化习性，人们通过媒介接受文化已经成为社会教育的普遍方式。可以说，当代社会传媒不仅是社会信息创造和传播的平台，还是社会思潮及利益诉求的汇聚地，依托媒介发表评论，探讨对事物的看法，解析相应的立场观点，以文化的思维引导和劝诫人们对事物有正确的主流态度，发挥着思想整合、舆论导向、价值引领的重要功能，已经成为开展道德教育的一支重要力量。尤其是基于互联网技

术的新媒体的崛起和发展，深刻改变了信息传播和获取的方式，使得大学生可以全面自主地获取信息，还可以积极创作生产内容，彰显个性化思想意见，改变了他们参与社会生活的路径方式和表达习惯。这种以个人为中心、以关系网络为结构的信息聚合模式生动高效，极大地超越了互联网作为工具和平台的技术意义。

（一）汇聚全面海量的信息，有利于道德价值的判断

社会传媒涉足五湖四海，广接天地各线，无论是报纸、杂志、电视、电台等传统媒体，还是基于互联网的各种网站、博客、微博、微信等自媒体以及各类APP，都汇集了相当容量的社会信息，帮助人们了解外部世界的变化动向，丰富精神世界，探讨与自身利益直接有关的问题以及国内外大事和民生热点，既可以表达利益诉求，也畅通了提供政策建议的渠道。传媒及其运作不仅建构了信息化的道德环境，同时还积累起了丰富、鲜活的德育资源。各类传媒从不同视角聚焦热点话题，对有关事件和人物展开不同立场的观点表达，尽管亮相方式各异，但传媒评价始终围绕社会文化传统、道德标准、核心价值的主线，指示社会发展的方向，提供个体行为范式，并且使大众文化发展达到前所未有的广度和深度。对于初涉社会的大学生而言，不仅可以从整个社会文化生活中感知事物深层次的思想观念和价值内涵，还可以从传媒多方观点中积极寻求符合社会发展主流的正确方向，做出客观、理智的道德判断和行为选择，为参与国家和社会事务管理做好积极准备。

（二）突出重点的辨析劝导，有利于道德认同的强化

社会传媒使受众置身于信息世界里，深度解析、反复强化是其发挥作用的重要特点。一个信息或一个观点经过社会传媒长时间的宣传，就会无声无息地成为人们的潜意识，改变着人们的思维认知，这种渗透性改变是全方位、不可估量的，一旦人们在实际中再次遇到相关问题后，这些潜意识就会发挥作用，支配人们的行为。正如美国政治学家伯纳德·科恩所言："新闻媒体远远不止是信息和观点的传播者。也许在多数时候，它在使人们怎样想（what to think）这点上较难奏效，但在使受众想什么（what to think about）上十分有效。"作为现代社会控制体系的重要组成部分，传媒对一个社会话题的强调，能让人们了解当前媒体最关注的事物及其重要性，筑起浓重的社会舆论氛围。各种媒体平台对社会事件背后精神伦理的反复思辨和推敲，周而复始地重申社会道德意志，潜移默化地深化人们的价值认同，思维敏捷的大学生的生活态度和思想认识也逐渐随之被整合进社会媒体力图引导的意识形态体系之中。

（三）遵循传播的人文关怀，有利于道德思维的统一

社会媒体传播内容具有生活化、真实化的特点，有助于营造一种特殊的文化环境，通过各种语言、符号及其他操作工具讲授、解释、传播、评价文化世界的意义，把各种文化的意义灌输给自我的心理生物机制，引起自我心理生物机制的注意、兴趣、意向，使它储存、类聚、积累、建构起自我的文化心理结构。社会传媒一方面作为信息传输渠道，以普通受众的价值取向、思考方式观察现象，以平等客观的姿态分析问题、报道事件；另一方面作为信息载体，十分关注受众实际，结合他们的生存状况、生活境遇、需求喜好来生产和创新产品。此外，信息技术的发展进一步提升了社会传媒的互动性传送水平，大学生越来越多地参与信息传播过程，将传播嵌入到人的关系中，形成了以人作为节点的不同类型的社会联系。一大批网络媒体富有极强亲和力，站上了人文关怀的高度，与大学生释放自我、自由表达的思维特性相辅相成，特别是一些自媒体平台功能强大，个人门户建立的社区生态链加强了用户之间的联系纽带，使得信息的发布者与接受者们沟通更加紧密，联系也更加稳固，以人为主体的特性以及信息选择的自由带来了价值认同的自主，拓展了人的主体性，赋予了参与者较大的选择权与自主权，为大学生提供了宽广的社会交流空间和展示创新成果的舞台，有效拉近了传播者和他们的心理距离。

（四）构建公开的信息平台，有利于道德行为的监督

道德规范是舆论认可的反映，舆论引导是道德教育的重要路径。社会传媒能够促进舆论形成并通过舆论攻势来监督社会不良现象，开拓了社会成员自我表达的公共领域，激发了他们对权利意识的追求和维护，是人们表达和履行社会责任的重要渠道。社会传媒通过强大的媒体阵容向社会传播相关议题，打破了信息垄断，下放了话语权，通过传播一定的观点、意见来集中大多数人的看法，进而明确道德要求和价值取向，引导并营造相应的舆论氛围，对不道德行为和不正之风进行社会监督和有力矫正，维护公共利益，捍卫社会正义，对个体道德形成思想约束和行为震慑。社会传媒的道德约束和警示功能符合德育实施的基本原则，是大学生社会化进程中不可或缺的社会环境保障。

当然，我们也要看到，社会传媒的日益发展使得信息有效创造、聚合、互动，带来了全社会的"信息爆炸"，组织了强大的社会动员，让德育内容不再枯燥乏味，但良莠不齐的滋养消解"三观"认识的深度，也让大学生德育随之深陷主流弱化、信息分辨的困扰。由于传媒价值观出现的"异化"，追求时尚、讲究个性使得消费主义物质文化取向明显，

有相当一部分信息的消费导向引起了大学生行为方式、价值取向与社会主义核心价值观的冲突。停留在传媒制造的虚幻空间中,不少大学生心理浮躁、神经麻木、理性思维能力下降,低俗化倾向普遍显现。与此同时,社会责任感的缺失也使得"揭短暴丑"成为彰显传媒能耐的"时髦",为吸引眼球,各种体现社会矛盾和冲突的信息纷繁涌现、接连不断,热衷于过多的"负面炒作"和过度的"以小见大",乐此不疲、无中生有、捕风捉影地挖掘信息的娱乐价值、幕后缘由,甚至煞有其事地传播虚假新闻,造成信息"碎片化"传播,正能量无法有效释放,社会信息的价值意义变得混乱模糊,不时撞击社会道德防线,对大学生的道德判断和选择造成了极大的威胁。

面对全媒体时代的挑战,我们要始终把握话语体系的政治性方向和主流价值观的导向,主动抵制功利性信息传播,发展和建设符合国情的社会传媒平台,坚持弘扬主旋律,积极关注社会热点,正确引导社会舆论,理直气壮地占领舆论制高点和道义制高点,促进大学生在完善自身社会角色认知的过程中不断构筑符合社会主义道德规范的理性观念、生活态度和道德底线。

二、网络传媒是信息时代德育的重要引导器

随着市场经济体制改革的深入推进,社会成员的组织化程度大大降低,政党、政府及传统的社会组织的组织动员面临挑战,尤其是"互联网+"时代的到来,一个虚拟社会形态悄然生成并对现实物理社会产生重大影响。两种社会形态相互叠加,搭建了一种新型社会交往平台,形成了一种崭新的社会关系形式,网络空间成为现实社会的重要补充,融入国家安全、政府管理和社会秩序之中,给社会管理不断带来新的挑战。依法治网已经逐渐成为推进社会管理创新、实现依法治国的基础性要求,并在社会舆论中形成强大共识。分析近年来社会传媒的发展和演变历程,网络社会的存在及其运行特点与大学生学习生活的需求存在着某种必然联系,大学生对网络技术的接受更为广泛、应用更为全面,网络对大学生的道德认知和行为选择产生的影响也更为直接和深入。

(一) 全面认识大学生网络社会的基本现状

2016年1月22日,中国互联网络信息中心(China Internet Network Information Center,CNNIC)在京发布的第37次《中国互联网络发展状况统计报告》显示,截至2015年12月,我国网民规模达6.88亿,互联网普及率为50.3%。互联网技术的快速发展、计算机及相关电子产品的普及,深刻地改变了当代人们的思维方式、生活方式、社交方式,尤其

是网络以人际关系为经纬,搭建新型社会群体结构,丰富人们的社交生活,更多地满足人们日益增强的精神需要,在一定意义上可以说是改变了现代社会人们的生存方式。人类社会正在进入万物互联的智慧新时代,人与人、人与社会、国与国之间的关系变得前所未有的紧密。正如习近平总书记在首届世界互联网大会的贺信中所言:"互联网真正让世界变成了地球村,让国际社会越来越成为你中有我、我中有你的命运共同体。"

由于联络方式开放、交际成本不高、信息更新快速,在"以人为本"的时代,网络打破门户界限,让用户在互联网上自由冲浪,成为大学生推动社会组织动员、维系社会关系、表达利益诉求、展现自我个性的首选方式。因为网络社交具有去中心化、无权威、无主导和多元化等特点,大学生们随时随地上网,随时随刻可以发声,接触更广的社会范围,建立更多新的互动关系,了解社会动态,关注评价好友,把握潮流趋势,分享信息资源,拓宽人脉关系,形成公共话语空间和网络行动组织,汇聚起强大的公共意见。可见,网络作为新兴媒体,在传播信息、表达观点等方面有着得天独厚的优势。不少大学生群体逐渐成为网络意见的主流,成为推动社会进步、完善重大公共决策、促进社会和谐发展的重要力量。此外,我们也要看到随着"互联网+"概念的深化,越来越多的传统行业与企业加入到互联网领域当中,对大学生参与社会生活、创业就业实践产生多方面的深刻影响,互联网传媒平台必将进一步成为新时期大学生人才培养至关重要的依托。

(二)辩证审视网络传媒对大学生的德育影响

2015年12月16日,以"互联互通、共享共治—构建网络空间命运共同体"为主题的第二届世界互联网大会在浙江乌镇开幕,习近平总书记在开幕式主旨演讲中强调:"以互联网为代表的信息技术日新月异,引领了社会生产新变革,创造了人类生活新空间,拓展了国家治理新领域,极大提高了人类认识世界、改造世界的能力。可以说,世界因互联网而更多彩,生活因互联网而更丰富。"网络技术的发展和网络社会的形成极大地改变了大学生交流互动的方式,大学生通过网络就社会热点事件和全体群体关切表达主张、意见、态度、观点、感受及情绪,微信、微博、QQ等网络社交工具成为他们获取信息、传递思想、阐发意见的主要手段,这种高效、便捷、快速、全面的交往机制很好地打开了他们成长中的心扉,通过充分彰显自我积极参与人际交流和社会议题探讨,形成推动社会发展的积极有生力量,使得信息社会充满朝气和活力。这种主动参与式的交往氛围有利于培养大学生自由、民主的处事方式,在青春激情中自觉承担起社会发展的责任感和使命感,实现个体价值融入社会价值的统一化构建模式。

与此同时，网络时代，欣欣向荣局面中不乏泥沙交错、众声喧嚣的场景，信息传播碎片化、分众化趋势明显，一些偏激的非理性观点和主张时常会冲击网络舆论生态，并对社会舆论走向形成影响，特别是弥散在网络空间中的金钱观、享乐观、个人主义等消极道德观念，容易对社会主流道德观念形成侵蚀，形成所谓的"信息污染综合征"。从德育实施的视角来看，网络社会的发展带来了以往传统德育尚不明显的缺失，值得社会各界深入研究。

首先，沟通交往异化，影响人格完善。在自由、自主、自我的网络环境里，"冰冷的文字代替了眼神的交汇，键盘的敲击声淹没了情感的流露"，大学生脱离真实生活情景和自然体验，通过状态述说形式、好友留言方式进行交流，虚拟世界中的游戏规则、网络世界中的特有语言时常会导致意欲表达失灵，使基本的语言沟通出现问题，引发他们社会化的各种障碍。长期网络交流，大学生会忽略人与人之间最真实的交流，加上行为惰性不断加剧，过度依赖网络更容易增加彼此间的心理距离，最终使得人际关系越来越淡漠，网络自闭症萌发，形成"数字化"人格障碍。其次，网络信息虚拟，缺乏自律监督。网络组织的发展构建了虚拟世界，推动大学生隐藏自己的真实身份，以全新的角色参与社交，这种新的沟通互动方式，冲击了传统社会人际关系的基础，淡化了大学生对社会正式组织的认同。他们的真实身份被数字化、电子化、虚拟化，以匿名隐蔽的身份在网上自由"发声"，摆脱现实社会的规范，更注重精神需求和情绪表达，在一定程度上为放纵思想和行为创设了条件。再次，网络信息庞杂，误导价值取向。由于网络信息良莠不齐，网络夹带多元价值观的冲击和影响，大量个性化、非责任化信息得以自由传播，大学生接触不良信息的概率也在不断增大，容易引发道德观念层面的认知迷茫和行为偏失，加上网上道德约束力减弱导致大学生出现道德失范现象，甚至出现网络犯罪。

（三）大力加强网络社会的大学生德育工作

2015年，习近平总书记在第二届世界互联网大会上提出了构建全球互联网治理体系的主张，就共同构建网络空间命运共同体阐述了"中国方案"，提出的坚持尊重网络主权、维护和平安全、促进开放合作、构建良好秩序等四项原则受到了国际社会的广泛认同。当下社会，民主、自由、平等已经成为一种普适价值，互联网为普通民众尤其是大学生群体提供了更多表达机会和平台，与此同时，我国正处于社会发展转型期，理想信仰、道德标准、法律法规、市场利益在构建中逐步协调，尚未达成充分的有机统一。高校意识形态工作要注重树立互联网"主权"意识，从国家政治安全、经济安全、国防安全、文化安全和社会安全的高度统筹互联网应用中的德育功能。

网络"虚拟社会"的管理创新是我国社会建设的重要内容,离不开全社会齐抓共管,综合治理。面对大学生社会化进程中网络环境的全面冲击和影响,我们要从国家战略高度充分认识加强虚拟社会管理的重要意义,大力加强网络道德建设,规范信息传播和组织方式,构建网络道德规范体系,传播文明用网的法律知识,强化大学生的网络道德意识及责任感,引导他们自觉规范自身网络舆论行为,成为清朗网络空间的建设者和捍卫者。2015年7月1日公布的《中华人民共和国国家安全法》明确要"加强网络管理,防范、制止和依法惩治网络攻击、网络入侵、网络窃密、散布违法有害信息等网络违法犯罪行为,维护国家网络空间主权、安全和发展利益",让"网络主权"进入了社会法眼。作为互联网的最基础功能,网络平台信息量大,交流便捷,但也最易推送不良思想,引发网上群体事件。在构建社交网络道德体系过程中,社交网络的行业监管应成为重中之重,亟需通过法律手段、行政手段、经济手段、技术手段、教育手段多管齐下,建构政府主导、多方参与的互联网综合治理模式。

"90后"大学生作为"网络原住民",沉浸于互联网带来的全球文化和消费之中,数字化生活空间成为他们成长和发展的重要环境。大学生依法上网和用网的意识仍较为淡薄,社会网络法治宣传教育任重道远。德育视野下的网络环境建设,要遵循"管理与引导结合"的基本思路,全面完善社会网络行为法规体系,健全网络参与实名制,过滤不良网络信息,规范社交网络互联网产品应用标准,建立网络行为监督机制和网络违法追究机制,挤压非理性情感的传播空间,及时对网络失德行为加以纠偏。

与此同时,网民自律是营造良好社交网络环境、确保信息化健康推进的重要保证。我们要坚持推进"参与与服务"的工作法则,建立健全各类网上综合服务平台,推动服务向全方位、一站式、个性化方向转变,充分发挥大学生知识结构、思维方式、技术创新等方面的优势,引导他们参与各类网络平台和载体的建设与管理,不断提高网络道德判断能力,增强维护网络安全和文明的道德责任和道德自觉,让文明的网络道德规范成为他们的心理和思维定式。在这一过程中,网络舆论领袖的引导和培育十分重要。大学生普遍高度信任网络意见领袖的思想和观点。作为大学生网民中具有优势"话语权"的群体,他们思维敏锐,号召力强,个性化的网络语言和技术应用水平在网络空间拥有独特个人魅力,他们主动进入网络舆论阵地,发出权威声音,对于有关主管部门掌握话语权,维护社会主流意识,进而巩固主流意识形态的主体地位作用积极。大学生网民道德教育不仅可以培养大批网络社会道德建设的主力军,而且更重要的是积蓄起强大的社会网络监管力量,让网络空间成为一个意识清朗、信息通达、"良风"习习的人才成长摇篮。

三、整合提升社会传媒的综合性德育渗透力

现代社会，社会传媒已经成为广大社会成员获取学习、工作和生活信息及资源的重要途径，特别是"以数字技术为基础、以网络为载体进行信息传播"（联合国教科文组织对新媒体的定义描述）的新媒体的发展，通过网络社交功能全方位拓展了大学生社会交往的空间，加之传媒技术注重大学生的接受心理，满足人际交流与互动的发展需求，丰富了大学生之间、大学生与社会其他群体之间沟通的途径，使得现代德育时空高倍率扩展。国内外实践表明，世界许多国家都非常注重利用社会传媒加强德育工作。联邦政治养成中心在德国青年教育中占有重要地位，由其开设的国际互联网平台，定期邀请政府官员、专家学者与来访者开展重大社会、经济、政治问题的深度解读和互动讨论，从中宣扬资本主义的道德观、价值观及宗教信条和原则，高校学生是这一平台的积极参与者。许多国家的社会传媒常常利用各种方式将政府工作方案、施政方针以及某些社会关注较高的事件处理情况公布于众，通过系列评论、舆论调查和民意测验，构成一种政治压力，促成事件向着公众普遍接受的方向发展，传媒的社会舆论引导对于促进大学生道德社会化过程起到了重要促进作用。

习近平总书记在中央深改委第四次会议上明确提出"传统媒体和新兴媒体融合发展"的思路，强调把握网络传播规律，弘扬主旋律，激发正能量。会议通过的《关于推动传统媒体和新兴媒体融合发展的指导意见》提出"要强化互联网思维，坚持传统媒体和新兴媒体优势互补、一体发展"。根据百度百科定义，传统媒体是指"通过某种机械装置定期向社会公众发布信息或提供教育娱乐平台的媒体，主要包括报刊、户外、通信、广播、电视及自媒体以外的网络等传统意义上的媒体"。新媒体是"集传统意义的媒体的基础上运用数字媒体技术开发创意完成的对于信息的传播加工以及新的诠释的一种新的媒体概念"，也称作"第五媒体"。总体上讲，传统的媒体信息传输中传播者与受众往往表现为一种"自上而下""点对面"的传播方式，但随着新媒体的不断发展，特别是近年来新兴的自媒体的出现使得原来处于信息制造边缘的受众快速发展成为信息传播的中坚力量。个人微博、日志、主页、微信朋友圈、论坛、贴吧等自媒体平台让信息传播者和受者处于平等地位，每个人都是信息传播者、新闻发布人，实现了"人人即媒体"的社会信息传播新格局，这种"私人化、平民化、普泛化、自主化"的媒介主体特征，是现代人生存方式与发展方式的重大革命。随着媒体融合概念的深化，"全媒体"概念开始在传媒领域崭露头角，

成为出现频率颇高的一个词。作为媒介形态变革中崭新的传播形态，全媒体"是在具备文字、图形、图像、动画、声音和视频等各种媒体表现手段基础之上进行不同媒介形态（纸媒、电视媒体、广播媒体、网络媒体、手机媒体等）之间的融合，产生质变后形成的一种新的传播形态"，它可以"通过提供多种方式和多种层次的各种传播形态来满足受众的细分需求，使得受众获得更及时、更多角度、更多听觉和视觉满足的媒体体验"。以上相关概念的梳理，有助于我们对社会传媒综合性德育渗透力开发的思考。

社会传媒资源丰富，形式多样，是大学生社会德育的重要渠道和载体，其融合发展为我们探索大学生德育工作新平台提供了思路。从现代社会传媒的作用过程来看，大学生是信息接收的对象，同时在自媒体等新兴传媒中也是信息发布的主体，既被动地被相关媒体所引导，也能主动地驾驭媒体。增强大学生对各种信息的价值理解、评价、选择和创造能力，提升媒介素养，应当成为公民道德教育的重要内容。美国媒介素养研究中心曾对媒介素养下了定义："媒介素养是指在人们面对不同媒体的各种信息时，所表现出的信息选择能力、质疑能力、理解能力、评估能力、创造和生产能力以及思辨反应能力。"从概念上看，媒介素养既指个体"正确地、建设性地享用大众传播资源的能力"，也体现在个体"能够充分利用媒介资源完善自我，参与社会进步"。为此，我们要着眼于大学生媒体素养的培养，积极发掘和提升社会传媒的综合性德育渗透效力。

首先，牢固树立传媒公共责任意识，强化德育工作目标。社会传媒依托各类媒介实现信息的流动，多形式、多方位地影响人们的思想意识、行为习惯、价值取向，在开放的现代社会承担起更多的传播信息知识、引导社会舆论、服务人民大众的公共任务，任重而道远。尽管不同媒体有各自独立创设的发展定位，通过个性化服务来赢得市场和受众，但作为推动社会发展、实现文明交流的平台和载体，社会在包容"与众不同"的同时也要求其必须遵循"万物归宗"的大局原则。我国社会传媒要弘扬正气，响亮传播主流声音和思想观点，引导人们多看本质、多看主流、多看光明面，积极维护社会稳定大局，尤其要注重鞭挞丑恶，及时发声、准确发声、权威发声，主动抵制以"庸俗、低俗、媚俗"迎合受众的功利主义商业化行为，用媒体道德和媒体良心筑起守责防线。大学生在学习、生活和工作中与社会媒体积极互动，一方面接受传媒信息来丰富自身知识结构，另一方面更重要的是自觉地认识传媒的社会责任，唤醒自我公民意识，培育有利于促进社会和谐发展的公共精神与规则观念。

其次，严格坚守信息传播规则意识，确保德育工作方向。社会传媒是"时代的瞭望者""舆论的引导者""社会秩序的规范者"，作为意识形态领域能动作为的标杆，不仅要有崇高的"职业精神"和"职业道德",还必须坚守严肃的信息传播法则。当前,社会传媒要在"三贴近"原则的基础上,主动分析意识形态领域新形势、新动向,果断地识别和抵制错误思想侵蚀,坚决杜绝"失实"信息蔓延,不给谣言和错误言论留空间,不断提振公信力,探索建立公正独立并具有执行能力的媒体自律机构。媒体自律、信息客观、依法治理的社会传媒氛围,有利于引导当代大学生不断增强政治意识、大局意识、责任意识、阵地意识、法治意识,积极地为维护清朗传媒空间尽责出力,这也是在为推进社会治理能力现代化持续积蓄能量。

再次,积极发挥思想引导主体意识,完善德育工作方式。信息化社会,技术革新使得信息传播和接受实现了双向互动运作模式,这是社会传媒发展的重要里程碑,也来了提升传媒教育引导功能的新机遇。受传者的行为在很大程度上要用个人的需求和兴趣来加以解释。社会传媒要全面关注受众主体的生存状况和历史境遇,在充分认识事物规律、传播事件的基础上,力求表达受众主体的心声,讲明事件背后深层次的影响意义。文明和谐的现代社会,社会传媒的"人文关怀"将成为其生命力之所在。传媒在信息交流中推动传播者与受众在心灵深处进行平等"对话",互相尊重、平等沟通,恰到好处地为思维敏捷的大学生提供了自由的思想表达空间,在一定程度上满足了其主体性参与信息传播的需求和期盼,获得了社会化进程中应有的人格尊严,这是激发人性潜能、赋予"生命"意义的重要经历。

最后,不断增强媒体融合发展意识,创新德育工作平台。互联网技术的发展使新媒体形态推陈出新、日新月异,需要我们树立开放、平等、共享、技术引领的思维方式,通过推动媒体融合发展来提升社会道德引导工作成效。德育视域下,媒体融合发展是一种教育思想和教育方法的探索,要坚持优势互补、取长补短,加强优化资源配置,最大限度实现信息、技术、平台及人才力量的共享融通,力争教育影响效果最大化。传统媒体要在发挥公信力和权威性的基础上积极拓宽视角,扩大自身舆论引导的影响力,新媒体要依托各级网络终端及时开展大数据背景下的信息传播与互动。传统媒体与新媒体的融合发展不仅要进行信息内容的精准对接,开发系统的宣传阵地和文化产品,重点更要关注媒体舆论引导本职的履行,着眼凝聚社会力量、化解社会危机,这客观上也在社会环境层面为积极参与社会活动的大学生架设起了一道无形的思想引导合力。

2016年2月19日,中央召开党的新闻舆论工作座谈会,习近平总书记从党和国家全局的高度,深刻阐述了做好新闻舆论工作的重要意义和必须坚持的正确政治方向、基本工作遵循、队伍建设要求,提出新闻舆论工作"高举旗帜、引领导向,围绕中心、服务大局、团结人民、鼓舞士气、成风化人、凝心聚力、澄清谬误、明辨是非，连接中外、沟通世界"的职责和使命，对社会媒体如何树立积极的价值立场，尊重新闻传播规律，创新方法手段，切实提高舆论宣传的引导力、影响力、公信力提出了新的更高要求，也应成为社会传媒参与大学生思想道德引导的根本工作指针。

"互联网+"时代为信息传播带来了更加开放的空间和更加自由的渠道。社会传媒运用各种先进的技术，生产、复制、传播反映社会发展进步、有利于个体素质提升的新闻信息和文化产品，通过媒体对大学生开展精神教化与熏陶、思想交往与对话，有利于激发他们的自主育德意识，构建起时空庞大的大学生德育实践"运动场"。面对传媒发展的机遇与挑战，高校德育工作要树立强烈的环境育人意识，通过规范和完善社会媒体的管理和运行，着力加强大学生媒介素养教育，使他们既具备有效利用媒体的能力，也能够正确掌握媒介道德规范，在合理汲取各类媒介提供的海量信息中对当代中国的社会问题进行批判性思考，进而锻炼独立分析与判断能力，获得新环境下个体道德水平的不断提升。

第二节 社会实践与大学生德育

德育作为认知的教育，其目的是指导和影响人的行为实践。道德教育过程和个体道德发展本真上是在社会治理体系中协同推进的。在高度社会化的社会历史形态下，大学生德育是跨越学校和社会的开放式认知教育、德性锤炼过程，社会实践作为"接地气、去戾气、增底气、聚人气"的人生必修课，是德育实践的根本途径。社会实践将课堂教学与社会生活深度融合，引导大学生规划自我、拓展人生，自觉投入专业学习与实践，主动参与服务社会发展和人民生产生活的社会事务，让感性的道德认知成为理性的道德选择，让书本理论体系成为个人成长成才的能力素质，更让有思维局限的学生个体成为放眼社会、富有创造精神的责任公民。德育在社会实践中的推进，不仅是德育方法论的改革，而且是德育促进人的全面发展的价值实现的必然选择。

一、全面审视大学生社会实践的德育内涵

根据百度资料显示，实践概念是马克思主义哲学的基本概念，解析人与自然相统一的现实世界，揭示人的生成与发展的实质。实践观点是马克思主义哲学的首要基本观点，全面贯穿于辩证唯物主义和历史唯物主义的各个环节。马克思主义哲学认为，实践是人类自

觉自我的一切行为，实践只有在自觉的意识下才是人性的、人格的。马克思主义实践观的当代实践思维方式就是对世界、对事物采取实践态度，进行实践思维，是与直观的、先验的思维方式相对立的崭新的思维方式。实践以思想为本，作为思想内部斗争和与外斗争的总和，是对人的物质活动和思想活动的统称。由于实践是社会实体关系、主客体关系、主体关系与价值关系的总和，因而可以说是社会关系的本质和基础。

可见，马克思主义实践观强调，个人与社会是共同构成、相互依赖的，也启示我们在促进人与社会发展的过程中要全面正视人的现存生活和主体实际，把人的存在和发展真正放到社会实践中。国内有学者提出，"人的实践存在本质规定了现代思想政治存在的根本意义就在于不断培养出具有一定的实践意识和实践能力、并能不断超越现实世界和现存自我的真正的历史主体，推动人们利用既有的一切自主地、全面地、持续地改造和发展现存的世界、现存的社会和现存的自我，这也正是现代思想政治教育的本质内涵。"可以说，生存关切催发个体的实践需要，在源头上铺设了道德滋生的土壤。大学生实践能力的培养是从认识到实践、又从实践到认识的不断发展过程。这个辩证运动的过程保持道德思维的开放性、立体性、灵活性，不仅为大学生道德主体的构建创设平台，还为其社会化进程的德性完善提供了强有力保障。

习近平总书记在北京大学同师生代表座谈时，对大学生了提出"勤学、修德、明辨、笃实"的要求和期望，被称为导航青春的"八字真经"，"勤学格物""修德诚意""明辨自持""笃实行久"，倡导大学生努力把学习培养为人生习惯、把德行培养为人生追求、把明择培养为人生智慧、把实干培养为人生气度。他特别强调实践的重要性："道不可坐论，德不能空谈。于实处用力，从知行合一上下工夫，核心价值观才能内化为人们的精神追求，外化为人们的自觉行动。"2015年7月24日，中华全国青年联合会第十二届委员会全体会议、中华全国学生联合会第二十六次代表大会在北京召开，习近平总书记在贺信中提出，"当代中国青年要在感悟时代、紧跟时代中珍惜韶华，自觉按照党和人民的要求锤炼自己、提高自己，做到志存高远、德才并重、情理兼修、勇于开拓，在火热的青春中放飞人生梦想，在拼搏的青春中成就事业华章。"其中的"志存高远、德才并重、情理兼修、勇于开拓"的十六字诀进一步号召广大青年学生要在改革创新的时代浪潮中做走在时代前列的奋进者、勇立潮头的开拓者，让青春在创新创造创业的伟大实践中闪光。

坚持教育与生产劳动和社会实践相结合一直以来是我们党和国家教育方针的重要内容。多年来，高校结合国情、社情组织开展的社会调查、生产劳动、志愿服务、公益活动、科技发明和勤工助学等形式多样的社会实践活动开阔大学生眼界，全面提升他们的专业素养和技能，全方位锤炼优良人格品质，培养他们积极向上的世界观、人生观和价值观，对于开展素质教育、促进大学生全面发展发挥了重要的作用，社会实践成为我国高等教育体系的重要环节之一。特别是20世纪90年代以来，由中宣部、团中央、教育部等部委联合在全国范围内组织开展起来的大学生暑期科技、文化、卫生"三下乡"服务活动以及各种形式的志愿服务活动，培育大学生服务奉献意识，提升大学生社会实践能力，切实使大学生在基层实践中增强社会责任感和时代使命感，成为社会主义核心价值观的传承者、弘扬者、践行者。不少政府部门、社会组织与高校密切合作，以点带面地打造了关爱农民工子女、科普反邪、环保宣传、义务支教等一批内容充实、覆盖全面、对接需求的项目品牌，营造了大学生参与社会实践的浓厚氛围。实践证明，大学生参与社会实践也为服务地方党政中心工作做出了积极贡献。经历了较长一段时间的发展，我国大学生社会实践活动体系已逐渐从无序走向有序，从"感性"走向"理性"，从"单元"走向"多元"。就目前高校实践育人工作的成效来看，教育观念、评价机制的消极影响正在不断地得到校正，并逐渐成为推动深化实践育人改革的动力。但从人才培养过程来看，全社会实践育人工作领导体制和运行机制还没有刚性发力，政府、企业及社会有关组织在工作投入上缺乏比较完善的制度保障，支持和鼓励大学生社会实践的政策尚未明确形成。此外，专业化、技术性的实践指导体系还很不稳定，实践平台整合不够、实习机会不太均衡等问题，都最终造成很多实践活动虎头蛇尾，系统性、持续性不强。

应该看到，随着对人的本质及社会性认识的不断深化，世界各国都十分重视发挥社会实践对道德教育的促进作用，探索和发展了诸多具有本国特色的大学生实践教育工作机制，值得我们学习借鉴。为保证实践锻炼的连续性、实效性和制度化，欧美很多高校和政府积极协调和联盟，全面创造实践活动条件，有些国家还通过专门法案，并拨发专款对实践教育进行支持和推行，高校对大学生参与社团活动和社会服务提出明确的时数要求是这些国家较为普遍的做法。大学生参与的社会实践活动既包括校园管理、环境治理、竞选宣传、生态保护、民族利益维护等具有参与社会管理和政治意义的活动，也有扶贫救困、慈善宣传、扶老助残等公益性服务活动。如哈佛大学50%以上的研究生到孤儿院义务担任教师，为中小学差生补课、访问老年之家和为社区机构义务帮忙。美国前总统克林顿曾在全美推行"城市年"计划，目的就在于让大学生更好地接触社会，培养其合作精神、种族团结和社会意识。他要求大学生为老人组织娱乐活动、修复操场和公园，为无家可归者修补栖身之处，在学校当教师助手。美国的"全社会全程的激励模式"尤其值得我们关注，大学生社会服务的经费及风险不仅有政府的积极保障，也得到了许多社区机构及企业的全力支持。在英国，高校社团活动相当活跃，仅伦敦大学就有近千个开放型的俱乐部、学会或协会供学生相互联络，在实践中发展共同的兴趣和才能，在此基础上，大学生也拥有较多的机会直接参与学校管理，诺丁汉大学的"校园管理士"项目每年都吸引全校近半数以上大学生的踊跃加入。在德国，许多大学在学制上安排了近一年时间的生产劳动实习，既作为重要的教学实践环节，又作为必要的劳动教育方式。正因为这样，德国大学毕业生的实践能力、动手能力、社会适应能力以及敬业精神和吃苦耐劳品质在世界颇具影响。

实践是人的存在方式。人的道德认识、道德情感、道德意志、道德行为等道德特征在"晓之以理、动之以情、导之以行、持之以恒"的德育方法引导下孕育，并不断发展了人的道德信念，这一过程与道德实践环环相扣。道德主体只有在参与中才能进行自我建构，形成相应的道德自我和道德人格。实践是道德的全面承载者。大学生的社会化过程正是他们在突破大学校园的全社会范围中实现政治、道德及职业社会化等目标的过程。社会实践推动他们巩固所学知识、吸收新知识，在了解社会和国情的基础上摆正个人与社会、个人与他人的位置，积极凝练道德认知，铸就炽热的社会责任感，主动进行道德选择，为社会发展做出积极贡献，最终实现有意义的道德参与。同时，从社会实践的组织及指导来看，实践教育中师生之间的协作互动有利于交流共享心得、引导探索精神、促进教学相长，学生之间协作互助则推动大学生共同参与体验、组织合作学习、培养团队精神。实践是德育精神传导的重要载体，大学生社会实践期间感悟并形成的政治意识、责任意识、忧患意识、问题意识、改革意识、服务意识将影响他们一生的成长。教育部 2015 年大学生思想政治状况滚动调查显示，高校学生立志成才意愿强烈，更加注重社会责任感和综合能力的提升。'社会责任感'被学生列为学校最应加强培养的 11 个选项之首。在最希望学校加强培养的环节中，五成以上的学生选择了'学习、科研能力'、'实践能力'、'心理调适能力'、'创新创业能力'、'组织领导能力'、'团队协作能力'、'人际交往能力'。以浙江温州地区为例，众多民营企业在经济大潮中乘风破浪，探索凝练了各自的生存之道和企业精神，成为地方社会道德教育的重要资源。温州大学等高校大学生每年参与奥康鞋业集团等一大批知名企业举办的员工子弟夏令营等社会实践活动，一方面发挥所学专长义务服务企业，同时也在实践中了解企业文化，习得企业精神，更深刻地认识社会，更深入地扎根基层。大学生积极参与实践活动，体验生活、体察社会，不断增强社会责任感，不仅激发了他们作为社会成员的深层参与精神，在实践过程中学习和理解科学的社会发展理论，确立积极的思想认识和道德信念，强化爱祖国、爱社会、爱人民的道德情感立场。与此同时，知行合一的实践体验机制能够帮助大学生全面了解国家和社会对人才的需求，从自我价值实现的视角进一步增强自我教育、自我管理和适应社会的能力,激发专业学习的动力,培养创新探索精神,不断夯实和丰富全面发展、服务社会的根基。

二、积极把握大学生实践教育的发展方向

从人类发展历程来看,人的发展首先是人的实践能力的形成和发展。坚持理论学习、创新思维与社会实践相统一,坚持在实践中学习、向人民群众学习,是大学生成长成才的必由之路。2015年7月,中宣部、教育部联合印发了《普通高校思想政治理论课建设体系创新计划》,该文件把"坚持理论与实际相结合,注重发挥实践环节的育人功能,创新推动学生实践教学和教师实践研修"作为实施创新计划的首要基本原则,同时提出把"努力强化实践教学,建设与课堂教学相互促进的思想政治理论课第二课堂教学体系"作为创新计划的重点建设内容。2015年12月1日,《中国教育报》报道了浙江理工大学与多个地方政府、企事业单位联合开展大学生思想政治理论课教学改革的典型做法和创新成效。该校把实践育人作为思政课教学改革的重要组成部分,与中共永嘉县委等单位共建了"浙南红色文化研究中心"等平台,同时设立大学生社会实践基地和研究生思想政治教育实践基地,充分挖掘地方思想政治教育资源,努力探索集现场教学、专题调研、论坛分享及实践服务为一体的校地合作思政课教学模式,取得了一系列可喜的教学成果,形成了实践育人的系列经验。

大学生的实践能力可以概括为"大学生在科学研究、生产劳动、经营管理、文化生活等各个方面的实际工作中,将理论知识与实际活动相结合的动手、动脑综合能力"。现实社会场景及人们的相互作用是道德现象产生和发展的根源,大学生在社会实践中会遇到各种矛盾和冲突,在社会规则的积极引导和规范下,他们积极进行自我道德判断和道德选择,提升综合发展能力,从而可以实现道德自律。以美国加州为例,各所高校都制度化地组织学生参与社区服务,开放校内工作岗位,并鼓励大学生到企业兼职,储备动态就业信息和资源,从中完善他们的社会知识和公民意识,循序渐进地培养相应的职业素质。其中,不少实践项目是在高校、政府及企业的共同合作和支持下设计并组织完成的,体现了社会实践教育的高度社会化和开放性。与此同时,不少高校还将大学生社会实践工作计划性地分段实施,大学一年级以深入基层、社区开展社会实践、社会服务活动为重点。大二重点结合学生所学的专业,服务社会,增长才干。重点结合专业开展社会实践,通过社会实践巩固专业知识,并将专业知识应用于社会服务中。大三的社会实践结合学生即将就业的情况,主要在人才市场、企事业单位开展大学生就业需求方面的社会调查和实践,了解

掌握社会用人单位对大学毕业生的知识、能力和素质的要求，并在大四阶段对知识与能力存在的不足进行强化学习与锻炼，促进大学生适应用人单位的需求。

传统的学校教育理念局限于对既有文化知识的传递、对准则与规范的理论传授，容易忽略对教育对象理论知识运用能力及现实生存发展能力的训练，也就必然导致教育对象会出现一定程度的学用脱节状况，这为实践育人改革提供了重要思路借鉴。大学生社会实践教育是学校教育的延伸，涉及社会各个领域，需要深入推进学校与社会全面协作的教育模式，在产学结合中丰富培育大学生实践能力的软硬件资源，从政策到措施、从企事业单位到社会组织、从活动到阵地、从项目到体制，健全资源共享、专业指导、精心管理、有效保障、科学评价的系统的工作机制。政府要结合地区发展实际和需求，引导学校、企业和社会各方开展资源的深度整合，通过优化政策支持，搭建纵向衔接、横向贯通的人才培育网络。高校要主动更新理念，深化教育教学改革，完善人才培养方案，推进协同育人机制建设，有计划地打造一系列校外实践教学基地、就业创业基地、志愿服务基地以及学工、学农、学军基地。社会各界尤其是企业、事业单位作为大学生实践能力培育的重要支撑力量，既可以通过为大学生提供实习实践岗位以储备和锻炼专业人才，又需要与高校积极配合，将企事业单位选拔人才的素质标准融入高校专业培养方案，增进专业教学与专业实习实践，实现培育大学生实践能力的校企融合。

现代德育以促进主体德性发展为根本任务，德育范式的构建要着眼主体价值的实现，激发主体能动潜质。创造性是主体发展的最高形式，联合国教科文组织将创业教育看作是学习的"第三本护照"，认为其与学术教育、职业教育具有同等重要的地位。创新精神、创业意识和创新创业能力的培养不再是单纯的实践层面的素养提升，已成为当代人的一种道德品质和行为水准，与个体生命价值的实现休戚相关。教育部在全国九所开展创业教育试点工作的高校开办了 KAB 课程，帮助大学生了解创办和经营企业的基本知识和实践技能，提升创业和就业能力。经过十余年的探索，高校创业教育逐步形成了从课堂教学到创业孵化实践的工作思路，取得了一定成效。创业教育是培养大学生创业意识、创业素质、创业技能的教育活动，能培养具有开拓性的个人，其本质就是引导学生如何适应社会，提高生存能力，其开放性、发展性、主体性特征为个体价值观教育创设了新境界，追求更高层次的道德品质，这不仅是推进当前高等教育综合改革的突破口，还是推动高校毕业生更高质量创业就业的重要举措。2015 年 1 月 4 日，李克强总理成为 2015 年深圳柴火创客空间第一位新会员，之后的 1 月 19 日，他在首届"全国大众创业万众创新活动周"活动中考察中国科学院创客学院项目，盛赞其为创业者提供科技信息资源、创业创新导师，以开放式技术平台孵化创客项目产品的做法，称其为"一所没有围墙没有边界的'大学'"，由此拉开了全国性创新创业热潮的序幕。同年3月，国务院办公厅《关于发展众创空间推进大众创新创业的指导意见》（国办发C2O1539号）（以下简称《意见》）提出，"积极倡导敢为人先、宽容失败的创新文化，树立崇尚创新、创业致富的价值导向，大力培育企业家精神和创客文化。"《意见》部署推进实施大学生创业引领计划，一方面是营造良好创新创业生态环境，加快实施创新驱动发展的战略性举措，同时也引导和激发了大学生的创新意识和创造活力，让他们在社会实践中领悟创新精神对个体发展和社会进步的积极意义。同年5月，国务院办公厅印发《关于深化高等学校创新创业教育改革的实施意见》（国办发C2015J36号）（以下简称《意见》），全面部署深化高校创新创业教育改革工作，将大学生创业情况作为教学改革和育人评价的重要指标，标志着创新创业教育上升为国家战略得以全面推进。《意见》指出，各地区、各高校要落实立德树人根本任务，主动适应经济发展新常态，以推进素质教育为主题，以提高人才培养质量为核心，以完善条件和政策保障为支撑，促进高等教育与科技、经济、社会紧密结合，加快培养规模宏大、富有创新精神、勇于投身实践的创新创业人才队伍。同年6月24日，一场以"创新、实践、分享"为主题的高校创客教育学术研讨会第一时间在创业热土温州召开，国内各路创客大侠和高校专家集聚一堂，共同探讨在高校实施创客教育的路径与方法。创业教育应构建良好的创客环境，营造有利于创客发展的舆论环境、试错环境、纠错环境；营造良好的创客空间，为创客提供必要的实验室、实践基地；建成创客发展的良性机制，推进创客教育与创客经济、大学生就业工作相结合，积极打造创客创意转化机制和平台，为地方经济社会发展服务。我们应当充分认识到，集创新、创造、创业等要素于一体的创客教育，契合大学生身心特点，对于激发创新意识、培养创造才能意义深远。

2015年10月，李克强总理对首届中国"互联网+"大学生创新创业大赛做出重要批示：大学生是实施创新驱动发展战略和推进大众创业、万众创新的生力军，既要认真扎实学习、掌握更多知识，也要投身创新创业、提高实践能力。中国"互联网+"大学生创新创业大赛，紧扣国家发展战略，是促进学生全面发展的重要平台，也是推动产学研用结合的关键纽带。教育部门和广大教育工作者要认真贯彻国家决策部署，积极开展教学改革探索，把创新创业教育融入人才培养，切实增强学生的创业意识、创新精神和创造能力，厚植大众创业、万众创新土壤，为建设创新型国家提供源源不断的人才智力支撑。这是众创战略时代背景下政府对大学生创新创业实践的再鼓舞再要求，有利于更好形成高校创新创业教育改革的强大合力，让支持大学生创新创业在全社会蔚然成风。经济新常态下，高校应落实创新创业教育改革的主体责任，与政府、社会共同为深入持续推进创新创业教育营造良好氛围与生态，结合专业实践的组织，发挥专业实验室、创业实验室、大学科技园、大学生创业园、小微企业创新基地等在创新创业能力实训中的活动载体作用，深入实施和支持各类创新创业训练计划和竞赛项目，完善国家、地方、高校三级创新创业实训教学体系，引导大学生识别创业机会、捕捉创业商机，为他们的创业实践提供持续帮扶、全程指导和一站式服务。

标准排名研究院从创业能力、创新能力、创富能力和创培能力四个方面对全国高校的创新创业指数进行评价，对应地通过"挑战杯"中国大学生创业计划竞赛获奖数、中国专利奖获奖数、培养亿万富豪企业家数和国家级创新创业训练项目数等指标综合排名，遴选了全国创新创业百强高校。百强名单中，前十名分别是清华大学、浙江大学、华南理工大学、上海交通大学、北京大学、华中科技大学、四川大学、西安交通大学、中山大学和复旦大学，这十所大学以理工类大学为主，基本都是中国的一流大学，且均为国家"985"工程院校。从地区分布来看，百强高校分布在全国的23个省份，其中江苏有16所大学，位居榜首，北京有10所，上海有9所，湖北有8所，浙江和广东各有6所，福建和陕西各有5所，数量分布大体与我国经济布局一致。浙江是中国民营经济最发达、民间创业最活跃的省份，为大学生创业教育与实践的开展创造了良好环境，涌现出了一批具有创业教育传统和模式创新的高校。2015年，浙江省教育评估院以第三方身份面向全省102所高校的25万多名2014届大学毕业生和1.5万多家相关用人单位进行了跟踪调查。活跃的民营经济、开放成熟的市场环境、创新创业的思想理念，推动着浙江大学生创新发展意识与个人成长目标的互动和融合。浙江理工大学秉承创办人林启"实业报国"的办学宗旨，弘扬"求知求实，创新创业"的百年办学传统，建立了完善的学涯和职涯课程体系，联动全校多个学院师资建立创业教育教学团队，发挥全国各地校友资源参与创业实践指导，建立了一批校外"两创"基地，多名学生荣登"中国大学生创业富豪榜"，成为百余个"杭派女装"的开创先锋。学校打造的"浙理创客"项目由校友导师联盟发起，旨在为拥有创新创业意向的在校大学生提供创业经验交流和实践锻炼的平台，通过整合校友企业资源，设立"两创"人才培育基地和育人基金，组织资本项目相亲会、"浙理创客"精英选拔赛、成长训练营集训等环节活动，扶持和培育"两创"人才，学校还于2015年12月成立了实体化运作的创业学院。温州大学结合地域优势，依托民营经济的浓厚氛围，率先在全省成立独立建制的创业学院，探索以岗位创业为导向的创业教育新体系，将创业教育理念与内容融入人才培养全过程，培养区域经济社会发展亟需的既懂专业知识又善创业管理的高素质岗位创业型人才，大学生创业园为创业团队实现创业梦想提供了零成本的孵化空间，免费提供创业导师指导、创业理论培训、创业基金扶持、项目资本对接、校外基地接洽、招商融资和工商代办等一系列孵化服务和优惠政策，开创了高校创业教育的"温州模式"。义乌工商职业技术学院改革传统职业教育人才培养方式，探索实战为主、理论为辅的创业型人才培养方案，构建"以创促需，以需促学，以学促创"的良性循环，根据不同学生的个体差异，推行自主创业、团队合作创业、师生合作创业、校企合作创业、多元创业等多形式、多渠道的创业人才培养尝试，以达成"创中学、学中创"的教学目标。2015年7月，该校还成立"互联网+众创指导服务中心"，紧密结合电子商务发展趋势，整合创业校友资源创设创客空间、创客体验吧和创客爱心社区等创客交流平台，组建了农商创业部落，形成创业学生、校内外创业指导老师共同推动的微信营销圈，实现创业学生与指导老师共同成长，让创业创新思维与行动落到实处。

  从另一个角度审视，作为一个拥有13亿多人口、9亿多劳动力的大国，我国每年高校毕业生数量多，就业总量压力大，结构性矛盾凸显，加强以创新为核心的创业实践教育，不仅可以弘扬敢为人先、迎难而上、百折不挠、艰苦奋斗的创业精神，厚植创新文化，使创业创新成为全社会共同的价值追求和行为习惯，也可以不断增强大学生的创业创新意识，激发他们的创新潜能和创业活力，培育独立、坚韧、合作的创业心理品质，实现创新支持创业、创业带动就业的良性互动发展。《意见》要求创业学院建设应坚持育人为本，提高培养质量；坚持问题导向，深化教学改革；坚持协同推进，汇聚各方合力，以培养学生创业意识、创业精神和创业能力为目标，全面系统地开展创新创业教育、创业培训和创业实践，着力培养、培育具有企业家精神与创业能力的创新创业领军人才和优秀创新创业团队。2016年1月，浙江省政府办公厅《关于推进高等学校创新创业教育的实施意见》（浙政办发〔2016〕9号）提出了以创新创业教育为主线的实践教育思路，明确要"以培育学生创新精神、创业意识和创新创业能力为重点，建立科学的创新创业教育课程体系。积极推进创新创业意识和价值教育、能力与素质教育、实习与实训教育、实战与孵化教育，构建全链条式创新创业人才培养体系。不断深化高校、政府、企业之间的合作，努力推进校内外联动的创新创业实践基地建设。积极构建以'项目抚育、政策扶持、创业辅导、苗圃孵化、社会扶植、示范辐射'为核心的创新创业生态圈，形成统一领导、齐抓共管、多方参与、全社会共同关心支持创新创业教育和大学生自主创业的良好环境，开创具有浙江特色的高校创新创业教育新局面"。

  加强大学生创新创业实践的引导不仅是锤炼大学生创新意识和创业精神的需要，还是社会转型升级对大学生素质发展的新要求,应当成为大学生社会实践的重点方向和内容。

三、深刻认识大学生专业实践的德育价值

马克思指出,生产实践活动中,"生产者也改变着,炼出新的品质,通过生产而发展和改造着自身,造成新的力量和新的观念,造成新的交往方式,新的需要和新的语言"。大学生的成长必须沉下心来、扑下身子,脚踩大地,深耕沃土,提炼生活真味。作为大学生社会实践的重要形式之一,专业生产实习与实践推动大学生在充分接触社会及行业的过程中深刻把握国情、清醒认识自我、磨砺精神意志、锤炼专业品格、提高全面素质,有利于进一步培养大学生的专业学习兴趣,开发相关学习创新潜能,坚定职业理想信念,进而树立起为国家和社会服务的崇高道德情感。

(一)大学生专业实践的基本定位

大学阶段的学习是理论知识系统性习得,并在实践中将之理解、运用及创新的过程,这一阶段为大学生职业发展做了基础性铺垫。由于学习内容、学习方式和学习环境的改变,大学生在谋求学业和职业共同发展的过程中,可以零距离接触社会行业精英,感受他们的敬业精神、学术水平、人格修养;自主地用所学专业理论知识解决社会实际问题,训练实际操作能力、专业思维能力、发明创造能力的能力;高效率参与团队协作,培养自身沟通能力、表达能力、协调能力,通过反复锻炼和巩固,使专业道德和职业精神等融入稳定的个人道德行为。专业实践教学可以看作是"专业信念教育的途径、科学精神教育的素材、爱国主义教育的平台、创新意识教育的契机、团结协作训练的过程"。

社会化的专业生产实习和实践不但是深化高校教育教学改革、提高人才培养质量的重要保障,也是大学生训练工作能力、积累工作经验、加速自身社会化进程的重要路径。随着我国高等教育规模化、大众化发展,大学生群体数量快速增长,一方面由于高校和社会教育培养资源的局限无法为他们提供足够的专业实习体验,另一方面社会思想观念的多元化也在一定程度上对大学生生产实践的组织和保障产生冲击。这一状况导致的大学毕业生专业精神缺乏、职业情感淡漠等问题逐渐显现,影响社会行风和就业稳定,亟待我们在教育改革和社会建设中加以重视。

(二)大学生专业实践的德育价值

调整人与社会、人与人的关系是道德作为规范系统的主要功能,德育在道德主体的价

值选择、人格塑造、自我实现中完成，实践是协调其中各种关系的纽带。灵活新颖的学习和锻炼过程可以极大地调动大学生的学习积极性和工作创造性，激发他们忠于专业、坚守职业的责任感和事业心，在促进身心和谐、道德向善的过程中树立正确坚定的人生价值追求。作为专业与职业的扭结，专业实践对大学生求职过程及就业中的职业观念、态度、纪律、作风等职业道德品质和素养有很大影响，其中培养形成的行为稳定性和连续性是职业心理和职业习惯的重要基础。

从宏观上审视，专业实践有利于目标性地激发大学生的社会责任感和使命感。社会责任意识的强弱是人的社会化和人格完善的重要标志。大学生在生产实习中可以培养主动向人民群众虚心学习、自觉与人民群众密切接触的道德情感，可以在实践活动中以一定的责任担当，力所能及地运用自身所学技能接稳地气，切实服务社会发展和人民关切。实践是世情和国情教育的生动课堂，专业使命和社会责任促使大学生培养协作攻关、无私奉献的干事闯劲，将个人价值实现融入国家发展和民族振兴的大局，真正让自身在社会进步的洪流中抵抗挫折、接受历练、成长成才。

从微观上分析，专业实践升华大学生的专业坚守和职业信念。信念是个体对自身行为的真诚信仰，是道德认识、道德情感和道德意志的有机统一。专业教育对大学生进行科学知识的传授、科学思维的训练和科学精神的熏陶，从理论教学层面将大学生带进相关学科领域和专业殿堂。但作为社会发展的重要新生力量，大学生不仅需要有深厚的专业理论基础，而且更需要以刻苦钻研的毅力不断提升自己运用知识解决问题、从事业务工作的实际能力。社会化的专业实习和实践活动有利于大学生对理论知识的转化和拓展，在感性认识中把抽象的理论知识加以理解和转化，形成严谨科学地解决实际问题的方法，进而感受专业技术的内在价值，深化专业认同，这种坚持不懈、执着追求的信念和力量是职业道德选择的重要前提。

（三）大学生职业道德培养的社会化路径

职业道德是一种基于职业认同的道德情感，其培育和提升应以正确的社会认知为指引，特别重视深化职业认识、坚定职业意志、树立职业理想、规范职业行为。在社会实践中培养职业道德是当代大学毕业生实现个人价值的必由之路。

1. 加强高校与地方实践教育协作机制建设

专业实践作为课堂教学的拓展、延伸和补充，尽管教学实施空间、指导力量发生变换，但与高校教学与科研工作仍紧密联系。为增强大学生社会实践教育的针对性，需要积极探索和建立校地、校企协作工作机制，依托高新技术产业开发区、大学科技园等社会空间建立各类专业化的实践基地、实习中心、实训平台，结合高校教育教学计划，建立社会实践校地（企）"双导师"制度，构建功能集约、资源优化、开放充分、内外融通、运行高效的校外实践教学平台体系，完善有的放矢的大学生实习管理和评价体系，形成大学生参与社会生产实践的真实环境，让他们既延续校园学习的内容，又感受在现实中运用专业解决实际问题的流程。这一适应性过程也是大学生社会化的重要环节。

2. 提升社会组织机构的专业实践指导力量

专业实践教学不仅要引导大学生有序进入社会环境，而且更重要的是要通过专业化的指导和专业知识的阐释，增强大学生主体意识，推动他们对专业的认识、理解、应用和创新，这种能力训练和内化的过程需要在大学生与社会指导力量的共同参与中协作完成。各类社会专业组织机构中不乏名师大家，他们实事求是、崇尚真理、学识渊博、业务精湛、谦和友善、情操高尚，是大学生专业学习的良师益友和道德提升的身边楷模。在大学生社会实践的组织中，政府有关部门和社会机构要构建系统的大学生社会实践指导机制，结合"大众创业、万众创新"等时代主题，积极发挥阅历丰富的中老年专家的指导力量，同时培育一大批中青年骨干指导力量，在互帮互助中引导大学生培养敏锐的观察力、准确的判断力、丰富的想象力，树立坚定的专业信念和坚强的职业意志。

3. 开发大学生专业实践长效性特色化项目

从大学生的认知发展状况看，处于社会化进程中的他们对于社会管理和运行的体制机制了解有限，参与社会互动的知行脱节现象比较普遍。良好的职业道德需要大学生在职业活动过程中遵循特定的职业行为准则，积极处理职业内部、职业之间、职业与社会及人与人之间的关系，这种道德具有鲜明的专业性特点和相对的稳定性要求。这也就要求大学生专业实践的组织和安排需要针对他们的社会化水平，结合社会对大学生专业素养和职业道德的整体要求分门别类地设定计划，在行业组织和社会机构的支持下形成一批相对稳定长效的项目，提供人力、财力和物力保障。

（四）大学生专业实践是就业人格的培育基础

个体人格具有鲜明社会性。人们习惯于自觉或不自觉地从社会性视角来审视和评价他人，因而人与社会的终极关系取决于个体人格在社会环境中的被认可程度。大学毕业生的职业素养是个体人格最直接的体现，反映在其就业应聘及职业发展的过程之中。随着社会体制的转型，我国的大学毕业生就业制度经历了统包统分、供需见面、双向选择、自主择业等几个不同的发展阶段。长期以来，由于认识欠缺和组织条件限制，毕业阶段的大学生往往会出现"游离""漂浮"状态，专业实践的精力投入不足，在就业择业、岗位履职时缺乏对就业市场、职业生活的深入了解。由于不能正视自己的能力、素质，无法客观、清醒、全面地评价自我，他们很难独立地规划职业生涯、获取职业信息、筛选职业目标。加上没有专业实践中人际关系处理能力的"实战式"锻炼，不少大学毕业生思想认识模糊，滋生自负或自卑心理，抗挫能力普遍比较低，就业人格发生严重扭曲。实践一再证明，强化毕业实习阶段的专业实践是优化大学毕业生人格、提升个人社会竞争力的关键环节。

大学毕业生是国家宝贵的人才资源，他们职业素养水平对于经济社会发展和社会稳定都具有重要意义。近年来，党中央、国务院高度重视大学毕业生职业素养培训工作，将其摆在大学生就业工作的重要位置，出台了一系列政策和举措。不少地方政府结合本地产业发展需要和毕业生就业见习意愿及需求，扩大就业见习规模，提升就业见习质量，确保凡有见习需求的大学毕业生都能得到见习机会。同时，积极推动离校未就业大学毕业生技能就业专项行动，结合当地产业发展和高校毕业生需求，创新职业培训课程，提高职业培训的针对性和实效性。我们应当看到，专业实践依托较为明确的职业背景、包含必要的技能训练，培养大学生综合运用科学理论、方法和技术解决实际问题的能力，达到了职业性与专业性的统一，是职业素养、就业人格的最佳培育路径。契合职业环境的社会化专业实践创造了大学生认识社会、认识职业生活、适应社会的机会，有利于他们根据自己的实际情况和就业形势，及时调整职业发展意愿，提高业务技能，激发人格完善的意识，树立自尊、自信、自立、自强的精神，在实践中提升职业胜任力。为此，专业实践应当与职业生涯规划教育紧密结合，引导大学生在综合分析自身及外部各种条件的基础上，明确职业发展目标，制定切实可行的专业学习方案，在社会求职活动中发展提高自己，构建和谐人际关系，增强协调沟通能力，促进自我业务提升和思想成熟。

高校德育的主要任务是让大学生学会如何做一个融入社会、自我发展的人，在本质上就是塑造人的独立、自由、理性、健全的道德人格，这就要求德育在"意识形态化"的基础上重视发展个体的道德思维和道德能力。社会实践能充分激发大学生内心的道德情感体验，破除"纸上谈兵时头头是道，解决问题时一筹莫展"的困境，在尊重他们人格的基础上满足相应的道德需求。与此同时，大学生在实践过程中积极思考，汲取多方社会经验，开展道德价值判断，并以自身强大的进取心和意志力，不断适应社会发展规律，获得全面成长和发展，最终达到言行一致的道德境界。更为重要的是，大学生在具体实践活动中培养创新品质，锻炼创业能力，主动参与社会建设，跨出了从学校知识殿堂走向社会实战阵地的关键性一步。从德育的实践性本质特点来看，高校实践育人工作任重道远，需要高校与社会各界同心同协，各尽其责，强化资源配置，科学专业组织，共建多元、开放、有序的实践教育共同体。

第三节 德育社会化与高校德育生态系统

德育活动本质是在现实社会实践基础上社会思想道德个体化和个体品德社会化的融合统一过程，其间需要学校、家庭、社会及相关群体各司其职，运用一定的思想观念、政治观点和道德规范，对大学生开展组合式的引导和影响，使他们形成符合社会核心价值标准的道德品质。可以说，社会环境是大学生德育实施的必要条件，各方参与的全员协作管理机制既可以明确时代进步和社会发展对大学生的道德素质要求，也在整合力量、构筑平台的过程中充分激发了他们为实现更高层次的需求发展自己、完善品格的信心和勇气。高校、社会及家庭的深度互补与互动构建起了大学生德育工作的生态影响系统，推动着个体发展与社会发展在共同价值追求中实现有效融合。德育生态系统的形成和发展根本上是在人与自然、社会和谐基础上对人性价值的高扬。21世纪以来，教育生态化发展趋向不断明晰，高等教育逐步走进生态化时代。可以预见，德育生态化实践是高校德育范式的必然选择，这不仅是教育生态性发展的外在趋势，还是德育本质的内在要求。

一、德育社会化完善高校德育多维工作体系

长期实践中，我们总结德育模式基本会涉及德育理念、德育原则、德育方法、德育载体、德育路径等多重内涵。在信息化、全球化浪潮的冲击下，社会生产方式、生活方式、管理方式、思维方式出现急剧转变，传统单一的学校德育成效逐渐相形见绌。面对大学生思想发展中出现的许多新情况和新问题，推进"立德树人"工程需要我们深化德育模式改革，构建综合化德育体系。在思想文化交错、经济政治格局多变、社会生态系统转型的当下世界，德育环境已经成为一个全景式动态系统。随着人们生活方式的社会化程度不断提高，道德教育不再局限于简单固定的空间，而是扩展到显性与隐性有机融合的社会生存空间之中，接受一体化、全时空的影响和熏陶。开放环境带来的人际交往空间的扩大，要求德育也相应地改变单一封闭的方式方法，形成多维的教育理念和立体的工作载体。大学生德育社会化是高校"借助全社会的资源和力量，构建以学校为主导的社会系统工程，实现

不断完善自身和适应、改造与发展社会的过程",它以人为本地观测大学生的成长发展环境,提升了德育时空的整体性和德育方式的实践性,克服学校环境与社会环境相互割裂、彼此脱离的弊端,转换并超越长期以来以知性和技术化管理为特征的德育范式,真正促进德育实质层面上的回归,使德育拥有深厚的社会基础和强大的生命力。

(一) 夯实以公民责任为核心的价值引导体系

道德行为本质上是一种自主、自觉、自愿、自律的行为,道德教育是培养独立人格的基础。大学生的社会责任将大学生主体需求与社会发展紧密相连,其价值在个人与社会的共同发展中得以实现。因而,德育实践应注重从大处着眼、以小处着手,最终将实现人类共同理想的落脚点放在"社会责任意识"上。立足德育本源的价值寻根意识正成为当今世界德育的重要主题,它在唤起大学生对国家和民族由衷热爱、对社会有所担当的同时使得德育目标水到渠成。社会主义核心价值观作为社会主义意识形态的本质体现,以其价值的整合、导向和认同功能对全体社会成员发挥着积极的引导和凝聚作用,它所倡导的公民社会责任是国家和民族生命力、创造力和凝聚力的重要源泉。我们要以此为主线,不断夯实大学生德育价值体系,通过突显大学生的社会主体地位来促进其道德素质的提升。

从教育心理学激励理论来看,德育主体积极性的激发,不仅要有鲜明的价值观引导,而且更要引入科学有效的社会奖惩机制对之加以强化。社会激励强调的是按照人的思想行为规律,从内在方面调动人的主动性,正好符合大学生成长的心理特征。同时,有效的社会约束则能从法律规定层面实现道德认知、道德情感、道德意志、道德行为的统一和协调发展,保证大学生形成具有社会所需要的思想品德。在个人利益与社会利益高度统一的现今社会,我们要善于把握大学生的道德行为指向,用社会管理规范来不断提高他们的道德觉悟和意识,激发他们的道德追求,保证德育标准的同一,实现学校教育与社会教育的相互呼应。

(二) 健全以社会参与为主体的实践教育体系

从个体道德品质形成的规律来看,德育归根到底是一种实践教育,是培养思想行为的养成教育。实践观点是德育理论首要的、基本的观点。就实践育人过程而言,实践贯穿于德育的始终,推动个体道德内化与道德外化过程的统一实现,最终发展个体的理想人格。大学生德育应注重紧密联系大学生成长和社会发展的实际,把道德规范和原则渗透到其成长及社会变革的具体问题之中,促使学校教育与社会教育有机衔接。作为道德体验的主要途径和载体，社会实践让大学生走出校园、走进社会，不断深化对国情、社情、民情的认知，符合大学生的开放性思维特点，为他们在"脚踏实地"的基础上"仰望星空"创造了条件，使得德育时空既有生动性又有时效性，形成与学校德育的互动互补。大学生通过积极参与社会生活，在调研学习中准确了解社会需求，积极摆正社会位置，进而形成符合当下社会形势及未来发展趋势的价值取向，是大学生实现道德社会化的重要前提和基础。

社会是检验道德知识的场所，实践作为践行道德精神的载体，是德育对象体验社会道德要求和适应社会角色的基本方式。从大学生实践教育的成效来看，社会活动可激发他们深层的社会参与与创造精神，主动以社会公民的责任意识发现和思考国家、社会发展中的存在的现实问题，力所能及地为破解难题、化解矛盾贡献力量，不仅使书本理论及时应用于实践过程，还真正使学校教授的道德要求和道德规范转化为个人的思想认识和道德信念。与此同时，我们也要看到，大学生在参与社会事务的过程中不可避免地要与有关政府部门、企事业单位及各类社会组织和机构发生千丝万缕的关系，它们与时俱进的价值取向、行为准则、组织文化等精神意识必然成为大学生道德社会化的重要引导因素，这在一定意义上也是补上了一堂关于社会规则的常识课。我们要积极推动大学生融入社会主义经济社会大环境，使实践教育呈现蓬勃生机和活力，以其不断丰富的德育内涵引领大学生素质发展的方向。

（三）强化以现实生活为基础的环境渗透体系

渗透教育可以引导人们在体验、分享人类社会物质文明和精神文明成果的过程中获得身心成长和个性发展，构筑起相应的世界观、人生观和价值观。德育的价值理性、实践理性和渗透教育的特质具有内在一致性。舆论媒介、公共设施、社会风气等环境因素所表现出来的价值目标的一致性，把理性的道德精神遍布在自然的教育环境中，把抽象的理论寓于具体解决问题的过程中，隐蔽性与暗示性相结合，间接性与渗透性相结合，体验性与分享性相结合，极易强化教育者对其中目标的认同和接受。伴随着我国高校办学体制的深入改革，我们要在社会教育资源的整合中努力实现社会文化机构、大众传播媒介与自然环境等的相互协调、相互渗透，体现社会文化活动与大学生道德发展的相互关联性和内在同一性，使大学生在开放的现实生活环境里受到社会道德理念的熏陶和感染。

任何个体的道德品质，都是社会中存在的道德关系、道德原则和规范在个体思想和行为上的集中反映。因而，道德品质的形成离不开一定的社会客观基础。实践告诉我们，德育过程是教育对象在教育者的价值引导下自主建构思想品德的过程。社会教育活动只是提供了大学生思想品德发展的条件,作为外因并不会自动地转化为大学生思想品德形成和发展的现实,德性养成必须通过他们的自主建构才能实现。我们要深入把握大学生在自我教育、管理、服务、活动、交往中的德育内化效应,坚持尊重和突出主体,引导他们的发展需求与社会道德要求产生共鸣,在社会生活的感知与感悟中自觉构建起符合时代要求的社会道德观念。

(四)构筑以全员协同为保障的教育力量体系

道德是在历史过程中形成的行为准则和规范,决定着人与社会、劳动和他人的关系。就大学生的成长发展而言,其道德水准是社会成员德性的标杆,既具有群体个性特征,又应当符合普遍性的社会示范标准,这也就决定了大学生德育必然纳入多维教育体系,受到多方力量关注,实现共同的德育目标。这个过程离不开各种教育、管理、服务力量和资源的彼此整合、衔接、互补、协调及配套,最终实现内部与外部、纵向与横向、整体与局部的全方位结合。为此,大学生德育活动要主动变学校封闭式教育为开放式、立体式教育,推进高校与家庭、社会各界的分工合作,探索建立层次分明、相互衔接、有机融合、体系完善的一体化工作机制,形成一个导向鲜明、全员参与、优势互补、共同发力的协同育人格局。

从主客体关系本质来看,全面整合道德教育力量、充分激发道德教育合力是协同德育的核心。作为德育实践的上线,高校应将立德树人的根本任务全面融入教书育人、管理育人、服务育人的实践之中,同时也要积极树立开放办学理念,汲取优秀社会力量和资源参与到学校育人实践过程中,延伸德育理论传授课堂,拓宽社会道德教育渠道,营造一种全社会关注大学生德育工作的协同育人氛围。在学校德育的基础上,包括家庭在内的各类社会组织和机构应结合自身职能,把握社会主流思想观念、核心价值标准和公共道德规范,从强化政治思想教育的视角开展道德标准和价值取向释义,同时也要优化配置和整合利用相关德育资源,在解决思想困惑、满足发展需求中深刻说理,引导大学生在具体的社会道德建设、核心价值践行中获得深切体悟,构建起符合社会要求的思想品德。

德育社会化是以人学思想和社会发展理论为共同基础的教育理念和哲学思想。它强调德育要在实现人的个体价值和社会价值的统一中促进人的全面发展,是一种关注人的发展进程、关心人的发展需要、引导人的成长实践的德育路径,是对德育终极目标的最佳诠释。我国大学生德育改革要主动转变理念,积极汲取国外有益的德育实践经验,构建大学生社会化德育发展向度,让德育过程联动大学生的现实生活,让德育情境契合社会发展实际，修补有失偏颇的德育形态和德育体系，使德育实现价值回归和主体回归。

二、德育社会化保障大学生人生价值的实现

随着社会进步和文明品质提升，人类自我生命意识日益增强，关注发展、关注未来在德育价值中的目标性定位更趋明确。为此，当代德育模式的构建要围绕尊重主体发展需要来启发道德认知意识，依托强化道德情感认同来增强道德选择意愿，通过深化道德实践体验来提升道德行为水平，在服务全面发展中引导个体实现人生价值。实践证明，只有调动主体积极性、激发主体创造性，大学生才能充分迸发潜能和智慧，主动融入社会发展洪流，并为之做出不懈努力和奋斗。高校德育应紧扣大学生价值实现和全面发展需求来创设全方位的工作环境，这不仅是主体性德育的客观要求，也是德育作为人才培养基础性环节的必然选择。比较西方德育，不少国家的思想和品德教育已经走出知性德育的藩篱，积极发展以促进人的素质全面提升、实现最高人生价值为终极目标的行为教育。一些充满政治教化色彩的学校德育或公民课程逐渐隐身，民族精神、品德教育不断融入专业课程之中，以务实的价值导向直接或间接地为辅助和推动大学生成才服务。这些方法和载体不仅指导大学生健康成长、消除他们成长道路上的思想困惑，而且更多地引导他们在复杂的社会竞争中高标准地以社会优秀公民的姿态提升道德修养、塑造健全人格。

转眼国内，大学生德育工作理念随着高等教育改革的深化不断更新，但还较为普遍地存在着"客体化"现象，德育在实践中往往较难摆脱"服从"和"听话"的教化式标准定位，过度强化灌输，"我说你听，我打你通"，比较直接地追求特定价值和道德准则的传递，没有很好地关注大学生的情感体验。从这一现状来看，道德行为判断能力和选择能力的培养并未完全成为大学生德育工作的目标和重心。国内外德育实践告诉我们，德育在形式上虽然是一种目的性很强的"理论"和"学说"，但其目的性的根本实现终究还要依托于教育对象的主动实践。由于大学生对道德规范的遵守只因规定要求，并非自身发展的需要，更多的是外界压力下的被动服从，这种没有审慎思考和自我内化的道德行为必然存在不同程度的道德缺失。为此，德育路径改革要着眼人的生命本真，关注"生命成长、生命完善和生命实现"，推动道德认知与道德实践的充分融合。德育实施依托价值体验过程，需要通过克服内心冲突来形成自觉的道德需要和坚定的道德意志，由此唤醒大学生主体意识。可以说，主体实践作为大学生德育的基本途径与方法已得到社会各界普遍认同。与此同时，让大学生在实践中通过服务他人培养道德意识，参与社会服务提高道德责任感，实现能动和受动的辩证统一，有效深化了个人与他人、个人与社会的核心问题解决思路，这

也是一种以人为本的教育理念，应当成为现代德育过程路径设计的重要依据和起点。

充分、全面的发展是不可阻挡的人类发展总趋势。高校德育的最终理念是充分开发人的潜能，张扬人的特性，发展人的个性，积蓄人格力量，塑造人的现代特性充分均衡发展的"完全人格"，最大限度地服务于大学生成长的需要。有学者提出，没有个性发展的全面发展不是全面发展，没有全面发展的个性发展是畸形发展。"人的存在和全面发展"作为德育的理论基础，不仅表明了德育的理论目的、逻辑前提和出发点，也提供了德育评估的框架设计依据及方法依据。我们欣喜地发现，伴随社会进步的新的道德观念和规范的凝练出现，不断地顺应了解放个体思想的需要，有效更新和发展了传统观念，破除了不符合时代精神的陈规陋俗，激发着人们在变革中进取、在探索中创新，确立起与时俱进的道德行为准则。可以说，当代德育理论与实践的研究越来越系统化、规模化和科学化。新型德育范式应以生命为思维原点，探寻人类的共同价值、永恒的道德品质，形成关爱生命的德育范畴、思维方式和逻辑体系，更为重要的是，德育范式的构建应遵循当代社会形成的一系列新原则和新准则，从生命维度对德育目标、过程及方法进行重新审视和更新，形成尊重人的存在、实现人的建设和发展、塑造完美的人格的终极要求。当下德育范式的推陈出新是德育主体性在社会变革过程中不断凸显的生动写照，昭示了人的全面发展作为德育的永恒主题必须在社会大环境中得以实现，并将对社会发展起到积极推动作用。

人是社会生活中的人，个体道德教育最终指向社会。德育内容只有在社会实践中得到检验和发展，与人的思想认识相互连通，才能在本质上真正发挥引导价值取向的牵制性作用。"共同体"概念近年来广泛地应用在社会管理相关领域，现代性语境下的共同体概念突出强调发展的共同利益诉求、价值追求及路径归属。当代大学生德育着眼人的全面发展，强调大学生的自我功能和自我实现，使他们在真正了解自己的基础上获得身心充分成长和完善，解决社会生活中遇到的各类问题，"共同体"视域为破解其中的相关问题提供了基本思路。社会与人是不可分割的价值共同体，人的成长和发展有着深刻的历史根源和现实依据，任何社会与人都应该有整体性的价值理性共识，人的全面发展应该在社会的价值构建和科学发展中实现。随着人的进一步发展，人和人、人和自然、人和自我都会走向本质统一的一体关系，人们最终毕竟要跳出狭隘自我的局限，自觉定位于类生命本质，进入"大我"的无限广阔天地，因为只有这样才能使生命达到永恒、完全地实现自我。大学生德育要站在一个深远的人学视野下，关注中华文明历史的轨迹，透析"中国梦"战略的目标任务，用生活化、朴实化的情感关照不断激发他们热爱祖国、投身社会主义建设的意识和认识世界、关注人类命运的愿望，有力引导他们树立崇高的道德理想和发展目标，在个体价值实现中得到全面发展，并以此不断提升全社会的道德水平。大学生德育与社会生活的充分融合对于我国"社会共同体"建设具有举足轻重的现实意义，是社会主义核心价值观培育的重要基础。我们可以看到，以"生态共同体"为目标的科学发展理念正逐步在生态文明建设的相关领域得以确认和探索。

生态文明理念在我国德育改革中的影响不断深入，推动德育突破"人际德育"的狭隘视域，积极关注人与包括自然、社会在内的整个生态系统的互动发展。这一过程，要求德育活动全面审视人与自然、社会的关系，以前瞻性视界关注人类长远的永续发展问题，把建立生态伦理规范，树立生态道德观念，积极处理现代社会发展中的生态保护问题作为道德教育的重要基础与核心内容。从概念上来看，社会与自然虽各有范畴，但又彼此紧密联系着，一刻也不能脱离对方而存在。生态道德作为一种新型道德，既反映着人与自然的伦理关系，也反映着人与人、人与社会的伦理关系，不仅是人类道德进化的必然产物，而且是人类社会进一步走向文明的重要标志。近年来，国内外一些研究对生态德育的理论特征、内容架构进行了较为深入和系统的梳理，提出"生态德育是人际德育的含摄与发展"，"不仅关注人际关系，而且追问人与自然关系的道德性"，并且把环境教育、人际关爱教育、宗教反思与批斗教育、生态道德体验教育等社会化教育纳入生态德育的内容架构。一些研究立足德育的终极目标透析生态德育的价值内涵，"生态德育是实现生态文明目标以及中国经济社会可持续发展的客观需求，是中国当代思想道德教育的重要补充，具有重要的经济、社会和人文价值，必将在培养'全面发展的社会主义事业接班人'中发挥出积极的作用"。"生态德育把人与自然的关系纳入道德考量的范围，促使人们从关心自然、爱护自然的道德实践中，觉解和践履关心他人、关心社会的社会道德，自觉承担对自然、对社会的道德责任和履行道德义务，这本身是人类行为获得自由的表现，体现了人类道德进步的新境界，体现了人类自我完善的新发展"。可见，"生态德育"命题的提出，在自然、社会与人类广阔的背景下思考道德问题，站在自然界和人类和谐发展的高度审视人类存在与发展的可能性与合理性，致力于唤醒教育对象的生态意识、生态智慧和生态能力。作为一种新型德育范式，生态德育着眼培养道德主体科学而理性的世界观和辩证思维，使得道德主体在协调人与自然实践关系中能够内生出生态情感、生态意志和生态行为，从而实现自我理性反思和人性复归，以公正公平的道德方式把握和处理人与自然的关系，由此开展的系统性价值教育，紧紧把握了德育实现人的全面、永续发展的主旨，是对传统知性论德育的重要范式转换和内涵提升。我们应当看到，人与自然的关系之所以具有道德意义，是因为这种关系最终反映着人与人、人与社会之间的关系。人、社会、自然的和谐统一，无疑是当代德育的新视角，这为消除矛盾和冲突、提升生命的张力、铸就和谐的心灵提供了新的思考空间。我们要追溯现代生态危机的深层次根源，立足人与自然关系的伦理回归，用生态科学思维理性研究生态德育的动态平衡、整体和谐、可持续发展、开放融合等原则，拓展传统人际德育的价值观内涵，约束人对自然的行为，引导生态道德伦理自觉，使大学生既形成对他人和社会的责任担当，也形成对自然界所有生命形式的世代责任担当。我们更要用人文关怀方法研究德育的人本化、生活化、个性化、内省化、系统化发展趋势，从人类与自然、社会相互依存的关系中找准德育改革的价值坐标，扩展德育实践视野、丰富德育思维内涵、提升德育价值，引导德育回归系统化的生活世界，构建面向自然、人类和未来的完整的现代生态道德体系，推动大学生在全面发展的基础上实现人生价值。

全人类共同价值是人类智慧的结晶，是人类宝贵的精神财富，它反映和代表了最广大人民群众的价值理想、价值愿望和价值追求，成为人类处理人与自然、人与社会、人与人、人与自我等关系的共同价值准则，成为一个国家、一个民族治国理政、管理社会的共同价值原则。毫无疑问，全人类"共同价值"是一个国家和社会核心价值的基础，兼顾个人价值实现和社会和谐、生态文明的价值诉求，昭示德育必然走进以社会发展为重要支点的生态化实践方向，高校德育理应高高举起这面"共同价值"的指导大旗，站在人类价值共识的制高点设定德育根本目标和实践路径。

三、德育社会化推动大学生德育生态化实践

德育是对人们"政治倾向、人生价值、社会理想、职业道德、家庭伦理、人格品质"等多重素质的深度熏陶和教化过程，这种内涵养成教育侧重对精神世界的建设和改造，作为意识形态领域一项系统而复杂的工程，仅靠单一的力量和单纯的方式是无法完成的。传统的高校德育偏重理论教化，德育实践体验感不强，缺乏与现实社会的互动，很大程度上是一种与社会脱节的封闭式教育。这种教育不善于真正从大学生实际需求和未来发展出发设置工作载体，也不能协调各种德育力量来解决大学生面临的现实问题。应当看到，当下社会变革日新月异，各种社会要素重新组合，大学生学习、生活空间扩大，社会化进程加速，面对多种思想文化相互交流和多元多彩的现代世界，价值观多样性趋势明显，大学生敢于求真、思维活跃，道德意识引导需要遵循相应法则和规律。大学生德育应该突破课堂和学校的时空限制，积极借助信息化社会的人力和物力资源，构建一个促进个体全面发展的开放工作系统。

德育工作队伍是影响德育成效的关键性要素，也比较直接地体现着德育机制的协同化程度。当下，世界各国都结合国情，努力地将德育力量的配备摆在了社会管理的重要位置。研究德国的大学生德育工作队伍，我们发现除了高校专职配备的学生事务工作人员以外，还在全社会建立了结构完整的职业与心理咨询辅导队伍，这些力量中有不少是义务兼职人员，不乏社区医务工作者、社会学家、心理学家、教育学家、神学学者、各科专业教师以及高年级本科生、研究生。还可以看到，很多欧美国家采取高校、家庭、政府及社会组织双向联结和渗透的模式来实现德育目标，通过即时需求互动构建起了一体化、终身化的大学生管理服务体系。美国政府对大学生的人格教育、人格发展倾注了巨大的力量，由高校和政府职能部门组成的专家队伍与社会团体及知名企业代表建立定期合作研判制度，制定了一系列大学生品行发展准则，开展了地区行为教育的系列培训，营造了层层道德渗透环境，组织了主题丰富的群体活动，这种模式既有效延伸学校道德教育的理念又紧密结合社会发展的需要和特点，全员调动，形成的"要素合力"在解决大学生思想偏激、行为放纵等问题中发挥了积极作用，有效遏制了校园暴力、吸毒贩毒等社会公共危害事件的发生。从世界范围来看，一些特定的社会组织还形成国际性、地区性联盟，整合了更为广泛的德育力量，如欧洲议会下属的青年组织，最早源于20世纪70年代创立的欧洲青年中心和欧洲青年基金会，之后为了便于各国政府在青年工作领域的合作，80年代进一步设立了欧洲青年指导委员会，并在当代大学生德育中开展了积极的合作。欧洲教育区的构建更是为德育合作平台的开发创造了条件，有利于促进欧洲一体化发展进程。此外，欧美国家的社区教育及企业文化教育也是高校德育的有机补充，并在一定阶段成为大学生道德成熟、个体发展的加速器。作为德育社会化的显著标志，不少发达国家的德育树立服务个体发展的价值理念，社会咨询机构通过开展各种形式的教育咨询服务及心理援助治疗，拓展思维能力，锻炼生存技能，加强了大学生对社会的情感适应和责任意识，不断提升复杂人际交往和竞争发展环境中的自信心和自主力。全面、开放、协作的工作机制为培养国家和社会所需的人才提供了根本保障，极大地拓展了大学生全面发展、提升生命质量的空间。我们要积极汲取国外先进经验，转变工作理念，发展符合社会主义社会运行体制的咨询辅导机构，完善大学生成长发展的服务机制，使他们在正确审视自己、客观评价他人的基础上有效地提高自我意识水平，增强自我挖潜能力，在全面发展个体的过程中实现德育要求。

生态主义思潮随着工业革命和经济全球化的发展而兴起。最先提出"生态系统"概念的英国生态学家坦斯利认为，生态系统是"指在一定空间内，生物和非生物，通过物质的循环、能量的流动和信息的传递而形成的一个生态学的功能单位"。美国生物学家、教育学者埃里克·阿什比提出"高校生态论"的概念,创立了高等教育生态学理论,在推动高校德育理念转换中发挥了积极作用。西方教育生态理论研究将育人环境系统与个体发展全面联动,很大程度上推动德育实践开放性、立体化特点的增强。马克思主义教育环境论研究也认为,高校德育与社会环境具有协同发展的必要性和可能性。生态系统整体性、层次性、有序性、动态性及开放性的特点对社会人才培养机制建设提出了"全员参与、全过程管理、全方位深化"的标准和要求。协同育人理念是"三全"育人要求的系统化,要求我们树立德育作为系统工程的理念,将其看成是全社会的共同任务,通过集中全社会的资源及力量打造一个多渠道、多层次、全方位、分工明确但又紧密结合的德育工作生态系统。

  从大学生德育的实践过程来看,协同教育不仅要求学校、家庭与社会等主体的共同参与,实现德育系统的整体生态平衡,而且要求参与各方各尽其职、相互配合、有效衔接,形成最佳合力,达到教育成效最大化。一方面,社会环境尤其是社会物质条件、经济制度和政治制度规定着高校德育的性质和方向,制约着德育的内容和方式,保证德育能够符合一定社会经济和政治制度的要求。另一方面,高校德育对社会环境也能够产生一定的影响和促进作用,德育能够抑制、克服与革除社会环境中落后的、起阻碍作用的思想观念和行为习惯,能够激励和强化社会环境中先进的、起促进作用的思想观念和行为习惯。为此,高校与社会各界要在政府主管部门的统筹协调下,深入细致地把握大学生思想道德成长的动态和规律,共同研究制定大学生德育工作的指导思想、工作方针与任务、工作基本原则及方式方法,有的放矢地探索其各具特色的与德育内容相结合的新的理论生长点和实践融合点。在整合各方道德教育力量的过程中,高校与社会要以"供给侧结构性改革"思路,立足内部与外部、纵向与横向、整体与局部的有机结合,着力加强彼此渗透、衔接、联动及协作,优化供给格局,使大学生德育获得专业化、综合化、系统化和协同化的发展优势,最终在全社会形成一个分工明确、结构合理、内容互补、动态平衡的育人工作新格局。

  德育因素与高校、社会环境因素相互关联、共生共存,高校德育改革需要结合协同育人理念在生态化实践范式上探索优化的方法和路径。把德育置于生态系统中,耦合德育系统各类要素,发挥整体的德育生态效应,构建整体性动态平衡和可持续和谐发展的高校德育生态系统,实现德育范式与德育本质相统一,提升德育的"价值"性判断,促进大学生个体价值与社会价值的有效融合,是对高校德育理论的创新性探索。我们要结合协同育人的改革要求,以辩证的生态思维方式考察高校德育系统诸因子、内外环境及关联,系统地研究其内外部环境平台及运行机制，充分整合高校与社会资源，研究基于体制机制协同的高校与社会互动管理、基于教学内容协同的理论与实践教育融合、基于育人平台协同的现实与网络空间同步、基于价值引导协同的个人与社会价值统一等内容，构建起以社会主义核心价值观为统揽，高校与社会各子系统、各生态因子之间共生耦合的大学德育生态化实践模式，真正实践德育为人的价值本原，破解高校德育面临的机制性困境。

以生态科学群、可持续发展理论等为代表的生态文化，为人类文明的进步提供了许多新思想、新观念，是先进文化的一个重要组成部分。它通过变革社会关系和社会体制，完善社会制度和社会规范，建立新的社会共同体，把人类生活引向新的生存文明价值观。协同育人理念是"三全"育人要求的系统化，它把高校德育置入有机的生态系统中，推进高校和社会育人资源横向贯通、纵向衔接，有效增强育人合力。高校德育生态理论是深化当前高教领域综合改革、推动高校德育范式转型创新的重要支撑。根据高等教育人才培养体制机制改革的新要求、新任务，着眼社会道德与个体道德的同步建构，把高校德育放在整体、动态、联系、开放的德育生态系统中来思考，研究创造良好的德育生态内在环境与外在承载，提升德育主体的生态互动性，促进高校与社会以及高校、社会系统内部各因素充分进行物质交换、能量转换和信息交流，有助于改变当前高校德育很大程度上陷入的静止、片面、孤立的形而上学思维和"头痛医头、脚痛医脚"或"鸵鸟政策"的德育方式，最终实现高校德育范式的现代转换。

人与社会的关系问题，是人学领域中最基本的课题。人是社会中的人，社会是人的社会，人与社会需要同质发展，形成与社会发展标准相适应的"道德概念、道德判断、道德感觉和确认、道德能力和行为习惯"是德育的基本任务。大学生德育本质上是将社会主流意识形态和价值观念植根于大学生，使其在认同、接受的基础上推进实践的过程。作为德育之源的意识形态和价值观念是社会理想和社会蓝图的描述，只有符合社会发展实际才能具有自身生命力和育人说服力。社会大转型大发展时期，道德建设领域快速拓展，道德调节社会关系的广度和深度不断扩大加深，从家庭美德、社会公德、职业道德到经济道德、新闻道德、生态道德等领域，道德建设的触角日益向人们社会生活的各个层面延伸，对个体道德素质提出新要求和新规范。大学生道德观、价值观在一定社会关系中孕育，并受到社会关系有关主体的制约和影响，当社会愿景、道德理想与大学生现实感知高度契合时，大学生的道德实践就会有最终归属。大学生德育社会化的价值追求和价值实现，满足人的精神需求和个性彰显，符合人的全面发展的要求，同时带动全社会整体风气和道德水平改善，指向个体与社会共同发展的正向价值目标，使大学生接受社会教育与推动社会发展的过程有机结合。德育的社会化发展思路遵循交往实践、以人为本的理论原则，讲求贴近个体、全面渗透的方法路径，拓展了学校和家庭德育的时空和内涵，为大学生思想认识和行为习惯在真实价值选择的过程中深刻转变提供了条件，更为他们社会化进程中能动地培养情趣、匡正动机、铸炼信仰，实现身心健康和谐的发展增强了保障。

马克思主义社会有机体理论指出，社会是个特别复杂的系统，是人类生存的大环境。杜威曾经指出："教育哲学必须解决的一个最重要的问题，就是要在非正规的和正规的、偶然的和有意识的教育形式之间保持恰当的平衡。如果所获得的知识和专门的智力技能影响社会倾向的形成，平常的充满活力的经验的意义不能增进，而学校教育只能制造学习上的'骗子'——自私自利的专家。"高校作为社会单元体总是处于一定的社会环境之中并与社会环境发生着全面的交互作用。作为高校主体部分的大学生无时无刻不通过高校接受社会环境的影响，并在与社会的相互作用中与之实现深度融合，逐渐成为社会发展的推动力量。为此，高校德育要高扬大学先进文化的旗帜，高起点培育大学生的社会情感和认知能力，让他们在复杂的社会环境中自觉地对各类影响因素进行价值评判，并做出正确的行为选择。德育的有效性体现为认知和行为的统一，体现在社会实践活动的参与过程中，大学生只有在生命成长的具体过程中实现道德情感的升华，才能深切领悟人性道德存在的意义和真谛，才能将个体全面发展的价值追求融入推动社会发展的洪流之中。

步入高等教育大众化时代，我国高校呈现出"立秋十日遍地黄"的景象，走向成熟和完善的高校人才培养体系和机制将高校教育与社会教育有机贯通，大学生在大学精神的熏陶和时代潮流的带引下成长，他们的德性完善和素质发展是高等教育价值理念变革和社会发展进步的主体反映。德育是塑造人格、教化人心的过程，更是培育社会公民的过程。作为明日国家建设的生力军，大学生的道德素养体现在其责任意识之中，既包含尊重自身主体人格，也指向在各种利益冲突中能独立判断和理性选择，使生命的价值在自我完善、不辱使命中变得有意义，最终升华为对民族、国家和社会的责任。这是一种脱离抽象、空洞口号，扎根现实生活各领域各层次的道德行为。社会责任意识支撑起人之所以为人的社会性特征，推动大学生成长成才，走向生命的永恒。国内外实践启示我们，大学生德育由于对象群体的特殊性和教育本质的严肃性，是一个国家全社会的事业，也是一项环环相扣、承前启后的系统工程。在全面建设小康社会、深化改革开放的时代背景下，透过社会了解世情、国情、民情，才能了解国家和民族发展的历史方位，大学生才能更好地走向未来。当代大学生是实现"中国梦"的亲历者，更是参与者、推动者，德育社会化过程可以充分激发他们把自己的成长与发展放到历史长河中去审视和把握，坚定崇高理想信念，勇于担当时代使命，让青春的思想竞相迸发，让青春的激情尽情释放，把青春才华挥洒在国家和人民最需要的地方。我们应当深刻认识到，在中国道路的建设和推进过程中，大学生德育是意识形态工作的重点，富有特殊的全局性、战略性时代意义，必须在全社会领域探求积极有效的工作平台和载体。道德问题是一个社会发展前进中的问题，社会主义核心价值观显示我国社会的道德主流是进步、光明、向善的，以真善美为价值前提和价值目标的中国特色社会主义伟大事业必将成为大学生社会化进程中德性提升的力量源泉。当下，政府、高校及社会机构应建立科学的生态发展思维，树立共同责任意识，开展协同育人机制建设，围绕建设富强、民主、文明、和谐的社会主义现代化国家的既定目标，系统地制定和实施德育改革举措，为我国经济社会发展培养更多的政治合格、道德高尚、人格健全的建设者和接班人。

  人是社会性的存在物，人性的光辉最终要依靠社会力量来激燃，从而在和谐世界中闪耀光芒。在加强生态文明建设的时代背景下，德育生态系统的建构根本上是在人与自然、社会和谐基础上对人性价值的尊崇与高扬，通过全面激发和培育人的社会主体意识实现着人与社会的同质发展。可以看到，进入21世纪以来，高等教育发展已乘风破浪，走进生态化时代。我国高校德育生态化实践既是高校新一轮改革中推进"立德树人"工程的形势所需，也是国家治理体系和治理能力现代化建设进程中培育和践行社会主义核心价值观的重要支撑与保障。站在新的历史起点上，每一个高校德育工作者都应当走入社会发展深处、直面生态文明时代，以高度的责任意识、深远的育人视野把脉大学生的生命律动和精神归依，为推动高校德育理论与实践体系的创新构建做出应有的努力。

第六章 "互联网+"时代高校德育实践的发展与创新

第一节 塑造积极"互联网+"思维以保持德育理念之先进性

"互联网+"时代高校德育实践的发展与创新不仅是时代的要求，也是顺应高校互联网民意、保持互联网秩序和维护网民利益的内在需求，更是"实施网络强国战略，让成果惠及全民"的战略要求。"互联网+"时代高校德育实践的创新，就是要秉承"互联网+"的思维和理念，充分借助于"互联网+"时代信息技术的优势，改进高校德育实践的方式和方法，以保持高校德育理念的先进性、德育实践的有效性和德育过程的科学性，推动高校德育实践过程中各个环节的全面优化。如此，才能保证在"互联网+"时代的创新发展中，高校德育实践的方向更准、腰杆更硬、底气更足。

当前，"互联网+"逐步深入融合到经济发展、社会管理、人们生活的每一个角落，高校所面临的社会环境和高校内部的治理结构发生了巨大变化。互联网已经成为高校的思想和知识传播的重要领域、师生学习和生活的创新空间、学校教学管理的重要平台。"互联网+"时代构建了高校德育实践新的内、外部环境，"互联网+"不仅带来了先进的信息技术，也为高校德育实践提供了一种先进的思维方式。积极培养高校以"互联网+"思维开展德育实践创新的意识，不断提高高校师生的"互联网+"能力，才能准确抓住互联网高速发展所带来的新机遇，保持高校德育理念的先进性。

一、"互联网+"意识的培养

随着我国"互联网+"行动计划的不断发展，"互联网+"已经由国家战略转变为深入人心的思维意识和方法论。高校德育实践要充分共享"互联网+"带来的红利，不仅要从学校层面加强对"互联网+"意识培养的重视，更要做好德育实践主体的意识培养。高校德育"双主体"一直是本研究所持的德育观点,即在高校德育实践过程中,教师和学生都是德育实践活动的主体。切实培养高校师生共同的"互联网+"意识,有利于形成教师和学生协调互动、共同发展的良好格局,从而达到高校德育实践良好的育人效果。

(一) 学校"互联网+"顶层设计

2016年12月,习近平总书记出席全国高校思想政治工作会议并发表了重要讲话,他指出:做好高校思想政治工作,要因事而化、因时而进、因势而新。要遵循思想政治工作规律,遵循教书育人规律,遵循学生成长规律,不断提高工作能力和水平。正所谓"天地有大美,四时有明法,万物有成理,思想政治工作是以人的思想形成变化为对象的社会实践活动。"互联网+"时代高校的外部环境和师生的思想形成都发生了明显的变化,学校应该从全局的角度出发,系统地把握新形势下高校德育实践所面临的机遇和挑战,统筹考虑学校层面和师生层面的变化,明确"互联网+"时代高校德育实践创新的理念和目标,制订可行性较强的实践计划,并通过机制的建立保证德育实践的创新发展。

学校应该对国家"互联网+"行动计划做出积极回应,准确把握"互联网+"的发展理念和趋势,通过平台搭建、体系重构、机制驱动等方式,明确"互联网+"深度融入学校人才培养和德育实践的发展战略。一方面,学校应进一步加大经费、人力、物力等资源的投入,成立专门的互联网信息化工作办公室,加强信息化基础设施的建设,推进无线网络进校园、进课堂、进宿舍的校园网络全覆盖工程,布局高校德育实践创新发展的关键技术,为"互联网+"背景下高校德育实践创新搭建工作平台;另一方面,学校应通过建章立制明确"互联网+"深度融入高校人才培养的发展思路,引导、激励单位和个人树立新思维,借助于新技术,产生新动力,加强学校层面对"互联网+"的推动、扶植与监督,提供"互联网+德育"的相关服务,将"互联网+"与高校事业发展深入融合机制化、常态化,推进高校人才培养和德育实践的创新发展,不断激发高校德育实践工作的新活力。

(二) 教师"互联网+"意识培养

高校教师"互联网+"意识的培养就是要帮助教师利用互联网开展教学、管理、服务等工作,并在这一过程中不断创新教育理念和手段,提高教育水平和效果。高校德育实践过程中,尽管教师和学生都是德育实践活动的主体,但由于传统教育模式的影响,教师往往在师生关系中还是处于相对主导的地位,因此,教师"互联网+"意识的培养在整个德育实践创新过程中的作用显得尤为重要。

首先，教师必须认识到"互联网+教育"的趋势之不可逆。"互联网+"已经从国家战略的高度自上而下改变着我国经济发展、社会生活的方方面面，教师可以深刻体验到这一点，但更重要的是认识到新形势下"互联网+教育""互联网+学习""互联网+德育"已经成为高校人才培养不可逆的发展趋势和创新驱动力。对"互联网+"新形势的清醒认识是高校教师在德育实践活动中树立新理念、凝练新思路、形成新方法的不竭动力。

其次，教师必须提高利用互联网的主观能动性。"互联网+"是一种开放的思维和方法，这就为高校德育实践创新提供了无限的可能和多种结果。教师必须树立主动的、积极的"互联网+"意识，在高校德育实践活动中分析、把握、结合德育过程和德育主体的新规律，利用"互联网+"的技术优势，解决新时期高校德育实际活动中的新问题，对学生进行积极的引导和帮助，达成师生对"互联网+"融入德育实践活动的共识，形成良性互动，方能切实提高德育实践活动的实效。

（三）学生"互联网+"行为引导

大学生群体是思维活跃、求知欲和学习能力较强的一个群体，他们对互联网信息技术的接受、适应和熟悉都较快。然而，"互联网+"时代的海量信息资源和多元价值文化很容易让学生在网络世界里迷失，学生通常是在互联网上娱乐、交友、购物等，利用互联网学习的比重却相对较少。互联网已经成为学生学习、生活中的必需部分，在无法阻止学生接触互联网的前提下，引导学生正确、健康地使用互联网就显得非常重要。加强对学生"互联网+"行为的引导，就是要引导学生利用互联网完成更多与学习和成长有关的内容。一方面，在教学过程中适当减少课堂学习的比重，通过构建网上学习资源，增加在线学习的环节和内容，将在线学习变成学习过程中不可或缺的一部分，帮助学生形成利用网络进行学习的概念和意识，养成利用网络进行学习的习惯；另一方面，要鼓励和引导学生通过互联网加强学习互动、提高学习质量，互联网的平等、开放、去中心化的特征，给学生带来了自由表达观点和看法的渠道，学校要主动引导学生利用互联网平台与教师进行交流和互动，在这种交流的环境下，学生的真实感受和想法会充分表达出来，学生群体中存在的思想问题也会暴露出来，便于及时发现和解决学生群体中的各种危机，增强高校德育实践活动的针对性和实效性。

二、"互联网+"能力的提高

"互联网+"是一种能力，这种能力不仅包括对互联网高速发展过程中所诞生的新兴信息技术的掌握,更是一种利用互联网与传统行业融合发展产生新业态和新活力的能力。当前,高校德育实践中依靠互联网平台开展的德育活动越来越多,"互联网+德育"已经成为高校德育实践创新的重要途径,"互联网+"能力的提高成为保证高校德育实践工作质量和德育实践活动效果的重要手段。高校德育实践活动中,教师不仅要熟悉和掌握"互联网+"时代新兴的信息技术,更要学会将这些新兴的信息技术与德育实践过程连接起来、融合进去,催生德育实践的新面貌和新活力。

(一)"互联网+"信息技术的掌握

对"互联网+"信息技术的掌握是高校德育实践创新的基础。"互联网+"信息技术是互联网快速发展过程中产生的新兴信息技术,如大数据、云计算、新媒体技术等,这些新兴信息技术是高校德育实践创新的媒介、工具和手段,高校德育工作者如果不掌握这些技术,就如同战场上没有了武器,工作中失去了载体,也就失去了德育过程中的主动权和话语权。因此,对"互联网+"信息技术的掌握显得尤为重要,学校要组织教师队伍加强对新兴信息技术的学习,教师通过学习要基本了解和掌握互联网新兴信息技术的功能、特性和原理,能够自主利用新兴信息技术设计德育过程,制作德育资源,完成德育实践。同时,还要紧跟时代要求,不断提高自身网络素质,及时更新网上教育内容,使用学生喜闻乐见的形式,赢得学生的喜爱,从而达到较好的教育效果。例如,教师要学习和熟悉大数据的特性、功能和应用,了解甚至掌握利用大数据对德育实践过程进行决策、管理和监控的技术;要学习云计算的特点、功能和优势,了解云计算在教育发展中的最新成果和应用;要熟悉和掌握微博、QQ空间、微信等新媒体技术,能够建立自己的话语平台,并融入学生的话语体系,与学生完成即时通信和多向互动等。这些信息技术的学习和掌握是德育实践创新发展的技术基础,并使教师在高校德育实践活动中,能够利用互联网信息技术拓展新渠道和新手段,从而为构建新的德育实践创新平台提供可能。

(二)"互联网+"思维能力的提高

简单说来,"互联网+"的"+"就是连接与融合,这也是"互联网+"的创新驱动能力之所在,利用互联网新兴的信息技术与传统行业的连接和融合,能够激发传统行业的新活力。目前,我国高校教师群体中70后、80后的教师居多,他们从学生时代就开始接触互联网、运用互联网,随着互联网的快速发展,越来越多的新兴信息技术让人目不暇接,即使他们对互联网的特性比较熟悉,能够逐步学习和应用这些互联网技术,但长久以来教师没有形成利用互联网来辅助教学和管理的意识和能力,所以相对互联网的高速发展,教师相关素质和能力就显得力不从心,年轻教师尚且如此,更不用说其他的教师了。要把握"互联网+"时代的技术红利,教师不仅要勤于学习新的互联网信息技术,更重要的是要有意识、有能力将这些信息技术与德育实践环节连接起来、融入进去,不仅仅是技术的连接、服务的融合,更是资源的连接、过程的融合。

高校德育实践过程中,教师要学会借助于新媒体技术,收集、制作和发布内容健康、形式多样的德育内容和教学资源;要学会利用大数据的分析功能,对学生的发展状态进行监控、预警和干预;要学会利用即时通信技术的优势,加强师生的实时指导、在线互动,实现真正的平等对话和有效交流,提升德育实践的效果。总之,"互联网+"时代信息技术的发展从来都是日新月异、层出不穷的,但不管技术如何更新和变化,高校教师只要拥有了"互联网+"思维能力,就总能够针对新技术在高校德育实践过程中找到新的连接方法和融合渠道。

三、"互联网+"秩序的治理

"互联网+"时代高校德育实践的创新,可以说既是高校德育实践的无奈之举,又是用心之举。之所以说是无奈之举,是因为互联网的快速发展深刻地改变了高校德育实践的内、外部环境,并深深地影响了德育实践的效果,高校不得不利用互联网、融入互联网,以求德育实践的实效性。用心之举,是符合高校德育实践"因事而化、因时而进、因势而新"的内在要求的,是高校主动应对形势的变化,不断改进德育实践活动的态度。互联网的开放性和虚拟性特征,一方面给高校德育实践创新带来了新机遇,另一方面也为德育实践效果的实现带来了新挑战。既然高校德育实践活动要连接互联网、融入互联网,就必须建立互联网德育实践的新秩序和新规范。

(一) 纪律约束

这里讨论的纪律约束主要是指对高校德育实践过程中教师主体的约束。互联网海量的信息资源和多元的价值观念对学生的成长发展产生了巨大的冲击,以学生的知识和阅历储备,一般很难判断和抵御互联网上某些低级、负面甚至反动的不良信息的危害。这时就需要教师对这些信息做出判断和筛选,对学生进行正面的引导和教育。教师在互联网德育实践过程中的作用显得尤为重要,然而,互联网是一个开放、自由、虚拟性很强的空间,不仅学生能隐藏自己的真实身份自由发布观点和意见,教师也有这一可能。教师可能平日里碍于在公共场合的身份，无法跟学生抱怨、宣泄情绪，在互联网上却较多地发表个人的情绪和不满，这样一来，教师在互联网上"过滤器"的作用不但没有发挥，反而形成了负面的作用。因此，对教师利用网络开展德育实践活动要进行严格的纪律要求，可以适当地对教师的网络身份进行监控，督促这些德育实践环节的"抓手"真正地尽其职，发挥正面的教育和引导作用。

（二）诚信树立

"互联网+"时代，对于社会诚信（考验个人道德）和职业诚信（考验行业伦理和管理者道德）的要求的确比无网时代更高，因为网络兼具揭露欺骗和迅速传播真相的功能。利用互联网进行高校德育实践创新，信息化的手段将被广泛地应用于学生教育、管理、服务的各个环节，以往凭借经验和感觉来掌握学生成长过程的教育状态发生了巨大的改变，学生的成长过程和状态更多是通过客观的数据，以量化和可视化的方式呈现在教师面前，这些数据则成为德育实践过程中决策的重要依据。然而，在互联网的面纱保护下，学生诚信的部分缺失让成长过程中采集到的客观数据并不真实，比如，学生自己填写的个人信息存在不实，学生利用他人的互联网身份进行活动，与教师的网络互动隐藏自己的真实想法，利用网络学习的漏洞逃学等等，这些不诚信的举动可能让学校和教师获得错误的分析信息，影响对学生成长状态的判断。所以，学校要进一步加强学生的诚信教育，通过建立征信系统，建立信用档案，采集、客观记录学生信用信息，并与其校园学习、生活挂钩，培养诚信意识和契约精神，健全守信激励和失信惩戒机制，使守信者受益、失信者受限，让诚信成为共同的价值追求和行为准则，切实保证高校德育实践创新中的数据权威和实效性。

（三）言行规范

"互联网+"时代连接一切、开放、自由的特性，决定了每个个体既是信息的接收者和传播者，又是信息的生产者和发布者，个体自由度的放大激发了个体信息生产和传递的积极性，促成了海量信息资源的生成。同时，无限的自由也就减少了对个人行为的监督和社会公德的约束，互联网上言行失范、网络暴力的现象比比皆是。这种现象在青少年学生中尤为严重，学生处于价值观念尚未成熟时期，情绪易激惹且容易受到外部环境的干扰，如果没有互联网的言行规范，网络德育实践的效果实在令人担忧。高校应制定详细的学生网络行为规范，对学生在互联网上的语言和行为规范进行明确的规定，引导学生在互联网生活中强化自律意识，甚至可以将相关的管理规定写入学校学生管理办法中，加大对网络言行失范的监控和处罚力度，以培养和建立学生网络行为自律的制约机制。此外，通过在校园里广泛地宣传良好的互联网公德规范，对学生在互联网上的言行失范进行监督和批判，共同营造文明健康的网络空间，方能建立一个良好的互联网德育实践环境。

第二节 优化"互联网+德育"载体以提高德育实践之有效性

"互联网+"时代高校德育实践的优化重点是研究和解决如何保证高校德育实践的有效性。随着信息技术的飞速发展和互联网的广泛应用，社会运行面貌改变的同时，也改变着学生学习、生活、娱乐等行为方式。学生的学习习惯、方式、途径都发生了巨大的变化，更多的互联网元素植根到学生的脑海当中，彻底改变了他们的审美标准，传统的德育模式更加难以讨学生喜欢，直接影响到德育实践的效果。"互联网+德育"体系的优化就是要将"互联网+"时代的信息技术优势运用到高校德育实践当中，并借鉴"互联网+"时代产业发展的经验和模式，找到高校德育实践的新方法和新路径，不断提升德育实践的新活力，从而提高德育实践之有效性。

一、"O2O 模式"增强德育课程的吸引力和实效性

一直以来，高校德育课程力求能够牵引学生按照课程指导的方向开展学习，然而随着互联网发展对世界的改变，传统课程的吸引力大大降低，德育课程的实效性岌岌可危。教育部陈宝生部长指出：思想政治理论课学生的抬头率不高，人到了心没有到，根本原因在于其内容不适应学生的需要，主要可能是"配方"比较陈旧，"工艺"比较粗糙，"包装"不那么时尚，所以亲和力就差了，抬头率就低了。高校德育课程的组织形式、资源建设都亟待顺应时代发展的潮流，做出积极的回应和改变。O2O（即 Online to Offline，线上到线下）是"互联网+"时代广泛流行的商业概念和模式，它将线下的商务机会和互联网结合，使互联网成为线上和线下交易的平台，大大增加了商务机会。构建德育课程"O2O 模式"是充分利用互联网连接一切、开放融合、海量信息等优势，运用云计算和云平台技术建设在线德育课程，创建线上和线下交叉互动的新型学习方式，构建丰富、生动的德育课程资源，及时整合、反馈学习评价，切实推进德育课程向更加人性化、个性化和实效性方

面的提升。

（一）构建人性化的学习内容

高校德育课程"O2O模式"的创新重点之一是，解决传统课程的内容和形式已无法满足学生日益改变的认知需求的矛盾。随着"互联网+"时代的到来，人们的行为方式、生活习惯都发生了前所未有的改变。在高校，学生的认知规律和学习习惯也发生了巨大的变化，传统的德育课程内容越来越不适应这种变化，"O2O模式"的德育课程内容建设主要是依靠新兴的信息技术，对德育内容和资源"新瓶装旧酒"，让德育资源以崭新的面貌出现在学生面前，并利用云计算和云平台技术将德育内容放在互联网上，供学生随时随地自主选择学习，更加能够调动学生的学习兴趣和热情。

第一，丰富、生动的德育内容构建。传统德育课程的内容大多给学生古板和说教的印象，特别是伴随着互联网海量信息资源和多元文化的爆发式增长，学生接触到的各种信息越来越时尚、生动，传统德育课程的内容更加无法讨学生喜欢。"O2O模式"的德育课程内容建设充分利用新兴信息技术的优势，将德育内容重新包装。例如，充分利用音视频、动画、PPT等多媒体形式建设课程内容，或者构建轻松、娱乐化操作体验课程，以任务驱动的方式引导学生掌握知识等，以学生喜爱的面貌展现出来，让德育过程寓教于乐，也是德育实践活动重在体验和感悟的初衷。

第二，切合学生学习习惯的德育内容建设。随着互联网学习功能的不断强大，以往以教师为中心的学习方式被彻底改变，学生可以利用网络随时随地进行自主学习。"O2O模式"的德育课程内容建设遵循学生去中心化、碎片化的学习习惯，将德育课程内容按照知识点切割为若干部分，方便学生随时随地利用互联网学习，对零碎学习时间的利用可以大大提高学习效率。同时，被拆分的德育内容都以短小的音视频面貌出现，也切合了互联网学习中学生无法长时间集中注意力的特点，有效地保证了学习的效果。

第三，人性化的德育资源选择。"O2O模式"的德育课程内容建设注重线上和线下德育资源的相互补充，教师在网络课程上提供与课堂教学相匹配的教学资源、课件、电子图书、音视频等，学生可以根据自身的学习特点和喜好选择德育内容和学习方式，分配线上学习和线下学习的比重，这种人性化的德育资源选择更加适应学生的学习规律，在德育内容的掌握过程中能够得到更加理想的效果。

（二）满足个性化的学习需求

高校德育课程"O2O模式"是将传统的德育课程教学从线下转移到线上，以传统的德育课程为基础和指导，用信息技术的方式进行包装。线上和线下学习的互补，能更大地增强学生学习的自主性，学习路径和进度的选择也能更加尊重学生个体的实际情况，从而可以提高学习的活力和效率。

第一，学习路径个性化。德育课程"O2O模式"是传统课堂的标准化教学向学生个性化学习的革命性转变。每个学生的知识基础、思维能力和学习兴趣都不尽相同，这正是因材施教的原因所在。"O2O模式"的课程教学将丰富多样的课程资源配置于"云端"，教师会制订共性的学习目标和要求，而不会像传统课堂教学的标准化要求那样限定统一的学习步调，学生的学习自主性得到很大的提高。教学过程允许学生根据自身的兴趣喜好、学习习惯、能力基础等个性化差异，设计和选择自己的学习时间、学习地点和学习方案。这种德育课程教学模式彻底改变了传统德育课程在学生心目中的面貌，打破了以往学生在德育课程中的被动局面，他们可以自主选择学习顺序和学习路径，个性化学习需求的满足和个体差异得到尊重，更大限度地提高了学生的学习兴趣和课程教学的效果。

第二，线上和线下良性互补。德育课程"O2O模式"是典型的混合式教育模式，线上和线下的学习都是德育课程学习的核心部分，线下教师和学生面对面的内容讲授与线上的课程自学形成相互补充。"O2O模式"打通线上和线下课程内容的信息和体验环节，不仅给学生的学习带来了更多的选择，也为教师对德育课程的设计带来了更多可能，教师可以安排学生在课前通过线上自主学习完成指定的部分学习内容，这样线下的课堂教学中就能够引入更多的师生互动环节，更加有利于德育课程的教学质量的提高。

（三）全方位的互动学习评价

德育课程的教学最终要落实在学生对德育内容学习和领会效果的把握上，传统的德育课程教师在课堂上讲授，无法及时掌握学生的学习效果，也了解不到学生的学习差异，课程结束时的考试或课程论文更是无法准确地反映学习效果。"O2O模式"的德育课程利用互联网信息化的管理优势，既可以对学生的学习轨迹进行跟踪、学习效果及时评测、学习过程智能辅助，还能完成师生一对一的及时互动，全方位的学习过程评价大大提高了德育课程的实效性。

"O2O模式"的德育课程让学生能够根据预先设计好的学习流程，在学习系统智能分析的指导下逐步完成学习内容。系统会及时通过测试工具和手段显示学生的学习效果，并给出下一步的学习计划，保证每一名学生线上学习的逻辑性。允许教师根据课程情况安排线上和线下的学习内容，通过线上信息化的学习记录系统，可以准确地把握每一名学生的学习进程和轨迹，了解学生的学习习惯和共性的问题，在线下课堂教学中有针对性地进行教授并解决。此外，学生在线学习的数据"留存"不仅是学生学习过程的监督和评价，更为师生的互动交流搭建了平台。传统课堂一对多的讲授模式下，大多数学生都无法与教师进行一对一交流，德育实践的效果也大打折扣，而线上学习打破了时间和空间的限制，给师生交流更多的开放和自由度，敞开心扉的师生互动更加符合德育实践活动的本质要求，使德育课程内容的传授、学习和体验效果都大幅提升。

三、新媒体平台凸显德育实践的话语权和感染力

随着"互联网+"时代的到来，人们的日常生活对互联网的依赖度越来越大，传统媒体在人们生活中的比重越来越小。特别是在思维最活跃、学习能力最强的高校师生群体中，传统媒体的使用范围和影响力越来越小，高校师生成为最积极和最广泛使用新媒体技术的群体。高校德育实践活动中，德育环境对德育实践效果的影响举足轻重，德育环境潜移默化地对学生的思想品德、道德素养和行为规范起着渗透、引导和规范的作用。"互联网+"时代，新媒体技术广泛替代传统媒体以及深刻影响学生操行的趋势，使新媒体平台成为德育实践的重要载体和媒介。如何利用新媒体技术加强高校德育新媒体载体的建设，提高高校德育工作在学生互联网生活中的话语权和主导权，提升高校德育实践活动的感染力，成为高校德育实践创新的关键点。

（一）德育载体的新选择

"互联网+"时代，在万物互联、跨界融合的政策指引和市场选择中，人们的生活方式发生了巨大的变化，越来越多的现实生活被更加便利、时尚的互联网方式取代，当我们认真地观察和总结自己的生活时，就会发现诸如传统的报纸、书籍、杂志、宣传栏等都有了互联网的替代产品。在高校，随着移动通信技术和互联网技术的发展，学生利用移动互联网终端更加便利，他们获取信息、休闲娱乐、人际交往都可以利用手机等移动终端完成，于是学生普遍成为"低头族"，走到哪里都在看手机，就算没事也要把手机拿出来按两下，可见互联网几乎已经成了学生知识积累、思想成长的最主要平台。高校德育实践中的传统载体已经无法满足学生成长的需要，新的德育实践载体呼之欲出，利用"互联网+"时代的新媒体技术加强德育载体建设是最能保证高校德育实践效果的选择。

当前，新媒体平台已经成为学生最喜爱的成长环境，高校加强新媒体德育载体建设要准确把握学生的特点及喜好，到学生活动最频繁的区域和地带，以学生最喜闻乐见的媒介

方式，潜移默化地影响和引导学生成长。首先，互联网移动终端、手机客户端及应用程序（application program）成为学生互联网生活的重要媒介，学生已经习惯了利用这种形式和面貌的工具进行生活、交流，高校德育实践进网络要抓紧德育主题应用程序的建设，将德育内容通过学生喜爱的学习方式和渠道展现出来，更加有利于增加学生对学习内容的好感。其次，如今以微信、微博、QQ空间等自媒体为代表的新媒体平台，几乎成为学生表达观点、分享心情、人际交往、休闲娱乐等诉求的主要载体，学生的思想在这些平台上汇集、交流、发展、定型，高校要抓住这一难得的自然形成的学生网络生活集散地，建立学校的官方微信公众号、微博和QQ空间等，通过这些新媒体手段将德育内容包装成为学生愿意接近、了解和认可的模样，方能使德育实践具有真正的吸引力和感染力。

（二）话语争夺的新阵地

话语权的争夺主要就是解决如何吸引学生关注和学习德育内容的问题，树立学校主流德育思想对学生德育的主导权。新媒体平台作为德育实践的重要载体，必将成为高校德育话语权争夺的主阵地，新媒体平台上，德育实践话语权的争夺要从两个方面来着手，也就是"引得来、留得住"的问题。

首先，如何将学生吸引到高校建立的新媒体平台上来。高校应加强"互联网+德育"载体建设的探索与创新，最大限度地将学生吸引到校园新媒体平台上来。一方面，高校要推进在学生已经固有的新媒体生活平台上搭建德育实践载体，学生在哪里，高校德育实践的触角就伸到哪里，学生在日常生活中寻找自己感兴趣的内容时，多少会浏览到主流的德育内容，让德育实践的声音无处不在；另一方面，高校对于新媒体德育实践载体的建设，也要有智慧、有计划、有方法地采用引导和制约机制。据调查，在大学生浏览学校相关网站的主要目的中，浏览"学校思想引领与主题教育"内容的学生比例不容乐观，但其他学生校园生活的"必需品"是他们不得不浏览的，所以高校应将与学生的学习和校园生活等切身利益相关的教育新闻资讯、管理服务内容整合到新媒体平台上，如学生的选课、成绩查询、考试报名、学年小结、评优评先、奖助学金申请、重要文件发布等，利用新媒体完成这些学生教育管理的内容，既达到了便捷、高效的效果，又能够让学生登录主流德育实践平台变成情理之中的必然，这样学校就牢牢把握住了学生登录校园新媒体平台和浏览主流教育信息的主动权，对学生关注主流新媒体德育平台的控制。

其次，如何将学生稳定地留在新媒体德育平台。新媒体德育平台最显著的特点就是改变了以往德育工作的面貌，将原来的道德说教变成一种媒体环境和文化，通过环境和文化的营造，让学生自主选择教育内容，通过新媒体达成师生的平等对话和互动交流，有效提升德育实践效果。高校加强新媒体德育平台的建设：第一，要在尊重学生个性发展的基础上，不断提升网络德育文化的品质和厚度，学校的官方微信公众号、微博和QQ空间等新媒体平台上的内容建设要多些诚意、更接地气，让学生对主流媒体的阅读更加轻松、倍感亲切；第二，要有意识地培养师生员工成为校园里的网络能手，充分发挥微博、微信和客户端的引导作用，在新媒体的环境下有计划地开展德育话题的讨论并解答问题，掌握了新媒体平台的话语权，就掌握了德育实践的主动权和主导权；第三，引导师生员工对主旋律的德育内容进行广泛的评论、点赞、转发，营造风清气正、心灵共鸣的新媒体网络环境，学生在新媒体平台上有收获、有感触，他们自然就会经常浏览这些微博、微信公众号、QQ空间等。

第三节　创新"互联网+管理"流程以提升德育过程之科学性

2018年4月，习近平总书记在考察海南省政务数据中心时做出重要指示："各级党委和政府要强化互联网思维，善于利用互联网优势，着力在融合、共享、便民、安全上下工夫，推进政府决策科学化、社会治理精细化、公共服务高效化，用信息化手段更好感知社会态势、畅通沟通渠道、辅助决策施政、方便群众办事，做到心中有数。"意在号召行政部门要切实以群众为中心、以用户为中心，不仅要让管理过程更加科学化、精细化，更要让群众在共享互联网发展成果上有更多获得感。"互联网+"时代高校德育实践创新是新一代的互联网信息技术融入高校德育过程中，对学生教育管理服务的理念、方式、方法的全面优化和转型，其实质是要通过教育管理服务方式和流程的再造，重点解决高校德育过程中管理组织头绪较多、流程较长、决策效率较低的问题。运用互联网新兴的信息技术实现学生教育管理服务的信息化，不仅使德育过程更加规范和高效，而且让德育组织过程中的决策更加精准、有说服力，能切实提高高校德育实践过程的科学性。

一、信息化管理实现德育过程的规范化和管理服务的高效性

"互联网+"时代的来袭让学生对高校教育管理服务过程产生了诸多的对比和期待，正如现代管理学之父、德国管理大师彼得·德鲁克所说："没有标准的组织，只有高效的

组织；没有标准的方法，只有高效的方法。"借助于互联网信息技术实现高校教育管理服务的信息化，不仅能够实现高校德育过程的规范化，而且更加契合时代特点和学生的需求，保证管理服务的高效性。

（一）德育过程的规范化

高校德育实践的创新从来都是应该围绕学生的特点和需求开展的，"互联网+"时代学生生活方式网络化、信息化的特点决定了高校德育实践要以信息化的方式不断提升德育效果，而信息化管理服务过程也使得德育过程更加的规范。信息化的管理服务改变了以往依靠人工进行管理的方式，信息技术的介入使德育过程更加科学，学生在德育过程中的成长痕迹被详细记录、清晰可见，德育过程更加的严谨和规范。

高校要顺应时代的发展，以互联网新一代信息技术为依托，不断加大信息化教育管理服务平台的建设，创新学生德育管理服务的职能和手段，切合学生的时代特点和成长习惯，将"管理服务育人"落到实处。高校应通过建立信息化的学生教育管理服务系统，将学生行为教育管理从现实生活中搬到互联网空间里，利用互联网信息技术的优势，尊重学生习惯和热衷的方式，建立学生操行管理信息平台，对学生的成长过程进行监督和规范，以一种无时无刻不在的环境压力对学生的成长轨迹进行规范。如利用指纹识别和人脸识别等个人体征识别技术建立课堂学生电子身份签到和网络学习痕迹管理系统，利用手机 GPS 模块定位技术建立学生行为轨迹监控管理平台等，对学生的学习、生活轨迹进行指导，把握学生成长的正确方向；又如建立学生信息管理系统，详细记载大学期间个人的信息和成长记录，每年都有严格的审查和登记，学生每年要进行自我小结等，这些信息化的管理服务方式既规避了以往学生的不诚信行为，又切实培养了学生的独立意识和契约精神。当然，高校在运用先进信息技术对学生的行为进行管理的过程中，也要把握好度，既要规范管理，又要注意对学生隐私的保护。

（二）管理服务的高效性

高校德育实践创新的信息化管理方式克服了学生教育管理过程中人为因素的影响，让德育过程更加规范。同时，信息化的教育管理服务过程让德育过程更加人性化，成功规避以往管理服务中层级多、人员杂、内耗大的问题，让管理服务过程更加务实和高效。"互联网+"连接一切、尊重人性的管理思维，实质上是带给人们一种去中心化、扁平化的管理方式，对于传统的管理理念而言，尽管去中心化和扁平化看起来是一种比较"叛逆"的决定，然而这是符合"互联网+"时代的潮流的，是不可逆的革新过程。

高校德育实践创新要充分把握时代的特征和潮流、尊重学生的特点和需求，改变以往的教育管理服务理念，尽可能地减少不必要的管理层级，依靠互联网信息技术的强大计算处理和记忆功能，建立丰富、立体的学生自助管理服务系统。管理层级的压缩规避了复杂的人际关系，减少了不必要的内耗，通过人机对话的管理服务，切实让管理服务过程缩短、效率提高。如建立学生自助报到系统、证书证明打印系统、学业管理系统等，让学生从进校就开始学会自助服务、自主教育、自我管理；又如利用微信、QQ、微博等新媒体技术实现学生网络查寝、网上投票等教育管理功能，不仅大大减少了德育实践中人员的工作负担，提高了管理服务环节的效率，而且符合学生喜好的媒体方式也增强了高校德育实践的亲和力，切实提高了德育实践的实效性。

二、大数据分析保证德育过程的精细化和准确性

"互联网+"时代的到来，让人们的各种行为活动都与互联网有着密不可分的联系，在高度发达的信息技术的支持下，几乎人们生活中的所有活动都能以数据的形式被反映、采集和分析。正如著名信息管理专家、科技作家涂子沛先生在所著的《大数据：正在到来的数据革命，以及它如何改变政府、商业与我们的生活》一书中所说，"除了上帝，任何人都必须用数据来说话"，大数据技术为高校德育实践创新提供了革命性的技术支持。每一名学生的学习、生活、实践、娱乐等行为信息都能够以数据的形式被学校动态采集和掌握，通过科学、快捷的数据分析反映出学生的行为和思想状态，在高校德育实践过程中提供及时的预警和提醒，保证德育过程决策的精准性。同时，高校可以通过构建数字化的分析模型，利用互联网信息技术强大的计算功能和智能化的分析功能，对学生成长过程中的状态进行筛查、分析和处理，数字化模型的智能辅助功能真正成为高校德育实践的智库，切实保障德育过程的精细化和准确性。

（一）大数据分析驱动德育过程的精准决策

当前，随着我国社会信息化程度的不断深入发展，绝大部分高校都已经启动了校园信息化的建设，诸如校园一卡通、教育管理服务信息系统等一系列的信息化建设项目，为高校德育实践创新提供了有力的基础保障。高校应该进一步利用"互联网+"时代的思维和技术优势，深入推进学生校园行为数据的采集工作，依靠权威的数据支持，通过智能化的大数据分析功能，为德育过程的精准决策提供可靠依据，彻底改变高校德育实践过程中学

生教育管理"凭感觉、靠经验、等报告"的被动局面。

首先，构建可靠、动态、互通的学生行为基础数据库。学生行为基础数据库是大数据分析的源头，高校要从学校整体发展战略的高度树立大数据的思维，打通和连接校园内部的"信息孤岛"，确保学生行为数据库的唯一性和权威性，从而保证大数据分析的准确性。学校要加大基础数据采集平台的建设，及时对学生的行为数据进行采集、存储、更新和整理，保持动态、有活力的数据采集，才能保证基础数据库的有效性。学校要统一思想、统一步调，实现学生学习、生活、实践、娱乐等各个方面的数据纵向互通、横向互联，学生全部行为数据的互通与互联方能实现学生在校行为数据的整体性。

其次，构建及时推送的智能分析与预警系统。数据分析和决策辅助才是大数据的核心价值所在。可以说，"互联网+"时代学生的一切行为都能够以数据的形式被描述，以往高校德育实践中对学生行为的粗放管理，不仅使学生成长中的诸多困难和隐患较难被及时发现，而且德育工作者往往通过学生的报告和个人的经验采取相应的干预，教育效果不甚理想。高校应充分利用大数据技术的优势，建立智能分析与预警系统，依托可靠、动态、互通的学生行为基础数据库，把学生的个人基本信息数据、学习行为数据、日常操行数据等大数据进行联系、对比、分析，发挥学生个人成长数据的整体效应，全面、准确地反映学生行为和思想的真实状态，让概念化的学生行为表征向可视化转变，让经验主义的决策向数据化、可靠性决策转变。同时，高校应完善智能分析与预警系统的及时推送功能，将分析结果和预警信息第一时间推送至家长、师长、同学等与学生个人成长相关联的德育工作队伍，实现学生个人成长过程的动态监控与干预，真正让每一名学生的成长都有陪伴和关心，保障学生健康、积极地成长和发展。

（二）数字化模型彰显德育智库的科学力量

"互联网+"时代高校德育实践创新的核心思路就是运用互联网信息技术，对学生的成长和发展状态进行准确的把握，利用云计算、大数据的记忆存储和智能分析的功能，将高校德育实践过程数字化、标准化，减少德育工作者的负担和压力，提升德育实践工作的精细化和准确性，高校德育实践活动的规律性与互联网信息技术的智能化相结合，使德育实践工作的智库建设成为可能。

高校应大力构建一系列的德育实践数字化模型，这种德育实践过程中的管理模型和决策模型的构建，实际上是建立一种科学化、标准化的操作流程预设。数字化模型的构建是针对学生可能存在的经济困难、学业困难、心理困难、校园安全等常见的问题，从学生成长的数据库中提取相对应的行为信息，综合分析后对学生状态进行如实的反映，并提供相应的干预和解决方案。如此一来，德育工作者就能够在学生成长和发展的不同节点，针对学生群体或个体发展的某个方面，就如同选择套餐一般，运用构建的数字化模型对学生的状态进行准确把握，并依照数字化模型提供的干预及解决方案，完成对学生的德育实践活动。高校德育实践活动的规律性使这种数字化模型具有广泛的适用性和推广价值，成为高校德育实践活动中强大的智库，供德育工作者针对共性的问题和隐患在不同的学生个体中选择使用，辅助学生个性问题和困难的解决。

随着互联网新一代信息技术的发展，我国迈入了"大众创业、万众创新"的"互联网+"时代。互联网不仅意味着万物互联，意味着人与网络共生共存，更意味着一种全新的生产方式和生产关系的伟大变革，不仅催生新的社会行业和产业，还为高等教育的发展带来了新的时代机遇与挑战。面对越来越复杂的形势与考验，高校德育实践创新刻不容缓，众多高校利用"互联网+"时代的思维和技术优势，以信息化为牵引驱动，依托云计算、大数据、移动互联网、物联网等互联网先进技术，将高科技的社会化信息服务引入校园，全面推进互联网与学生教育管理的融合创新，不断深化和加强新时期高校德育实践工作。

第七章　新媒体视域下大学生德育内容的创新

新媒体对大学生德育变革提出了新要求，应根据新媒体带来的新变化，在坚持社会主义核心价值观的基础上，实现德育内容的现代化。应将社会主义核心价值观内化为学生自身追求的价值观和内在的行为准则，并根据新媒体对公民伦理道德的推进，注重大学生的公民德育，针对新媒体视域下的多元价值观对学生的道德选择能力提出更高要求的实际情况，应注重培养和提高大学生的道德选择能力。

第一节　培养新媒体视域下大学生德性与德行的统一

由于新媒体视域下价值观的多元化对大学生道德意识和道德行为产生了较大冲击，因此，应加强大学生社会主义核心价值观教育，使之内化为学生自觉的价值追求，并外化为学生的道德行为，实现大学生高尚德性与德行的统一。

一、德性与德行的概念及其关系

德性是道德的本质规定，是道德的灵魂。德性概念可以从文化人类学、人学、伦理学角度来理解。德性概念的文化人类学内涵即内在化。在词源学意义上，"德性"有两个意思：一是使客观的、外在的东西主观化或内在化，二是优秀或卓越。在中国先秦时期，"德"具有"内得于己，外得于人"的含义，"性"指万事万物的性质和特点。在西方文化中，亚里士多德认为德性泛指使事物成为完美事物的特性或规定，到了近代，德性概念指一种人在获得尘世的成功方面的功用性品质，或者指一种履行道德原则和规范的个人秉性和品质；德性概念的人学内涵即人性之"善"。中国传统思想认为德性是指人的品质、品性，指人的自然至诚之性。在西方文化中，德性是人的一种内在的、稳定的"善"品质；德性概念的伦理学内涵即从品德到美德。从伦理学意义上看，德性是指个体所具有的理解、内化与践履伦理原则和道德规范的秉性、气质和能力。对德的规定有质的区分，品德意指众多种类、不同等级的德性。美德是得到比较普遍的尊崇、在一定意义上具有普遍和永恒价值的那些品德，是最高的德性境界。

马克思主义认为，人的本质属性是其所拥有的社会关系的总和。德性有赖于后天的修养，是知、情、意、行相互作用的过程，其基础是社会实践。德性具有以下特征：它是规范的内化和积淀，道德主体的主观与客观的统一，自主性、自律性与他律性的统一，是自觉不自觉塑造道德人格的过程，是一种目的和归宿。德性具有内在价值和外在价值。德性作为人格主体自身的价值，决定了德性是生命价值之源，这是德性内在价值的根本所在。就德性的外在价值而言，德性的实现根本上不是孤立的个人活动，而必及于家国天下。德性蕴含了构成一个社会所必应当有的基本规则，德性的社会价值不专属于某个具体的生活领域，而渗透于人类的一切活动领域。

德行即道德行为，是一种复杂的行为。从伦理学上讲，人的行为只是指自觉的、有目的的行为。道德行为不同于一般行为的规定就在于它是自觉的、出于道德准则的，并且是与他人的意志具有本质联系的行为。其一，就德行的特征而言，道德行为是基于自觉意识而做出的行为，是自愿、自择的行为，它不是孤立的个人意志的表现，而是与他人意志有着本质联系的行为。其二，就德行的机制而言，道德行为是有意识、有目的的行为。就行为本身来说，道德行为是由道德意识支配的行为，是道德意识内容的外化、客观化的过程。道德行为具有两个方面：行为的道德意识和行为活动本身。道德意识是道德行为的主导方面，在这里就是道德行为的内在方面，构成道德行为的内在机制和动因。道德意识作为主体化的意识，表现着主体自身的欲望、动机、情感、意志、信念、理想等因素的作用和相互关系。所有这些因素的作用和相互关系，就构成行为主体的价值意识。其三，就德行的过程而言，道德行为是一个复杂的过程，它是主体与客体、主观与客观、内面与外面的统一。这一过程包含着一系列相互联系的环节，其中最基本的环节就是动机与效果、目的与手段、理智与情欲、选择与责任、自由与必然。道德行为就是这些环节的运动、整合的过程。人的道德行为是自觉选择的行为，行为选择不但要受到行为主体的主观方面的限制，而且要受到来自客体的限制。人有选择自己行为的相对自由，同时也要对自己的行为选择承担道德责任，不仅要对自己的内心希求负责，而且要对外部行为结果负责。要做出正确的、恰当的行为选择，不仅要按照正确的选择标准，采取对行为负责的严肃态度，而且要正确处理选择过程中的各种关系，即正确处理动机与效果、目的与手段、理智与情感、选择与责任、自由与必然的关系。主体的道德行为能力主要是行为选择的能力，而行为选择的能力就在于正确认识和处理这些关系。

德性与德行是紧密联系的。在人们的道德生活中，一定的德行总是以一定的德性为基础的，而人们的德性又总是由一系列的德行铸成的，德性与德行存在着统一与不统一的复杂关系。其一，德性是自觉、自主的行为过程。人的德性是一种道德生活习惯或习性，更是一种凭借意志选择而获得的行为习惯。其二，德性是在行为整体中表现出来的稳定特征和倾向。道德行为整体包含两方面含义：一是指构成个别道德行为的主观方面和客观方面的统一，二是指一个人的一系列的道德行为的综合。人的德性不但体现在他的某个持续进行的行为中，更充分体现在他的一系列行为所构成的行为整体中。维系人的德性之质需要道德实践来检验。道德实践是德性外化为德行的'行善过程'，只有内在的德性外化为实在的良好的德行，才会对现实生活具有积极影响。其三，德性与德行存在着统一与不统一的复杂关系。德行之优良选择不仅仅完全取决于德性结构上的"我应当"之自律保证，因为道德行为的发生决定于特定的道德情境，决定于社会伦理秩序给予支持的程度，决定于个人对当时道德情境的利害考量等因素。德行可以是情境性的，也可以是倾向性的，因而使得德性与德行的不一致在主体的权衡中变得复杂起来。德性与德行的复杂实践关系表现为四对具体德性与德行的统一关系：高尚德性与高尚德行之间的协调统一；卑劣德性与卑下德行之间的协调统一；高尚的德性可能表现出卑下的德行；卑劣德性可能呈现出高尚德行。

德性与德行的统一与否，一定程度上决定着德育是否取得了最终的效果，一个人只有具备了高尚的德性，并达到了德性与德行的统一，才具备了高尚的道德品质。要实现德性与德行的统一，须从两个方面做起。首先，化内在德性为外在德行。任何知与行的统一均表明德行受到以下两个因素的直接影响：一是德行产生的外在不稳定情境因素，二是德性内在的相对稳定的结构因素。情境因素在很大程度上会影响一个主体的德性之稳定。德性对德行的担保要取得实效，关键在于对社会主流意识提倡的道德行为付出代价应给予补偿，进而形成支持高尚德行的社会伦理氛围和社会伦理秩序保证。其次，由德性而德行的中间环节—常德的培养。在社会伦理的建构中，无论是东方还是西方的学者，都不同程度地忽视了由德性而德行的中间环节—常德的培养。常德源于德性，在人性规定性上是无数个体之性趋于完善的集合体，无限接近于天地之性，却远远高于个体人的初端德性，它已具有一定社会集体性的遵循原则和规范要求。德行是在常德指引下的实际行动，体现着人们做事的自觉性、规律性和目的性。德性、德行、常德三者的关系表现为：一方面，德行是常德的真实反映，是德性的社会性活动；另一方面，常德是德行的前提，德行是常德的显现，二者保持高度的一致性，而且，由常德见诸德行，需要实践活动。"在人类社会伦理建构中，从德性、常德到德行是一个连贯的进展过程，常德的培植至关重要，起到承前启后的作用。"

二、使社会主义核心价值观成为新媒体视域下大学生的德性目标

在马克思主义看来，德性建构的基础是社会发展的客观需要。"某种道德品质要成为全社会崇尚的德性，必须满足以下条件：首先，该品质与现实生活的整体性、同一性、普遍性相关联，因而能够增进社会的和谐与稳定，有可能被全体公民认可；其次，该品质有助于社会的发展，因而具有不容争议的合理性。"

从伦理学意义上讲，社会德性建构的目标指代表社会成员的道德理想，具有普遍和永恒价值的那些品德。在新媒体视域下，东西方文化的聚集，价值观多元化趋势的显现，新媒体开放、平等、包容的环境，较宽松的规范和制度，为大学生自由选择价值观和道德文化提供了较大的空间，但也带来了易被西化、价值观混乱等问题。因此，更应提倡社会成员普遍遵守的德性目标，而在当前我国政治、经济社会现实状况下，社会主义核心价值观应成为我国社会成员普遍遵守的德性，更应该成为大学生自觉追求的德性目标。社会主义核心价值观观是社会主义核心价值体系的重要组成部分，具备成为社会德性的条件。其一，社会主义核心价值观不是某一个阶级或阶层的价值追求，而是全社会的价值追求和应遵守的道德规范，具有普遍适用性；其二，社会主义荣辱观包含着特定的道德规范，也蕴涵着特定的道德德性，"八荣八耻"体现着中华民族的传统美德，是确立价值取向、做出道德选择、判断行为得失、分清是非荣辱、明辨善恶美丑的基本准则。社会主义核心价值观体现了新时代我国社会的道德追求，应成为社会成员普遍遵守的德性。

用社会主义核心价值体系主导新媒体文化。在新媒体传播环境中，东西方文化思潮的交汇、碰撞更为直接，传统与现代文化交织，新媒体使用者以更自由、开放的姿态更真实地表达自己的文化和价值取向，新媒体传播环境是一个多元文化交织的、多种思想碰撞的相对复杂的文化环境。新媒体由于传者与受者的广泛性与主动性，传统媒体有效的调控手段，如封锁信息源、控制传播渠道、筛选信息流等手段很难实现。用社会主义核心价值体系主导新媒体文化是优化新媒体传播环境的需要，也是社会德性建构的需要。应创新发展社会主义核心价值体系在新媒体文化中的内容和表现形式，充分把握新媒体传播的特点，将核心价值的内容和表现形式平等化、具体化、形象化，推动我国优秀传统文化的数字

化、网络化。运用议程设置、沉默螺旋效应等传播学原理和手段，强化社会主义核心价值体系的主导作用。新媒体传播融大众传播、人际传播、组织传播于一体，有广泛的互动性，而且在时间的快捷、内容的丰富、深度的拓展上比传统媒体有优势。新媒体传播促进了公共领域的形成。理想的公共领域是在国家与社会之间进行调节，从而更好地保障社会整体利益的场所，具备公共性、独立性和自主性等特征。新媒体由于其互动性、平等性、开放性、超越时空性等特征，形成了较理想的公共领域，是一种全民参与、网状辩论、空前多元的公共场所。它拓展了传统公共领域的内涵，关注内容不仅指向社会政治事务，还指向与现实生活相关的事情。根据新媒体形成的公共领域的特点，合理进行网络议程设置，在BBS、网站、博客上通过设置议题、邀请专家做论坛版主等方式，可以加强社会主义核心价值体系的主导作用。

三、实现新媒体视域下大学生德性与德行的统一

加强德育，应提升新媒体视域下大学生的德性，增加大学生道德实践的机会，并注重大学生的道德自律，促进形成新媒体视域下大学生德性与德行的统一。

首先，加强德育，提升新媒体视域下大学生的德性。德育是道德活动的一种重要形式，一种道德能够在何种范围和程度上为人们所接受，很大程度上取决于它的传播程度，取决于德育实施的好坏。应根据新媒体环境的变化，加强和改进大学生德育的内容和方式、方法、手段。根据新媒体的特点，在坚持社会主义核心价值体系的主导下，对学生进行社会主义公民德育、媒介素养教育、新媒体德育，提升学生在新媒体视域下的道德意识和水平。运用立体、多面的德育方法，确立现实德育与虚拟社区的德育相结合的指导理念，使现实德育与新媒体虚拟社区的德育在内容、方法、手段上互补与融合。创新德育的方法和手段，将教育内容数字化、形象化地展现在新媒体空间里，吸引学生参与并在参与中受教育。

其次，增加新媒体视域下大学生道德实践的机会，为德性与德行的转化与促进创造条件。德育具有强烈的实践性，其中包括德育必须适应当时社会实践的客观状况和客观要求，必须引导受教育者实际地践行道德义务。只有让受教育者多参加实践，在实践中接受锻炼和考验，才能促进其德性与德行的统一，整体提升道德水平。在新媒体视域下，必须增加大学生在新媒体空间以及现实中道德实践的机会，使其受锻炼、提素质。通过建立德育网站、德育博客，开通德育微博、BBS等方式，引导学生通过参与论坛辩论、博客留言、微博交流等方式，参与热点问题、新媒体运用道德等问题的讨论，引导学生在新媒体

环境中，在两难的或多难的情景中进行道德选择和道德判断，促进形成正确的世界观、价值观、人生观。鼓励和支持学生参加现实中的实践锻炼，比如以奉献为主题的社区服务、三下乡社会实践、义务进行新媒体知识普及等活动，引导学生在实践中加深道德认知，培养学生在实践中的道德判断和道德选择能力，提升德性修养，促进德性与德行的统一。

最后，注重新媒体视域下大学生的道德自律。自律是道德发展的最高境界。新媒体使用者的道德自律包括个体自律和业界自律，主要指新媒体使用者自愿认同新媒体规范，以自觉的道德意识对新媒体运用行为进行自我约束和自我完善。加强大学生道德自律是新媒体环境中德性建构和促进德性与德行统一的有效途径，在道德自律、技术支持、法律规制三位一体的网络立体管制体系中，技术与法律只是手段，大学生的道德自律才是根本，其主要内容包括：树立主体意识和规范意识，做到自我约束和自我完善。

第二节　塑造新媒体视域下大学生现代公民人格

公民社会是指一种与私人、独立经济以及民主等概念相联系的，不同于国家的社会形态的，一种文明化的、世俗化的社会存在形式，这个社会由具有自由人格的公民构成并具有自治能力。公民德育是指一定国家和社会为了培养具有基本公民道德素质的，国家、社会所需的良好公民，从公民与国家、公民与法律等角度入手，对公民进行系统的、多元的和制度化的德育活动，将一定社会的基本道德原则和规范内化为公民基本道德素质。

一、新媒体视域下大学生公民德育的意义

新媒体视域下大学生公民德育是中国公民社会发展的需要。全球化、市场经济、以新媒体传播为主导的信息化为中国公民社会的发展创造了条件，推进了中国公民社会的发展进程，也为加强大学生的公民教育、公民德育提出了新的要求。我国传统道德文化是建立在农业社会族缘、地缘基础上的，以人伦秩序为代表的"熟人伦理"，存在着"私德主导、公德不彰"、上下等级差序较明显等问题，与公民社会所需要和提倡的民主、平等、自由等道德文化存在着较大的差异。随着全球化的推进，市场经济和民主政治的逐步发展完善，公民社会的兴起已经成为一种不可逆转的趋势，而新媒体的飞速发展又成为我国公民社会发展的强大助推力。在西方发达资本主义国家，公民社会的构建已经比较成熟，而在我国却仍是一个薄弱环节。构建现代公民社会，关键是要培养具有现代意识的公民。我

们必须着力培养国民的现代公民意识,我国家庭公民教育的淡化,使得大学生公民教育的重要性更加显著。家庭教育是公民教育的第一步。目前在家庭生活中,家长对孩子的教育还停留在传统的德育范畴内,在对孩子的主体意识、国家意识、权利意识、义务意识、法律意识、环保意识等方面的教育上还存在许多盲点。因此要着力培养大学生的公民意识,加强大学生的公民教育,尤其是公民德育。新媒体的发展促进了民众的参与意识,使民主、平等的现代伦理道德观念更进一步深入民众和大学生的心里,为培养大学生的公民意识和公民道德创造了条件。因此,新媒体视域下大学生公民德育是适应中国公民社会发展的需要。

新媒体视域下大学生公民德育是构建社会主义和谐社会的需要。中国社会是一个熟人社会、关系社会。在一体文化圈内部,群体片状分立,这种文化模式给予个体良好的私德,却导致了公德淡漠。这些一直影响到今天的中国社会,对于我国当前社会主义和谐社会的构建是巨大障碍。新媒体的发展促进了公民对国家公共事务的参与,促进了民主政治,但新媒体自主参与的特征,加之新媒体管理中存在的漏洞,"把关人"在一定程度上的缺位,使得公众舆论导向较难控制,使得一些社会问题被扩大化,对构建和谐社会既带来了机遇也提出了挑战。在新媒体视域下构建和谐社会更应该加强公民德育。现代社会的构建是基于国民的普遍福利之上的,在本质上是与熟人文化相悖的。公民社会是根植于现代政治理念上的,内在地追求公民个体的平等,以对公民权利的维护和对公民义务的明确规定为特征。现代公民教育的使命是吸引个体构建良好的个体道德,给予个体以平等的视角和民主的行为方式。和谐社会的构建是当前我国的建设目标和努力方向,和谐社会中的道德主要表现为公民道德,必须从培养公民道德入手实现和谐社会。新媒体视域下大学生公民德育对构建社会主义和谐社会的作用与意义主要体现在公民人格的养成、社会私德与公德的和谐接轨、公民道德法治国家构建的基础、社会公共精神的养成等方面。

新媒体视域下大学生公民德育是大学生自身健康成长的需要。加强大学生公民教育能促进大学生自身健康发展。大学生思想道德的主流是积极向上的,但是部分大学生对公民概念理解模糊,重权利轻义务,法治意识不强。尤其在新媒体环境中,学生的公民责任意识不强,有的大学生甚至见利忘义。笔者以为,公民教育要让"中华人民共和国公民"的概念植根于大学生的心中,培养学生的平等意识和公共精神等公民伦理观念。新媒体视域下大学生公民德育是改进大学生公民道德现状的需要,目前大学生存在着道德理论认同与具体实践、日常行为脱节的问题,大部分大学生在思想上能认同公民德育的内容,但不能认清自己肩负的道德责任,在进行道德行为选择时会产生偏差。尤其在新媒体虚拟空间里，在无人监督的状态下，大学生的公民道德自律、自觉状况还不令人满意。

二、新媒体视域下大学生公民德育的内容与取向

公民所需要的是某种丰富的品质，包括自律、义务、礼貌、宽容、公平和慷慨等德性。新媒体视域下公民德育应根据新媒体的特点、公民社会的需求确定教育内容和取向。

首先，新媒体视域下大学生公民德育的内容。党的十八大报告指出，公民道德建设应坚持以为人民服务为核心，以集体主义为原则，以爱祖国、爱人民、爱劳动、爱科学、爱社会主义为基本要求，以社会公德、职业道德、家庭美德为着力点，使"爱国守法、明礼诚信、团结友善、勤俭自强、敬业奉献"二十字的基本道德规范深入人心，使建设有中国特色的社会主义思想观念和道德要求成为广大青年的行为规范。新媒体视域下，大学生开展公民德育应包括如下几方面内容：公德教育，通过社会公德教育，使大学生形成符合社会需要的道德品质；公民文化教育，通过公民文化教育，使大学生明确公民的权利和义务，培养参与社会公共事务的意识和行为习惯；新媒体伦理德育，让学生了解使用新媒体时应遵守的道德规范，本着无伤害、互惠共赢、坚持正义、爱国守法等原则，文明使用新媒体，自觉维护新媒体空间的文明秩序；规则教育，通过道德的规则教育，使学生对规则、规范形成正确认识。

其次，新媒体视域下大学生公民德育的取向。公民德育不属于私人道德的范畴，而是公民在参与国家活动、公共生活时表现出来的公共性要求。新媒体视域下大学生公民德育的基本取向包括三个方面。

其一，以公民拥有独立的人格为前提。公民社会要求造就适应现代市场经济和民主政治的新型社会成员，由于我国的国民受封建臣民观念的影响较大，因而提高全民文化和观念、改造我国的国民性成了一项极其艰巨的工程。公民德育的基本取向就是培养社会成员的公民意识和公民能力。新媒体的开放、自由、互动、无中心的传播特点，使全民参与社会公共事务，为加强大学生公民教育、培养公民独立人格创造了条件。

其二，以权利和义务统一为基本的教育取向。中国传统社会是差序格局的社会，人们作为社会成员主体存在的意识较弱，依赖性较强，主动性较差。公民社会将人们在社会生活中的一切差异都消除在法律这一平等的理论起点上，人们可以在法律许可的空间里获得行为自由。而新媒体传播更使得人们的交往范围扩大到全世界，并从现实领域走向了虚拟领域，人们在法律许可范围内的虚拟与现实领域获得了广泛的自由，也对人们的权利和义务的统一提出了较高的要求。公民德育必须以追求公民权利与义务高度统一的自由境界为

教育取向，公民权利与义务的统一是公民社会的本质要求，这一要求面向全体公民，体现在道德、政治、法律各个层面。因为权利与义务构成了社会的规范体系，也是保障社会成员获得公正地位的前提。在新媒体这一强调高度自治的虚拟领域，必须对大学生加强权利与义务对等的教育。

其三，以合法性为底线。公民社会是以一种普遍的契约关系和契约精神建立起来并保证其良性运转的，"契约关系的最高表现就是国家法律，公民社会中国家的权力、人们间的权利义务关系都在法律规范中得到体现，公民社会建立的基础、自由市场和民主政体存在的前提是法律化的契约关系。"新媒体空间中汇聚了来自世界各地、不同民族、不同文化的人们，只有在坚持遵守法律的前提下，才能保证大家公平、自由地参与交流，并能够互相尊重、包容不同的文化和传统，否则将无法保证新媒体空间的秩序。

三、塑造大学生的现代公民人格

人格是由外在的社会环境赋予的，是社会价值精神在人身上的内化和人的"类"本质在个体性上的体现，是人作为活动主体的精神品质和性格气质特征。公民人格就是公民社会价值范式与精神生态在公民个体身上的内化与展示，公民伦理的价值范式与精神从根本上塑造了公民人格特征。新媒体视域下的大学生德育要顺应我国公民社会发展的要求，培养大学生的现代公民人格。现代公民人格的内涵体现在以下几方面：

首先，主体性与主体间性的统一。公民身份和公民伦理的基本前提与本质特征就是公民的主体性价值与地位、公民权利不可剥夺和权利与义务的统一。主体性原则与特征是公民人格成立的基本前提和首要条件。黑格尔指出："人格一般包含着权利能力。"哈贝马斯认为："正是黑格尔发现了现代性的基本原理和理念乃是所谓'主体性'（subjectivity）。""主体性"从根本上把现代人（公民）与传统人（臣民）区分开来。公民人格是人类社会发展到现代工业社会后，在市场经济条件下生成的独立人格形态，公民人格最本质的价值规定就是独立性、主体性。公民人格除了强调主体性，还强调其所应当承担的社会义务和对他者主体权利的尊重，公民人格既包含主体性，还包含主体间性。马克思认为人的本质是一切社会关系的总和，公民人格的价值蕴含不仅停留在个体独立性、自主性，还包含个体对社会义务的承诺与认同、对他人权利与独立主体性的承认与尊重。公民人格是存在于主体间的交往互动中，通过主体间性的尊重来实现主体性价值的，公民人格主体性的实现以其尊重主体间性为前提。新媒体的传播特点决定了学生在交往中的独立性、主体性，同时广泛的、无中心化的、陌生人之间的交往又决定了他们必须在坚持自己的独立性、主体性的同时，尊重他人的主体性权利，从而实现主体性与主体间性的统一。

其次，契约精神和德性价值的统一。契约精神作为公民伦理的基本价值范式，它是平等主体在同一生存平台上为了尊重相互间的主体地位与权利而达成的契约和规则的精神凝结。契约精神一方面揭示了公民社会中的契约、规则和制度具有优先性和不可毁损性；另一方面指公民人格要摒弃人们由于出身和社会关系的差异而产生的人格不平等，具有普遍的平等性。契约精神从根本上说就是一种公民道德品格中的规范意识，是一种现实人格、底线人格。契约精神揭示了公民人格的基本特征，但公民人格并不排斥它应有的德性精神的价值面向。德性精神是一种道德价值信仰，是原发于主体内在情感世界的对美德与崇高人格范型的追求。契约精神是一种内化了的道德观念与品格，公民社会对规则过分倚重，易导致对契约、规范的片面强调而忽视公民德性价值，最终导致人情冷漠和生活世界被割裂的现象。因此，现代公民人格在优先强调契约精神时，也应重视德性精神的作用。新媒体环境中，首先要求人们遵守规范，在遵守规范的前提下，推崇德性精神，倡导建设高尚、和谐的新媒体文化，因此，新媒体环境对培养大学生契约精神与德性价值的统一提出了要求，也创造了条件。

再次，多元范型与一元价值的统一。公民社会是一个在充分分化基础上形成的社会，社会主体的个体差异和社会价值评价体系多元。在多元的人格状态及其价值取向中，各种人格范型之间以一种平等的身份存在，并在法律规范范围内交互生存，这就决定了公民社会的人格范型的自由性和多样性的外在特征。人格范型及其价值的平等和多元必须确立这样一个前提：自由人格和多元价值之间有一种为各方共同接纳和信奉的一元价值标准，这就是作为底线道德的制度认同与法治精神。新媒体的高度开放性，使全世界各民族的道德文化充斥其中，由于没有根本的利害冲突而能够和谐共存，人们须遵守的一个基本规则是对制度与法制的认同。新媒体空间中多元的文化对大学生的价值观带来冲击，应注重对大学生进行社会主义核心价值观教育，使其牢固确立社会主义核心价值观，坚持在此基础上的多样化。

最后，多元价值中的共生性独立人格。培养主体的共生性独立人格是新媒体视域下德育的根本要求。共生型人格具有以下特征：其一，个体是一个独立性的存在，个体以形成独立人格为前提；其二，这种独立性是以承认他人的独立性，人与人之间的平等、公正为其规定性的；其三，共生性是一种新的人的结合关系，它不是依附型关系的加归，而是它的否定之否定；其四，这种共生性不是追求完全的同质性，它更多的是一种异质文化之间的"和而不同"。共生性主体的生成体现了民族文化自觉与价值导向建构这两个过程的统一。一方面，它体现了民族文化自觉得以实现。共生性主体具有在多元文化中依据本民族主导价值观进行自我选择、自我发展、自我超越的能力，这种能力使价值观认同的困境在社会层面和个人层面都得到解决，使民族文化自觉得到实现。另一方面，它体现了中国特色社会主义价值导向内化的完成与共生性主体的出现。共生性主体能够在多元文化中保持自身的统一性，因而具有坚持并发展本民族文化的能力，这种能力是民族文化自觉的具体表达，它推动了中国特色社会主义的内化，促进了共生性主体的形成。新媒体传播为共生性主体人格的形成带来了挑战和机遇，也创造了促进其生成的条件。新媒体的开放环境将大学生置于一个价值观多元化的环境中，教育者有意识的、不着痕迹的引导，在新媒体空间中坚持社会主义核心价值观的主导，有利于培养大学生的民族文化自觉，有利于其核心价值观的确立。

第三节 提升新媒体视域下学生的整体道德能力和水平

道德选择是人类活动中最重要的选择形式之一，新媒体空间道德多元化的环境对大学生的道德选择能力提出了新的要求，因此，应注重新媒体视域下的道德选择教育，提升学生的整体道德能力和水平。

一、道德选择的机制、自由与实现

道德选择是人在一定的道德意识支配下，根据某种道德标准，在不同的价值准则或善恶冲突之间所做的自觉自愿的抉择。"道德选择体现人的价值取向，又是价值观的表现形式，它以心理活动和行为活动的形式把人们内在的价值观念、道德品质等呈现出来。"

首先，道德选择的机制分析。可以从道德选择的心理机制和社会机制两方面来分析。

道德选择的心理机制。道德选择首先来自认识的选择性。其表现在主体的信息感知模式、认知定式和期待以及人的注意。定势和期待使人能认识到特殊的对象，从而有选择地接受信息；注意犹如在黑暗中打起的一束光，它指向哪里，哪里就会显现出来。正是注意的不断变化，才使我们的认识面逐渐扩大。道德选择又依赖于情感，情感是人类道德发生的直接心理基础，也是道德选择的重要心理依据。情感包括理智感、审美感和道德感，是广义情感中的最高层次，其选择作用最为突出；意志是一种直接的、现实的选择机制。意志就是自觉确定目的，根据这一目的来支配、选择、调节自己行动的心理过程，是知识和情感相互作用而形成的一种活动能力，是把主观的东西见之于客观，把内部的倾向变为外部的活动。意志通过自己的活动，使主体形成一定的倾向和目的，这种活动就是意志的决定和选择。

道德选择的社会机制。道德选择的社会机制就道德选择是怎样在社会结构中进行的。一方面，多层次和多方面的道德要求为道德选择奠定了客观条件。另一方面，在社会关系和社会制度确定的前提下，个人身份和地位的确立是通过选择来实现的。道德选择不仅在多种可能性之间进行，而且要在价值冲突中进行，价值冲突增加了道德选择的困难。价值冲突表现为两种性质不同的形式，即同一价值体系内部的不同道德要求之间的冲突和不同价值体系之间的对立。在价值冲突中做出正确的选择需要提高选择主体的选择能力，确立选择的标准，认清选择所要达到的社会目的。冲突要求人们思考、选择，这就是道德选择的社会机制。

其次，道德选择的实现分析。道德选择的实现由道德选择的自由、道德选择的尺度、道德选择的规定性、道德选择的过程等部分组成。道德选择必须有一定的前提，这个前提就是自由，道德选择的自由表现为两种形式，即社会自由和意志自由。社会自由是道德选择的外在可能性，人的意志自由是选择的内在自由，也是较为重要的道德选择前提。道德选择的自由是社会自由与个人自由的统一，是必然与自由的统一。道德选择以自由为前提，以道德责任为结果，主体在自由地选择对象的同时，也自由地选择了责任。

道德选择的尺度。道德选择总是依据一定的标准进行的，这个标准就是道德选择的尺度。道德选择的尺度具有确定性与不确定性、主观性与客观性、功利性和超功利性。道德选择的确定性是指任何道德选择都是根据一定的尺度进行的，该尺度在价值体系中的地位是确定的；不确定性是指尺度的确立依赖于主体的认识，尺度的作用取决于它在道德体系中的地位，尺度的价值存在于具体的选择之中；主观性决定了选择尺度都是具体的；客观性决定了尺度都是普遍的；功利性是指道德选择尺度的确立，都是为了达到或实现某种利益的；超功利性指选择的尺度虽然来自利益关系，但又具有相对独立性，与利益关系并没有直接的决定关系。选择的尺度反映社会整体的利益，而不是个人利益，而且选择的尺度往往需要人们做出个人牺牲。

道德选择的规定性。道德选择并不仅仅是理智的事情，还必须有意志的参与，意志与理智相结合构成了道德选择的规定性，体现在自主、自决、自控三个方面。自主是道德选择的基本规定性，它使道德选择成为选择主体的活动，而不是外在的活动。自主性的第一个含义是说，道德选择是有目的的，这个目的就是"善"。自主性的第二个含义是说，道德选择是"我"的选择。自主性的第三个含义是说，道德选择从一开始就是一种主动的选择。自主性从出发点和性质上规定了道德选择的内容，而这一内容就是意志的自决。只有自决的意志才是现实的道德意志，这种自决使选择成为自主的选择。自决建立在明察、深知的基础上，是根据道德的本性、客观的规律和现实的条件做出的决定。它着眼于长远的目标、理想的境界，把每一次决定都看作道德攀登的一步、自我完善的一种形式。道德选择在性质上是自主的，在内容上是自决的，而在过程上则是自控的。自控是道德选择的基本规定性之一，是保证选择顺利进行的机制。道德选择的自控性表现为选择开始时的控制、选择过程中的控制和选择结果上的控制。

道德选择的过程。道德选择是道德行为的前奏，道德选择的过程就是道德行为形成的过程，表现为道德动机的选择、道德目的的选择、道德手段的选择等。任何行为都是有动机的，动机就是直接推动个体活动以达到一定目的的内部动力。人们之所以能够选择动机，不但是因为人有自由选择的能力，而且是因为动机本身提供了选择的可能。动机的好坏对行为的善恶往往起着决定的作用，几种动机共同发生作用形成了某种行为；目的不同于动机，动机是行为的原因，而目的则是人们预定通过行为所要达到的结果。目的是行为的灵魂，规定着行为的方向，选择正确的目的是道德选择的关键环节和主要使命。目的不仅仅是主观的东西，它是客观的关系在人们头脑中反映的结果，其本质是主客体的统一。选择目的既是选择活动自主性、自决性的突出表现，也是道德责任的主要依据；目的和手段是密切相关的。在目的既定的情况下，手段的选择具有极为重要的意义。一是正确地选择手段可以尽快实现目的，只有目的和手段在性质上一致时，才能有助于目的的实现。二是选择手段可以强化道德选择的责任。动机和目的都是为主观的东西存在的，对它们的选择是一种思想斗争，对于形成人的品质极为重要，但由于还没有表现出来，选择的责任尚不明显。只有经过手段选择之后，目的、动机才开始由观念形态向现实形态转化，从而表现出一定的道德责任。三是道德手段可以扩大人的自由。选择自由是人的一种能力，这种能力是由不断积累选择经验而形成的。在众多的手段之间进行抉择，既表现了选择者现有的自由，又为选择自由的增长奠定了基础。

二、道德选择教育的特征

道德选择教育以强调人的主体性为根本特征，以允许道德选择为前提，以实现对人的本质、主体性、社会理性的充分尊重为本质内涵，以提升道德认知能力、判断能力、意志力和道德实践能力为核心内容，以实现人的主体人格的完善为最终目标，是新的德育的理念和实践形式。道德选择教育的特征表现为以下几点：

首先，道德选择教育注重"以人为本"。德育的对象是人，德育的目的也是使人成人。道德选择教育反对德育的功利主义，功利主义是我国德育的一个弊端，表现为德育急功近利，教育课程随社会要求变动较多，重说教，强调理性、公正而忽视关怀品质的培养，导致德育信度的丧失、效度的缺损和地位的下降。道德选择教育承认学生是具有独立人格的完整的人，尊重学生的人格和需要。

其次，道德选择教育融入"生活世界"。道德与生活相融一体，"生活世界"是道德选择的源泉和基础。但是我国的学校德育却存在着重知识教育、与生活世界脱离的现象。道德选择教育是一种回归"生活世界"的德育，道德选择要在生活中展开，道德选择教育要以贴近大学生生活的方式进行。

最后，道德选择教育注重道德选择能力的提高。传统的德育对现实的认识和理解存在着误区，德育主旋律的声音很响，但很难得人心，没有很好地利用现有的道德现实的资源优势。多元的价值观念、多样化的道德体系可以为道德主体提供选择的可能，有比较才能有判断和抉择。传统的德育形成的道德观念、道德意识容易发生变化。道德选择教育强调对道德现实情况的充分运用，最为关注的结果是道德选择能力的提高。

三、新媒体视域下大学生道德选择教育的价值取向

人们的道德选择教育是以道德价值为基础的。马克思主义认为，价值是一个关系范畴，它体现着主体与客体的利益关系。道德价值作为道德主客体价值关系的反映，体现着一定的社会道德现象（客体）对于个人、群体和社会（主体）的意义。对个人来说，道德是自我肯定、自我发展和自我完善的必要形式。对社会来说，道德是发展生产力和科学技术的精神动力，是巩固和完善经济关系的精神条件，是上层建筑的精神内核，是社会文明的精神向导，是培养社会主义新人的精神要素。从总体上看，道德的价值就在于能促进个人和社会的相互改造、相互超越、共同发展和完善。

道德选择教育的基础是道德价值。道德选择教育一方面是一种理性的选择，体现着人们对事物发展客观规律的认识、利用；另一方面又是一种价值选择，体现着主体的利益和需要，牵动着主体的感情、心绪，影响主体的意志，具有强烈的主体性。与人类一般的选择活动相比，道德选择教育具有明显的利他性和超功利性。即道德主体在利益矛盾的选择中，对道德的践行仅出于对道德准则的认同、尊重和诚服，不是以获取个人的某些外在私利为条件的。这种行善超越了行为者自身的外在私利，无疑具有超功利性。然而，道德选

择教育作为一种价值选择无疑也具有个人功利性，功利主义或幸福论的一个合理之处在于它们对人的行为动机和动因的分析，揭示了人的道德选择教育的功利性。道德选择教育是对人们之间利益关系选择优化的过程，在一般情况下，道德主体在进行道德选择教育时，总是自觉地利用主体自身的利益来衡量客体属性对于主体道德需要所具有的意义。新媒体视域下大学生道德选择教育的价值取向体现为以下几点：

首先，确定道德价值的等级序列。作为道德选择教育尺度体系的第一层次，它包括两方面内容：一是社会生活所必需的、最简单、最起码的公共生活规范，如守信诚实、尊重人的价值和尊严等。二是以"整体协调"的原则，评判那些人与环境、与集体发生关系时的行为和思想的道德规范。这些道德规范主要用于审度人与事、人与群体发生关系时的道德行为和思想。

其次，坚持正确的道德价值导向。任何社会都必须有一些共同的道德价值目标和道德标准，这是社会存在和发展的基本前提。根据社会实践发展的需要，每个社会在每个时代都有占主导地位的道德价值和规范。在我们当代中国，社会主义核心价值体系是主导的和基本的道德价值和规范，我们应坚持以社会主义核心价值体系来影响和教育人们。

再次，允许多种价值观念存在，尊重人们不同的价值选择和追求。在现时代，人们的价值取向和道德标准越来越多元化。在法律和社会共同的生活准则范围内，我们应尊重人们不同的价值选择和追求。在新媒体视域下，在坚持社会主义核心价值观的前提下，我们尊重个人的不同选择。

最后，做好传统道德观念的现代化。在现实生活中，传统道德观念与市场经济发展、信息化社会的道德要求不相适应，使人们易产生道德困惑。我们应根据时代和社会实际情况的变化，在发扬中国传统道德优秀因素的基础上，促使其增加民主、平等的现代因素，实现其现代转化。

四、以提高道德选择能力为道德选择教育的核心

新媒体视域下大学生道德冲突的特点决定了道德选择教育的核心是提升其道德选择能力。

一般来说，道德冲突的类型有三种：一是同一道德体系内不同道德原则、道德要求之间的冲突，二是不同道德体系、原则规范之间的矛盾和冲突，三是个体道德心理上的冲突。第一种冲突往往发生在同一文化语境中；第二种冲突时常发生，突出表现在社会变迁迅速之时。由于新媒体传播的高度开放和自主性，全球化的进一步推进，使得新媒体空间

充斥了各种文化和价值观，使大学生受到多元价值观的影响和冲击，在面临道德选择时经常处于不同价值观冲突的两难或多难境地。第三种冲突表现在个体心理之中。一是个体所扮演的不同社会角色所承担的不同的道德规范之间的冲突。在新媒体环境中，个体经常扮演着各种不同的虚拟角色，有时性别与年龄都是虚构的，这使得学生在道德选择时经常处于迷茫、冲突之中，甚至淡化了责任意识。二是个体人格中的自我冲突。弗洛伊德用"本我""自我"和"超我"来说明人格在动态发展中的矛盾与冲突。"本我"是道德心理结构中最底层的部分，即本能冲动，它的唯一机制是趋乐避苦，"本我"是无意识、非道德的东西，是社会发展和人类生存的潜在的危险力量。"自我"是后天形成的意识结构，是一种理性的道德机制，它既不违背和对抗社会的伦理道德要求，又想方设法找到实现个人欲望的合理途径。"超我"是个体道德心理结构中的最高层次，是传统的道德观念和善恶标准在个体身上的内化。"超我"按至善原则行事，目的是为至善至美而奋斗，在内容上与本能冲动对立。三者密切配合，使人能有效地与外界现实进行交往，满足人的基本需要与欲望，同时也为社会所允许和接受。但是这三种常常发生冲突，当社会化的"我"面对"本我""自我"和"超我"的同时要求时，强烈的道德冲突就产生了。在新媒体环境中，由于人们隐去了真实的身份，可以不受现实中的身份、地位等制约，人们更乐于表现真实的"自我"，应该说"本我"的成分更多，所以会较多地遇到三个"我"之间的冲突。

创新新媒体视域下的德育方式，促进学生道德选择能力的提高，主要有情感型、渗透型、环境型、互动型等德育方式。

情感型道德选择教育模式。大学生道德选择教育不仅要以理服人，而且要动之以情、以情感人。在新媒体视域下，教师应积极运用新媒体平台与学生沟通交流，达到情感的共鸣，促进学生自觉接受主流价值观念，并内化为自身的道德意识，外化为道德行为。一是情感投入式。情感是开启学生心灵的钥匙，情感是学生将其自身的认识转化为行为的必不可少的因素，是德育工作实现内化的中间环节。情感投入促进德育诸要素的反应速度和水平，情感的投入可以对德育工作起一种价值评估的作用，情感投入体现着德育主体行为选择是否协调进行和谐发展。二是平等谈心式。现代教育的发展和社会进步为民主、平等的师生关系提供了基础，新媒体的发展为师生平等交流搭建了平台，由于新媒体的虚拟性、平等性，教师可以隐去身份，与学生直接交流。

渗透型道德选择教育模式。渗透型德育模式就是教育者运用有教育意义的知识学习和进行有培养价值的组织活动，使学生潜移默化地在思想、道德、价值观等方面受到感染、熏陶和陶冶。一是人文知识长效渗透。新媒体环境的多元化对中华传统文化、人文氛围产生较大冲击。高校德育要认真研究人文教育的内涵和特征,丰富现代德育的内涵,充分运用新媒体平台,形成人文知识长效渗透的德育模式。二是科学精神重点渗透。所谓科学精神,是指从科学中凝练和提升出来的文化精髓和价值观念体系。科学精神的重点渗透德育模式一方面要教育学生脚踏实地、刻苦钻研,另一方面要教育学生以开放的眼光、宽广的胸怀、敏锐的洞察力去认识世界和掌握世界大势。三是制度规范强化渗透。要把社会主义核心价值体系、新媒体管理法规和道德规范的内容,借助新媒体平台,通过数字化的形式对学生进行强化渗透。同时,高校要根据党的教育方针和培养目标形成指向明确的制度规范。这些制度规范必须坚持社会主义的办学方向,坚持爱国主义和集体主义的价值取向,体现社会主义的本质要求,为形成积极、健康、高尚的校园环境和成才氛围发挥规范作用,制度规范强化渗透具有诸多功能,包括教育功能、约束功能、导向功能、塑造功能等。

环境型道德选择教育模式。现代教育思想十分重视环境因素在德育中的作用,许多教育家认为德育环境和德育内容同样重要。新媒体环境对于大学生产生了深刻的影响,通过加强社会网站和校园网的管理,建设以社会主义核心价值体系为主导的、健康高雅的新媒体文化,会对大学生产生积极的影响。同时要加强校园文明建设,校园文明建设总的目标要求应是较高的文化品位、浓郁的人文氛围、浓厚的学术色彩和高雅的文化景观,通过优良的新媒体环境和校园文明建设,发挥环境育人的作用。

互动型道德选择教育模式。社会互动理论认为,任何客观的社会组织形式都是由个体之间的社会互动构成和维系的。在社会互动的过程中,个体具有解释社会互动符号的能力,从而判定情景,使社会互动顺利进行,只有通过解释人们在微观社会联系中的社会互动性质,才能真正理解社会结构及其变迁。这一理论对德育的意义主要在于德育工作本身具有社会互动的特性。而新媒体的广泛的、去中心化的互动交流传播模式,更为互动型道德选择教育提供了绝佳的平台。教育者可以通过在线交流、网络聊天、论坛等方式与学生进行广泛的交流。一是思想互动。这不只是在简单意义上强调教育者与受教育者简单的相互对立的"你""我"都成为互动的主体,而且更强调"你""我"都作为完整的精神实体而相通。二是活动互动。从认识论上看,活动是社会互动的重要形式。实践活动是连接参与者与教育过程的媒体,因此,通过活动互动方式,把思想从运用要求转变为选择行为理论,具有重要意义。三是教育互动。教育互动贯穿在思想、活动互动过程中,对两个互动过程发挥指导作用,是德育互动的方向。教育互动包括理解和接受两个过程。在德育的互动中,德育双方的理解过程不是独自进行的,而是在一定的情景活动中发生的,交流过程是一种教育形式。接受是活动互动反映的自然或精神客体与认识、实践主体之间的相互作用关系，是德育工作中的接受主体对教育的选择、整合、内化的过程。教育互动模式体现为三种基本方法：一是价值澄清法。在我国社会的整体转型、新媒体传播带来的价值观的多元化给学生的价值观带来混乱的情况下，迫切需要培养他们的价值观澄清和选择能力。价值澄清法的最大特点是把学生放在主体性的地位上，充分调动起学生的积极性、主动性，使他们根据自己所持有的价值观，通过主体思考和分析，对自己的行为和他人的行为进行判断与评价，并且审慎地做出自己最终的选择。二是自我教育法。自我教育法是教育者引导学生主动地去自觉学习、自我反思、自我锻炼，通过思想转化和行为控制来形成正确价值观的方法。新媒体视域下自我教育法是比较适合的方法，通过培养学生的价值认识、价值判断、价值评价和价值选择能力，使他们能够根据正确的价值观念去分析、判断和评价现实生活中所遇到的人与事，并做出相应的价值选择。三是角色扮演法。所谓角色扮演法，就是教育者引导学生把自己置于别人的角色上，通过体验他人的价值承担，培养学生对他人处境、需要的敏感性，以及设身处地地为他人着想的移情能力。新媒体环境中，可以创设不同的场景，让学生扮演不同的虚拟角色，这为学生多种体验创造了条件，但由于虚拟与现实存在一定差异，所以也需要现实中的社会实践活动、青年志愿者活动等与虚拟空间的角色扮演相互补充，对学生进行全方位的教育。

五、以提高新媒体道德与现实道德的转化能力为德育的着力点

道德是调整人和人之间以及人和社会之间关系的一种特殊的行为规范的总和。新媒体道德就是在新媒体环境或新媒体条件下调整人和人之间、人和社会之间关系的一种行为规范，是对新媒体时代人们通过新媒体而发生的社会行为进行规范的伦理准则。

（一）新媒体道德的特点分析

新媒体道德的特点表现为：其一，新媒体道德的发展从"依赖性"走向"自律性"。与传统社会人们的道德意识与道德行为相比较，新媒体道德更少依赖性、更多自主性，为人们道德主体意识的觉醒、道德主体地位的确立创立了条件。在新媒体社会里，人与人的交往具有匿名性，使现实社会道德主要依赖于周围外在力量约束推动的实现机制在新媒体社会失灵。新媒体社会需要的是自主、自律型的道德，是一种他律与自律结合、更多依靠自律的道德。其二，新媒体道德的发展从"一元"走向"多元"。现实社会的道德是一元的，与现实社会相比较，新媒体世界里各主体自由交流、平等对话，不同地区、不同种族

的人们自由交往，彼此不同的道德意识、道德观念碰撞和融合，由于没有实质性的利益冲突而共存，新媒体道德是多元性与开放性的统一。其三，新媒体道德的发展从"滞后性"走向"超前性"。"超前性"是指道德作为人类的一种价值目标，往往蕴含着比现实更高的理想成分。"滞后性"是指道德作为一种能够在人类意识中长期积淀的传统，往往表现出自己的保守性或惰性。新媒体道德中"超前性"和"滞后性"并存交叉，人们在新媒体空间中表现出的道德观念总体上趋向于更宽容与平等，反映了人类道德文明发展的趋势，表现出"超前性"。同时新媒体的高度自由和开放，使得新媒体空间的信息和道德表现良莠不齐，而新媒体管理法规与规范亟须进一步完善，新媒体对人们行为的自律性要求比现实道德的要求更为苛刻和严格，新媒体道德表现出与技术相比的滞后性。

（二）新媒体道德与现实社会既有道德的关系分析

道德被认为是在人类社会交往活动中形成的调整人与人之间社会关系及行为的规范和准则。由于人类社会交往空间的不同，新媒体道德往往被从两个角度进行阐释。一种观点认为，新媒体道德是现实社会道德在新媒体社会中的延伸和应用，是人们在新媒体空间活动中应遵循的行为规范和道德准则。另一种观点则认为，新媒体道德与现实社会道德存在明显区别，新媒体道德其实并不像传统的道德那样，是靠舆论来约束、规范个人行为的，它是以新媒体使用者自身的素质为特征的道德自律。这就将不同社会空间中的道德依赖的基础做了区分：现实社会道德依赖他律，新媒体道德依赖自律。以上这两种观点都有可取之处。新媒体道德是现实社会道德在新媒体社会中的延伸和应用，是人们在新媒体空间活动中应遵循的行为规范和道德准则。由于新媒体道德所处环境的特殊性，社会舆论对新媒体空间的道德基本起不到监督作用，因而维系新媒体空间道德主要靠法律、新媒体管理规范、新媒体使用者的自律。因此，新媒体道德依赖他律和自律的结合。

新媒体道德与现实道德是紧密联系又是有所区别的。新媒体使用者是新媒体道德的实践主体，但人的思想、行为不可能脱离现实生活而完全虚拟化。因此，新媒体道德要反映现实既有道德的需求，保持一定的延续性，同时新媒体道德要反映新媒体这个特殊领域的特殊需求，具有自身的一些特点。

新媒体道德以现实道德为基础。新媒体建构的虚拟世界是在真实世界的基础上建立起来的，是真实世界电子意义上的延续。新媒体道德的设计以现实道德作为客观参照系，使新媒体道德与现实道德达到根本点上的一致，使新媒体道德既适应虚拟世界的特殊性，又不与现实道德发生根本的对立，并尽量发挥新媒体道德对现实道德的促进作用。

新媒体道德对现实道德的推进。现实道德是人们在长期的社会实践中形成的，而新媒体社会是现实社会的发展和延伸，人们的网上活动与现实社会的活动在本质上是一致的。这就决定了现实道德的一般原则同样适用于新媒体社会，新媒体社会为现实社会既有道德的实现提供了更为广阔的实践空间，新媒体社会的道德水平将影响到现实社会的稳定和文明水平。

新媒体道德对现实道德有反作用。新媒体道德与现实道德之间是互动的关系。由于新媒体的开放性、虚拟性，人在新媒体空间中的生活与现实社会不同，这就决定了新媒体道德具有不同于现实社会中既有道德的新特点，并动摇着现实社会既有道德的基础，对现实道德具有一定的反作用，表现在积极和消极两个方面。如果新媒体空间的秩序良好，人们习惯了比较讲道德和秩序的氛围，当其回到现实社会的时候，也会克服一切不良习惯，成为一个遵守道德规范的人。如果新媒体空间的秩序混乱，人们受到它的影响，在现实社会中也会延伸其不道德的行为。

（三）新媒体空间中大学生的道德特点分析

新媒体空间中的大学生道德表现出与现实道德不同的特点，具体表现为道德意识的多元性、道德行为的反传统性、道德关系的草根性。

道德意识的多元性。新媒体传播是一种网状式无中心的分散结构，不同国家、不同民族、不同团体的各种道德都融汇在一起，它们会产生强烈的碰撞与冲突。新媒体空间中价值观的多元化使得大学生的道德意识呈现出多元性的特点。

道德行为的反传统性。新媒体空间交往的匿名性，使得大学生在新媒体交往中形成的虚拟关系比现实关系变得更加复杂和难以规范。传统现实社会的家庭关系、婚姻关系等在网上被颠覆和虚拟，造成一系列反现实、反传统的行为和倾向，如很多大学生认为在网恋中可以有多个恋爱对象，有时在贴吧或论坛里发表不负责任的言论，这些也会影响学生在现实社会的道德选择，给社会伦理道德带来新的困惑和挑战。

道德关系的草根性。人是社会关系的总和，现实社会里社会关系的建立往往需要比较长的时间，还会受到各种社会条件的制约和影响，但一旦建立具有相对的稳定性和延续性。而在新媒体空间，大学生很容易建立起各种"速成"的社会关系，但这种关系却很脆弱和松散，因为它抽空了社会关系所需要的社会内容，人们不必为虚拟空间的社会关系承担一些责任和义务，因而显得随意性较大。

道德人格的双重性。新媒体空间中多元道德、多元文化的存在，常使个体处于矛盾的

· 227 ·

道德选择中，给大学生道德人格的形成与发展造成挤压和扭曲。一些学生长期沉溺于网上交往，使得他们在网上交流很顺畅，但在现实生活中表现得性情孤僻，不会与人交往，这种道德人格使他们难以适应社会。

（四）大学生新媒体道德与现实道德的相互促进与转化的路径

新媒体环境使学生在新媒体空间的道德与其现实道德存在一定程度上的不一致性，发挥新媒体道德对现实道德的促进作用，实现大学生新媒体道德与现实道德的良性相互促进与转化，是提高学生整体道德水平的重要手段。

从教育入手，实现新媒体德育与现实德育的有效结合。德育是培育理想人格、造就人们内在道德品质的重要手段。新媒体道德的超前性与滞后性并存的特点，使得大学生在新媒体空间的道德表现有时优于其现实空间的表现，有时低于其现实空间的表现。因此，应从教育入手，实现新媒体德育与现实德育的有效结合，在教育内容、教育手段、教育活动设计等方面，实现交叉与融合，促使学生将在现实中形成的稳定的、优良的品质呈现在新媒体活动中，将学生在新媒体活动中吸取的民主、平等、参与的积极因素应用到现实活动中，从而实现新媒体道德与现实道德的相互促进。

加强新媒体管理法律和规范建设，规范学生在新媒体空间的道德行为。规范是引导人们形成优秀道德习惯的必要手段。由于新媒体发展迅速，从世界范围看，新媒体管理法律与规范的制定落后于新媒体的发展，这就使得新媒体空间的一些行为处于无章可依的真空地带。比如，美国、英国等国家一向主张新媒体是一个自由的天地，使得西方国家认识到新媒体对社会舆论引导、社会秩序的重要影响，认识到新媒体管理的重要性。因此，应加强新媒体管理法律和规范建设，规范学生在新媒体空间的道德行为，从而促使大学生形成新媒体空间中的优秀的道德习惯和道德品质，并使之促进整体道德水平的提升。

注重学生自律，促进形成虚拟空间与现实空间道德品质的统一。"慎独"是道德的最高境界，由于新媒体的开放性、匿名性、虚拟性，传统道德的舆论监督等手段在新媒体空间的作用较弱，新媒体空间的道德很大程度上依赖于个体的道德自律。新媒体既是大学生可以充分展现个性、抒发情怀的舞台，也为提升大学生的道德判断能力、选择能力，锻炼道德意志，提高道德自律能力提供了条件。因此，应注重加强学生的道德自律教育，通过在新媒体空间和现实生活中创设两难或多难的、无人监督的道德环境，让学生在无人监督的、充分自由的环境下进行道德选择，并注重加强学生在现实生活中的道德实践，促进形成虚拟空间与现实空间道德品质和道德行为的统一。

第八章 新媒体时代德育教育工作者的素质培养

德育教育是一项对人的思想和行为过程产生重要影响的复杂工作，它的工作性质要求德育教育工作者必须具备较高的思想、道德素质，从事德育教育的专业素质，较全面的能力素质和良好的心理素质。面对新媒体时代德育教育所面临的新形势、新特点，德育教育工作者必须不断提升自身素质，以便更好地完成时代赋予自己的神圣使命。

第一节 新媒体时代德育教育工作者的素质内容

一、德育教育工作者素质的内涵

学界对于德育教育工作者素质的内涵问题在学理上的定义并不存在根本性的歧义，并且形成了通识性的认同，通识的观点认为德育教育工作者的素质是：德育教育工作者在大环境的教育背景下，针对特定的教育对象——学生，通过实践和自我完善形成和发展起来的基本品德和素养。只是在对这一定义的表述上有所不同，如有学者认为：德育教育工作者的素质是指德育教育工作者具备的各种基本条件的总和。有学者则认为：德育教育者素质主要是指从事德育教育工作的人员所必须具备的思想、品德、知识、能力、心理等各方面的基本条件的总和。通过分析发现在对德育教育工作者的素质几近一致的定义中，反映了一个一般性的结论，即传统教学的"素质教育"的理论，德育教育工作者的素质和一般教育者的素质定义并没有特别的差异，而并未将德育教育者本身的职业特性和这个特殊群体的教育者特质的差异性体现出来。

德育教育工作人员范围及德育教育工作者素质的内涵，学界的研究基本上达成了共识，也没有太大的歧义；但对德育教育工作者素质所包括的内容，目前学界仍存在着较大的歧义，并未达成共识。

对于这个问题具有代表性观点的是"思想道德灵魂说"。这种观点认为德育教育工作者素质主要指思想道德素质，并认为思想道德素质是德育教育工作者素质的核心，是发挥决定作用的素质，其他素质都是次要的、起辅助作用的，这是一直以来对德育教育工作者素质的经典叙事。无论是传统的立场或当代话语，都是强调思想道德素质对德育教育工作者整体素质构成的统领意义，当然，传统立场强调的政治要素虽然有政治挂帅之嫌，但是对于传统意义的思想道德素质的内容认定符合历史的意识流；而当代政治要素强调的作用是思想道德素质的灵魂作用，强调了德育教育工作的本性。但德育教育并非等同于"政治教育"——这样的做法存在着把政治教育窄化之嫌疑，显然是对德育教育的严重误解，界定德育教育工作者素质不能把思想道德素质当作主要素质抑或具有统领作用的素质，并认为思想道德素质优于其他素质，凌驾于其他素质之上，而忽略其他素质，甚至其他素质被思想道德素质取代，把素质内容独立化、狭隘化的做法是不可取的。

对德育教育工作者素质内容的普遍性观点是"多元论说"。德育教育工作者素质的内容是丰富多元的，包括思想道德素质、法律素质、知识素质、人格素质、能力素质、心理素质、创新素质等。比如，有学者认为德育教育工作者素质包括思想道德素质、业务素质、能力素质、心理素质等；有学者认为德育教育工作者素质包括思想道德素质、知识素质、能力素质、身体心理素质；有学者认为，德育教育工作者基本素质主要包括思想道德素质、知识素质和能力素质等五个方面；还有学者则对德育教育工作者中的重要组成人员——德育课教师的素质进行了总结，认为德育理论课教师的素质是由教育科研能力、创新精神、人格魅力和道德风范四个方面构成，其中，教育科研能力是基本方面，创新精神是重要内容，人格魅力是必要方面，道德风范是核心内容。并指出：德育理论课教师要做到坚持正确的政治方向、学贯中西、理论功底扎实，就必须提高教育科研能力。这是德育理论课教师应具备的基本素质。无论历史条件发生什么样的变化，德育课教师教学的实效都是以教师的学术水平为基础的。只有通过教育科研才能提高德育教育理论课马克思主义理论和社会科学、自然科学知识素养，拓宽其专业知识和边缘学科、交叉学科的视野，进而提升学术与教学魅力。对德育教育工作者素质持"多元说"的学者很多，以上列举了几位有代表性的论说，说明德育教育工作者素质是一个内容丰富、层次性较强的、多元的概念范畴。

二、德育教育工作者素质的结构

新媒体使得德育教育工作者的角色从传统向现代转变。提高德育教育工作者的综合素质,是新媒体环境下德育教育发展的需要,也是德育教育建设的首要任务。新媒体时代的德育教育工作者既要具有德育教育的理论与实践经验,又要掌握计算机网络的基本理论并能熟练进行网络操作;既要具有较高的思想素质,又要具有一定的科技意识和创新能力。从总体上来看,它要求德育教育工作者应当具有以下几个方面的素质:

(一) 思想道德素质

思想素质包括世界观、人生观、价值观等,是指运用科学的理论观点来分析问题、解决问题的能力和水平。首先,世界观是人的思想素质的核心。德育教育工作者要努力掌握辩证唯物主义和历史唯物主义的科学世界观和方法论,正确认识事物发展的客观规律,端正思想方法和工作方法,避免在德育教育过程中犯主观性、片面性、表面性等毛病;其次是人生观、价值观。所谓人生观是人们对人生意义、人生目的和人生价值等问题的根本看法和态度;价值观是人们处理和对待自身与外界关系的根本态度。德育教育工作者必须树立崇高的人生理想、全心全意为人民服务的人生目的、乐观豁达的人生态度。在新媒体时代,拥有了科学的世界观,德育教育工作者才能不断提高自己的思想觉悟和认识能力,才能有资格、有能力去引导大学生在网络行动中进行世界观的改造,提高对网上传播的形形色色的社会思潮和各种信息的辨别能力,增强免疫力和抵御力。拥有了崇高的人生观,德育教育工作者才能在网络教育活动中坚持一切从人民利益出发,敢于同一切危害人民利益的言行做斗争,才能引导大学生正确处理好个人、集体与国家间的利益关系,树立社会主义核心价值观,自觉抵制网络上极端个人主义、享乐主义、拜金主义的资本主义价值观的侵蚀。

道德素质是人们的道德认识和道德行为水平的综合反映,包含一个人的道德修养和道德情操,体现着一个人的道德水平和道德风貌。德育教育工作者的道德素质是一种无声的教育力量,它深刻地影响着教育对象的思想和行为。一般来说,优秀的道德素质应当包括以下几个方面:一是无私奉献的道德境界。它要求德育教育工作者,必须保持高度的社会责任感,坚决履行自己对祖国、对人民、对他人的责任和义务,自觉做到教书育人、无私奉献。二是坚定不移的道德信念。道德信念的培养是形成道德品质的关键环节。德育教育工作者应自觉确立正直、无私、正义、公平、诚挚等道德信念,并用坚强的意志行动去实现这些道德信念。三是坚毅果敢的道德自控能力。它要求德育教育工作者,即使在无人监督的网络情境中,也恪守道德要求,坚持理性自律;经常自觉、冷静地反思自身工作中的缺点和错误,并能纠正自己的错误,使自己的道德境界不断得到升华和提高。新媒体时代，德育教育工作者具有了良好道德素质，才能把握网络德育教育工作中道德关系的本质，才能从理性的高度指导和评价自己或教育对象的道德行为，才能对网络德育教育工作中的现象、关系和行为做道德分析和判断，才能积极地推动被教育者道德意识的增强。

（二）文化知识素质

文化知识素质，是指人们在文化方面所具有的较为稳定的、内在的基本品质，表明人们在这些知识及与之相适应的能力行为、情感等综合发展的质量方面，所展现的水平和个性特点。是一个"高知"群体的集合地。也就是说无论是大学生或是工作人员，他们的知识水平和文化层次都高于其他的群体，作为从事大学生德育教育工作的人员，没有较高的科学知识水平和良好的文化素养是无法将教育工作做到位的。因为德育教育工作所面对的对象是一些思维活跃、知识面丰富、知识水平较高且学习能力较强的大学生，如果德育教育工作者自身的知识水平欠泛，没有较高的文化知识素质，就无法在大学生们面前树立威信，让他们接受，并让他们信服的。

新媒体时代，德育教育工作者所需要的文化知识素质包括以下几点：

1. 基础理论知识

即马克思主义基本理论，是网络德育教育的理论基础、行动指南和思想武器。德育工作者只有掌握了马克思主义的基本理论，才能树立科学的世界观、人生观，才能运用马克思主义的立场、观点和方法去分析和研究网络德育领域出现的各种新情况、新问题，运用科学理论批评谬误，解释疑惑，统一思想，提高认识。德育工作者只有掌握了马克思主义的基本理论知识，才能准确地向受教育对象传递马克思主义的基本原理和方法，帮助受教育对象树立正确的世界观和人生观，提高受教育对象分析问题、解决问题的能力，使受教育对象的素质全面提高。

2. 专业知识

主要指德育教育基本原理与网络德育教育业务方面的专业基础知识和专业知识。只有掌握了这些专业基础知识和专业知识，才能更好地结合网络的特点去分析大学生的认知、情感、意志、个性等心理特征。深入了解大学生的网络社会关系和网络环境，把握他们的思想行为、活动规律以及网络德育教育规律，增强网络德育教育的预见性和针对性，掌握网络德育教育的主动权，将网络德育教育建立在科学的基础之上。

3. 辅助知识

主要是指与德育教育工作有直接或间接关系的知识，比如与德育工作关系密切的心理学、教育学、伦理学、社会学、领导科学、决策科学、管理学行为科学、企业文化知识等知识。学习和掌握这些相关学科的辅助知识，可以使德育教育工作者扩大知识领域，开阔视野，丰富知识面，使自己的科学文化知识素质得到提高，在实践中切实增强德育教育工作的实效性。

（三）网络信息素质

所谓信息素质就是指在各种信息交叉渗透、技术高度发展的社会中，人们应具备的对信息的处理、筛选、鉴别和使用的能力。而在新媒体时代，高校德育教育工作者的信息素质则主要包含了信息意识、信息道德、信息能力等多方面。

1. 要增强德育教育工作者的信息意识

所谓教育者的信息意识就是指德育教育工作者对信息的获取、分析、判断和消化吸收信息的自觉程度。德育教育工作者信息意识的高低，密切关系到其德育教育的工作水平和创造型人才的培养水平。在新媒体环境下的德育教育工作者，如果其信息意识较低，那么其认识信息、利用信息的能力肯定也不会很强，并且由于信息的交叉渗透性和分散性也会造成其对信息的吸收相当困难。因此，这就要求德育教育工作者善于将网络上的新知识、新信息与德育教育工作的知识和信息有机地结合起来，不断地给受教育者以新的知识信息思维和视野。同时，也要求德育教育工作者必须增强自身的信息意识，适应新媒体飞速发展提出的新要求。

2. 要提高德育教育工作者的信息能力

在新媒体环境中，德育教育工作者除具有敏锐的信息意识外，还必须有较强的信息能力。信息能力主要是包括信息的获取能力、信息的处理能力和信息的传递能力。其中信息的获取能力就是指搜集信息的能力，它包括了对网络环境的了解、利用网络中的数据库并从中获取德育教育所需信息的能力；信息的处理能力是指利用互联网终端阅读、提取、吸收和存储所需信息的能力；而信息的传递能力是不言而喻的，作为德育教育工作者，不仅需要吸收信息，还需要把信息传递给学生。德育教育工作者的信息能力是未来衡量其是否合格的最重要的必要条件。有研究表明：在未来环境下，在个人智力等因素基本相同时，教育工作者的科研能力、教学效果主要决定于自身所具有的信息能力，信息能力越强，那么其获取新知识的能力就越强，教学效果也就越好，科研成果也就越多。

3. 要树立德育教育工作者的信息道德

信息道德就是指协调信息创造者、信息服务者、信息使用者三者之间关系的行为规范的总和。其中的内容包括：教育者的信息交流和传递目标必须与社会整体目标一致；教育者要承担相应的社会义务和责任；遵循相应的信息法律法规，抵制各种各样的迷信、色情、违法和各种反动信息；尊重个人隐私等等；尊重知识产权。网络信息技术的开通，使人们突破了信息交流的空间和时间限制，使人们在世界任何地方都能在瞬间利用信息终端与地球上另一个角落的其他人对话、交谈或是传递图像、文本信息。而我们德育教育工作者则有可能接触到社会上的各种思想：黑的、白的、红的等等。因此，德育教育工作者必须具备高尚的信息道德素质，自觉抵制各种负面信息和不良信息，为受教育者传递健康的信息知识。

（四）业务能力素质

业务能力素质是指德育教育工作者运用于实际工作的多种技能和艺术。新媒体是德育教育的新渠道和新空间，要想真正把德育教育渗透到网络活动中去，增强对大学生的影响力和吸引力，把德育教育落到实处，做得富有成效，关键在于德育教育工作者必须要有较强的业务能力素质。概括起来，应当包括以下五个方面。

1. 网络语言表达能力

表达是人们交流思想感情的一种本领，是有效实现教育目的的一种手段。新媒体时代，德育教育工作者要在网络上做宣传教育引导工作，要通过网络说服教育对象接受你的观点、主张，就要善于运用计算机网络技术，以语言、文字、形象等形式表达自己的思想，增强德育教育的感染力。

2. 观察能力

由于新媒体具有隐蔽性和间接性，使网络德育教育工作者与受教育对象在网络上不能进行面对面的交流，所以德育教育工作者只有具有较强的观察能力，坚持全面、客观、深入、细致的原则，善于通过表象抓住事物的本质，才能及时透过网络信息捕捉到受教育对象的情况变化，进行实事求是的分析和综合，掌握受教育对象的特点，有针对性地进行网络德育教育。

3. 调查研究能力

新媒体时代德育教育的多变性与复杂性，要求德育教育工作者要具备善于运用马克思主义的观点和方法，利用网络超时空、方便、快捷的特点，借助网络平台，通过调查研究从面上抓住网络德育教育的新情况、新问题、新特点的能力。要求高校德育教育工作者要从事务型的德育教育工作者转化为研究型的德育教育工作者，有目的地开展一定规模的网上匿名调查或者有针对性地大量收集网上某些方面的信息，掌握大量的一手资料，然后通过深入细致的分析和研究，来掌握受教育对象的思想动态和情况变化，预测形势发展的趋势，及时发现问题、抓住问题、分析问题、研究问题和解决问题。

4. 组织协调能力

新媒体时代，德育教育的特殊性要求德育教育工作者必须有较强的组织协调能力。德育教育面对的是思想层次各异、文化知识水平不同的大学生"网民"。要做好大学生的德育教育工作，是一项复杂的系统工程，需要发动广大教职员工、学生干部一起去做。需要组织各单位的职能部门创办各种德育教育网站，开辟各种栏目，制作各种网页，宣传德育教育内容。需要动员广大教职员工和学生工作骨干通过在线活动，引导网上舆论，及时沟通信息，做好疏导工作，理顺情绪，化解矛盾。需要规范协调好各网站、网页的管理，做到各负其责。另外，德育教育工作者要想牢牢地占领网络阵地，还必须有计划地组织新闻、宣传和文化机构以及报纸刊物进入网络，建立网络德育教育综合体系，相互配合，协同努力。

5. 调控能力

网络社会变化莫测，新思想、新信息、新情况层出不穷，德育教育工作者只有根据不同时期网络社会的热点、难点、焦点问题所涉及的知识扩张和网络技术知识的发展动态，不断地调整自己的知识结构，不断地紧扣新形势的要求，才能适应不同情况提出的不同要求，从而增强德育教育工作的时代性和时效性。

（五）身体心理素质

身体心理素质，是指德育教育工作者从事德育教育工作过程中各种生理因素和心理因素的总和。德育教育工作者需具备强烈的事业心和责任感，这是德育教育工作者做好工作的前提；坚强的意志是德育教育工作者调节自己的行为，克服各种困难，积极完成本职工作的基础。德育教育工作者要引导大学生具有良好的身心素质，自己首先应当具备身体健康、气质优良、性格稳定、意志坚强、行为端正等良好的身心品质。

1. 要具有健康的身体素质

对于德育教育工作者的生理健康素质而言，除了应该具备一般人体的基本健康水准以外，人的大脑和各种感觉器官、运动器官的机能尤其应该经过营养、锻炼、保健等环境因素的作用，达到比较高的健康标准。

2. 要具有广泛的兴趣

德育教育工作者只有具备广泛的兴趣，才能在更宽广的范围和更多的时间里接触、了解教育对象，并能够通过灵活多样的教育形式，潜移默化地进行工作。

3. 要有积极向上的精神状态

一般来说，积极乐观的精神状态不仅可以提高自身的工作效率，而且还会给别人带来精神和情绪愉悦；而消沉抑郁的精神状态则容易使人厌烦、悲观。德育教育工作者应学会做自己心境的主人，使自己保持一份平和、开朗的心境和积极向上的精神状态，并以此去积极引导学生。

4. 要培养良好的性格

德育教育的职业性质，要求教育者必须培养和塑造自己的良好性格，自觉地做到：对待社会、他人，要诚恳友善、宽容大度、乐于助人；对待工作、生活，要踏实认真、一丝不苟、细致节俭；对待自己，要谦虚、自信、进取、克己、自尊。

5. 要有坚强的意志

德育教育工作者应具有不怕挫折、百折不回的顽强毅力，善于迅速明辨是非，遇事有当机立断毫不退缩地果敢，并善于控制自己的情绪，约束自己的言行，为大学生们树立一种自强自立、坚强勇敢的良好形象。

总之，在新媒体时代，德育教育工作者应具备的以上六方面素质，既相互统一，又相互独立，互相影响制约。德育教育工作者具有较高的理论素质，是开展德育教育的保证；具有高尚的思想道德素质，是搞好德育教育的灵魂；具有良好的网络信息素质，是做好德育教育工作的前提；具有深厚的文化知识素质，是搞好高校德育教育的基础；具有扎实的德育教育业务能力素质，是搞好德育教育的关键；具有良好的身体心理素质，是开展好德育教育工作的保障。德育教育工作者必须适应新环境、新情况、新特点、新要求，不断完善和提高自己的综合素质。

第二节　新媒体对德育教育工作者素质的挑战与分析

新媒体技术的发展对大学生的沟通方式和德育教育的形成造成了巨大影响。对于我来说，新媒体技术的传输特征不仅为德育教育工作者提供了机遇，同时也对德育教育工作者素质带来了一些新的挑战，需要德育教育工作者不断创新，具有不断地拓展处理新情况和解决新问题的能力。

一、新媒体对德育教育工作者素质的挑战

新媒体对高校德育教育工作者素质的挑战,主要反映在积极影响和消极影响两个方面。

(一)积极影响方面

1. 拓展了德育教育工作者的视野

网络技术作为 20 世纪最具革命性的科学技术之一,必然会推动人们的思想大解放。随着新媒体技术的广泛运用,新媒体使信息的全球化流动与传播变得更加便捷,在开阔眼界、活跃思想、创新精神、提高效率、共享信息等方面已被人们广泛认同,这就为新媒体时代德育工作奠定了良好的思想基础。

对于德育工作者来说,新媒体带来的"三大弱化",拓展了德育教育工作者的视野:一是弱化了课堂内外的界限,它引导德育教育工作者所要重视的不再只是课堂的"两课"教学,还要更加重视利用课堂外的时间与学生进行网上沟通与交流。二是弱化了校园内外的界限,它引导德育教育工作者走出校园,分析和把握住社会上各种热点问题出现在受教育者身上的根源,寻找对症措施、及时地予以解决。三是弱化了国与国之间的界限,它引导德育教育工作者不仅要注重国内的信息,还要善于利用新媒体技术突破地域限制,放眼全球,关注海外,及时了解和掌握国外的信息,以做到未雨绸缪,只有这样才能把握好高校德育教育的主动权。

2. 催生了德育教育工作者现代观念的确立

新媒体发展速度快,更新周期短,开放程度高,是现代科技的结晶,也是信息社会的时代精神的集中体现。新媒体的这些特征,有利于推动德育教育工作者形成新的思想观念,如新媒体的显著特点是运行的快捷性、同步性和使用简便性,这将有利于培养德育教育工作者的效率观念。新媒体增加了德育教育工作者接触外界的机会,每一接触都是新知识开启的大门,这种便利为德育教育工作者知识更新和调整自身的知识结构创造了不可忽视的客观条件,有利于培养德育教育工作者的多元知识意识。新媒体技术使德育教育工作者在获取信息方面将不再受到空间阻碍和时间限制,因为地球在网络上缩小了,从而导致德育教育工作者形成新的时空观,使德育教育工作者和德育教育对象之间的交流和沟通更加紧密。新媒体技术为德育教育工作者构建了一个异质的"人造世界"——虚拟现实。社会

被缩影在这个人为的虚拟世界中,德育教育工作者在个人作为主体在这个世界中运动,与各种事物发生联系,而这些联系实际上都是靠信息运动来实现的,这会极大地丰富德育教育工作者对事物运动本质的认识,形成新的时空和运动观念等等。

3. 推动了德育教育工作者个人综合素质和能力的提升。新媒体在推进改革德育教育工作方式方法的同时,也对德育教育工作者的业务水平提出了更高要求。面对新形势、新挑战,德育教育工作者应利用新媒体加强学习,不断提高自己做好大学生德育教育工作的能力。他们既要注意在不断提高思想道德素质和思想道德素质的同时,确保大学生德育教育工作的正确方向;同时又要注意通过网络等新媒体,随时随地关注和吸收全球最前沿的知识研究,增加自身的知识储备,完善自身的知识体系,更好地胜任新媒体时代的德育教育工作,完成在新媒体环境中的角色定位。如在"两课"教学中,应根据教学工作的需要,积极发掘网络资源,随时更新教育素材,并善于利用图片、动画等形式,使德育教育的内容更充实、形式更生动。在日常管理中,要注重利用新媒体开展相关调研和测评,了解和掌握大学生的思想动态、心理状况、精神需求,使德育教育更贴近大学生的学习、生活实际,以取得更好效果。

(二) 消极影响方面

1. 新媒体消解了德育教育工作者主导地位的权威性

新媒体时代,新媒体为德育教育主客体之间平等相处搭建了平台,但同时也产生了两种情况:一方面,教育主体由于受到自身新媒体素质、行政事务和工作时间等的限制,在教育过程中陷入了这样一个尴尬的境地:面对海量信息,他们所看到的信息,大学生也会看到,他们没有来得及看到的,可能大学生已经知道了,信息的获取往往落后于教育客体。由此,德育教育工作者深感主导地位的权威性正在面临着教育客体的质疑与反叛。另一方面,由于受教育客体的信息接触面日益广泛,在网络所传播的各种不同观点影响下,他们对信息的理解更加多维和主动,而不像以往那样被动地接受教育者的灌输和安排,更乐于根据自身的是非观念和判断能力,选择自己认为正确的东西。在这种情况下,传统的德育教育过程中教育者的信息优势正在逐步减弱,特别是当前一线的德育教育工作者并没有深刻理解新媒体技术条件下德育教育呈现出的新特征和规律,因而很难有效地利用新媒体来开展德育教育,使得教育者在大学生思想成长过程中主导地位的权威性受到了强烈的冲击。

2. 新媒体在某种程度上致使少部分德育教育工作者的理想信念和价值观有所淡化

新媒体在为德育教育工作者增添新的工作渠道和现代化手段的同时，也产生了一些消极影响。在诸多影响中，最重要的是对德育教育工作者的思想观念的影响。在现代社会，新媒体虽然是"无疆界""超国家""超民族"的空间，但作为一种便捷的信息传播方式，已经成了意识形态的传播工具和斗争阵地。如同大学生群体一样，德育教育工作者也不是生活在社会真空环境之中，他们也会受到网络上来自西方国家意识形态的种种影响，尤其是西方发达国家所宣扬的思想道德观、利益观、思维模式、生活方式等，对一些年轻的德育教育工作者影响较大。一些德育素质薄弱的教育工作者，对马克思主义、社会主义、共产主义的理想信念和集体主义价值观有所淡化，他们或在课堂上或在网络里，盲目追捧和随意宣扬西方发达国家的思想观念，这种负面思想和情绪久而久之不仅会对涉世未深的大学生产生负面影响，也会影响到德育教育的有效开展。

3. 新媒体技术致使部分德育教育工作者的业务能力不胜任

德育教育工作者对新媒体技术的掌握、熟悉和运用及其创新能力与想象能力的发挥，决定了他们在德育教育过程中对于新媒体的认识、使用和发展。但从现状来看，大部分德育教育工作者表现出网络技术素质的贫乏性。从目前德育教育工作者的知识结构状况来看，普遍比较单一。德育工作和政治学、哲学、伦理学、心理学乃至文学艺术等许多学科都有密切联系。然而，由于历史的原因，许多德育工作者所学专业主要就是政治学、哲学、伦理学等学科，对当今流行的网络文化、文学艺术新思潮、新现象知之甚少，同时又对网络文化、文学艺术新思潮、新现象知之甚少，失去了一条重要的沟通交流的渠道。面对学习使用新媒体的压力，传统的德育教育工作者对学生的信息控制和行为指导显得力不从心，尤其是一些老教师感觉束手无策，不知所措，进而唉声叹气，怨天尤人，甚至产生自卑心理。

4. 新媒体技术致使部分德育教育工作者的整体素质弱化

目前，在德育教育工作者中，较普遍存在整体素质弱化的现象，概括起来主要是"五个不强"：一是网络语言表达能力不强，一些德育教育工作者不善于运用新媒体技术，以网络语言、网络文字、网络形象等形式表达自己的思想，更有甚者对网络语言知之甚少或者根本听不懂。二是观察能力不强，他们不善于利用新媒体在海量中及时发现和捕捉到大学生的思想动态，也不善于对网络现象进行分析和综合，以准确掌握受教育对象的特点，有针对性地开展德育教育工作。三是调查研究能力不强，他们不善于借助新媒体平台，有目的地开展一定规模的网络调研和网络信息收集，以做好综合分析，预测大学生思想发展的趋势，及时发现问题、研究问题和解决问题。四是组织协调能力不强，面对思想层次各异的大学生，他们习惯于单打独斗，不善于动员校内外力量通过在线活动，引导网上舆论，共同做好疏导工作，也不善于协调好各网站的力量，既各负其责，又形成合力。五是调控能力不强，他们不善于根据不同时期网络社会的热点、难点、焦点问题，不断地调整自己的知识结构，及时规划工作方向，引导社会舆论，以增强新媒体时代德育教育工作的时代性和时效性。

二、德育教育工作者素质受到挑战的原因分析

分析德育教育工作者素质受到挑战的原因，大体反映在以下几个方面：

（一）新媒体环境的多变性，导致德育教育工作者的现有素质难适应新媒体对德育教育环境产生的多变性

1. 新媒体的开放性，增加了德育教育环境的复杂度

网络是一个开放的系统。一方面它扩展了大学生获取信息的渠道，使大学生接触的信息面更宽，接触到的不同观点更多，获取的信息就可能太多太滥。这一"盛况"却使德育教育工作者工作的"主导性"与"权威性"面临严峻的挑战。在新媒体普及之前，大学生获取信息的途径较少，信息量较为匮乏，信息接受处于被动地位。然而在当今时代，新媒体的大量涌现导致很难挑选出足够完美的资料以展开德育教育工作，加之新媒体的内容也更为多样，微信、微博、博客、论坛等已经得到大多数人的认可与肯定。手机上网对于当代大学生来说已经是一种常见的现象，人手一部手机，基本上成为当前大学校园随处可见的风景，而具有上网功能的手机基本上也就成为广大学生的标准配置。众所周知，传统媒体在空间、时间以及速度上都会受到一定的制约，而新媒体技术却不受这些因素的限制，而大学生正处于人生观、道德观以及世界观定型的关键时期，很容易遭受反动、迷信、色情、暴力的"信息污染"，而网络不像其他媒体一样可以对信息资源进行选择、编辑和删减，这就不仅对大学生的分辨力、选择力、运用信息的能力形成严峻的考验，而且也使得德育教育的环境更加复杂。因此，如何净化网络空间、加强网络文化的监督，也就成为德育教育工作者义不容辞的责任。

2. 新媒体传播的多样性文化，加剧了德育教育环境的不可控度

世界文化的多样性导致网络上传播的信息具有多样性特征，尤其是世界各国各地区受到自身所处的地理环境影响而形成的不同文化价值观，在网络上的传播，更是极大地加剧了这种信息文化的多样性。当前，以美国为首的西方发达国家，以网络为媒介，对我国进

行文化侵略，通过卑劣的方法，实施技术标准和技术制约，使他国无法平等地分享网络信息；推行"密码霸权"，给其他国家的网络信息安全带来隐患威胁；设立一系列的障碍，在网络中实施经济霸权以及政治霸权；不断借助本身先进的传媒技术掀起舆论攻势，从而阻碍或者限制别国的发展；全力施行网络扩张政策，以实现信息干涉以及信息破坏的目的。

网络信息文化具有多样性特征，从客观上来说，在网络信息的传播过程中，谁掌握了高科技的优势，谁就能够在网络上称王称霸，就能够更为有效地掌握和引导网络舆论。在传统媒体的应用过程中，我国政府能够通过对该行业进行监督和管理实现对其有效控制，主导权在我们的手里。而在新媒体时代，我国政府对于媒体的整体掌控力度不断下降，尤其是各网络的监管还没有达到很理想的水平，网络信息的内容与教育工作者所宣传灌输的信息可能不同甚至截然相反，这在一定程度上干扰了德育教育工作。这种教育环境的不可控性，一定程度上影响了我国德育教育工作的顺利开展，为大学生形成正确的人生观、世界观和价值观制造了阻碍。

3. 新媒体的"互动性"和"虚拟性"，加强了德育教育环境的自由度传统的德育教育环境是建立在信息的可控性基础之上的，教育信息一般通过教育者进行严格的筛选和整理后灌输给大学生。按照教育者的意志预先设计的模式进行，这种教育方式具有明显的单向性。传统的德育教育模式与日新月异的现实社会脱节，内容陈旧呆板、方法单一，脱离了大学生的现实生活，使大学生平时的所见所闻与教育者所讲的相差较远。这种教育环境不重视学生的自我体验和情感调动，且能打动大学生的地方比较少。在新媒体环境下，由于新媒体的互动性，大学生们不再只是单方面地接受德育教育工作者的外部灌输，而是要求平等地互动交流，以往只靠教师站在讲台做报告，通过书信和面谈等方式对学生进行德育教育方式，已远远不能适应新媒体时代德育教育的需要了。在新媒体所构建的平台上，大学生的主体意识会被极大地调动起来，进而影响他们的认知方式和接受方式，这将对高校传统的以单向灌输为主的教育模式产生十分激烈的碰撞。

新媒体取代了过去面对面的交流。微信、博客、BBS等都具有明显的虚拟性，很多人都以匿名的方式进行交流，言行得不到规范，真实性难以保证，在沟通过程中大家面对的不再是一个个活生生的人，而是一行行文字或一张张图片，人与人的交流成为非身份的交流，人更容易以面具的方式出现，并以工具化的态度对待他人，自然就造成了人与人之间的情感疏离。部分大学生整天沉溺于虚拟世界，容易造成紧张孤僻、逃避现实等问题，甚至会出现信任危机和人格障碍。随着新媒体的普及，传统的正式沟通在大学生德育教育中所占的比例越来越少，随之产生的问题是选择的沟通途径虽然越来越多，并且越来越简单快捷，但是德育教育所起的效果却收效不大。面对新媒体的挑战，教育环境的自由度要求加大，迫切需要德育教育工作者的自身素质尽快适应新媒体环境。

（二）新媒体信息渠道的立体性，导致德育教育工作者的现有素质难选择

传统教育模式中，教育者、受教育者通过教育过程角色定位来促成二者关系的形成。而传统教育模式中教育者和受教育者之间的关系往往是支配关系。教育者依据自己积累的知识及获得的经验，并与德育教育内容相结合，展现给受教育者一个授道者的形象。在新媒体时代，德育教育途径由单一的填鸭式教育演变为多向、多渠道获取。教育途径及信息来源的多向化促使教育者对受教育者灌输式的领导优势削弱，新媒体的传播和教育功能被强化，进而也打破了教育者与受教育者之间的信息不对称，使传统的关系秩序面临解构危机。随着传统的教育主体关系秩序的解构，信息传播渠道由单向传播到双向传播、多向传播甚至立体传播，从根本上改变了原有的教育者和受教育者之间信息不对称的地位，两者的关系由教育者的"信息独享者"向教育者和受教育者"信息的平等享有者"转变，使教育者处于难选择的境地。而大学生则可以根据自己的需要，在网上对各种各样的信息进行自主的选择，可以从网络复杂而多样的信息中选择自我需要的信息来促进自身的发展，还可以使网络信息接受和表达、传播相结合，变成自我教育的主体。大学生更多的是通过自我对信息的判断、选择、加工构建自己的价值体系，大学生在对网络信息进行分析、判断、加工的同时，改变了以往被动接受的地位，通过自我的主动选择，不断发展着自我的意识，不断进行着自我思想的调节和行为的调节，同时还能通过网络活动的参与，不断发挥主观能动性的作用，使得自我的主体地位得到不断加强。因此，新媒体环境下，大学生的主体意识不断增强，必然要求在德育理论课的教学过程中，充分尊重学生的主体地位，实现教学活动的双边互动，从传统的被动接受到自主的选择，从传统的"灌输式"到"能动的参与"，从"塑造人格"到"引导人格"。而目前，有些德育理论课似乎无法积极面对这一挑战。课堂教学方式单一，基本采取"满堂灌"的方式，仍采用传统的居高临下的"我说你听""满堂灌""填鸭式"的方法，无对话、无交流，导致学生在德育理论课教学过程中的积极性不高、兴趣不浓、参与性不够。在这种情况下，迫切要求德育教育工作者尽快提升自身的素质，以适应网络化信息传递的立体性要求。

（三）新媒体技术传播的随机性，导致德育教育工作者的现有素质难管理

作为一种更为关注个体的技术，新媒体技术在传播过程中，随机性表现得非常明显，

客观上来说，对其所传播的信息进行监控和管理非常困难。而在德育教育工作开展过程中，对于新媒体所传播的信息的处理过程中，可以从我国当前构建社会主义和谐社会的要求出发，利用先进的技术手段从去选取符合我国精神文明建设一般性要求的信息以供学生浏览和学习，为学生的德育教育的顺利开展提供必要的支持，这对于提高我国整体德育教育水平是有着非常重要的现实意义的。对新媒体来说，其传播内容丰富、覆盖面广、受众较多，这都使得德育教育的对象和空间都大幅度地扩大，从而丰富了德育教育的资源，提供了新的开放性环境和广阔的教育环境。实际上，新媒体来完成对信息的选取，就是一个根据普世价值观对信息进行选取、判定的过程。在我国当前阶段的德育教育工作中，必然通过对新媒体所提供的信息进行筛选，从中选取有利于我国大学生构建正确思想道德的信息，对一些不符合我国实际情况、不利于构建我国社会主义精神文明的信息加以摒弃。

新媒体技术的随机性，加大了德育教育工作者对海量信息的选择难度。以网络媒体为例，从整体上看，由于网络没有主管责任机构，用户使用的限制性相对较小，导致大学生很难追寻网络信息的来源及其可信度，因此一些不法分子便利用这个漏洞设法将游行示威、结社以及抗议等活动均会被放到网络上，这就会在一定程度上使国家的局部地区陷入动荡甚至有可能逐渐蔓延至整个国家和世界。在这一情况下，德育教育工作者很难给大学生提供较好的过滤信息的方法，而学生本身在浩如烟海、时刻变化的信息海洋里也会变得不知所措。由于德育教育工作者难以进行实质性的有效管理，可能会出现两种不同的结果：一种是强烈冲击大学生业已形成的价值观；另一种则为大学生新价值观的形成提供必要的支持和帮助。但是这一价值观的优劣，无法预先判定，有可能为我国社会主义的发展提供促进作用，也可能对我国社会的整体发展制造阻碍。德育教育不仅要向学生传授特定的思想道德知识，还要培养学生的情感，也要训练学生的道德意志，并指导学生的实践。客观上来说，新媒体对于思想道德知识传播速度的加快是有着非常重要的促进作用的，但是由于信息的丰富性和选择的矛盾性，面对真假难辨的海量信息，能否达到既定的德育教育目标，以及德育教育工作者应该如何利用新媒体对大学生加强教育和指导，提高他们对信息选择的能力，这都是对德育教育工作者现有素质提出的挑战。

（四）新媒体传播内容的多元性，导致德育教育工作者的现有素质难应变

新媒体传播内容的多元性所带来的挑战，主要体现在三个方面。

1. 德育教育主旋律受到冲击

当前德育教育的内容主要是进行社会主义核心价值观教育以及社会主义思想道德与法

制观的教育。新媒体在拓展了大学生知识学习、知识选择空间的同时，也对德育教育工作的主旋律教育提出了前所未有的挑战。新媒体的开放性、多元性使其所容纳的信息良莠混杂，增加了青年大学生辨别真伪的难度，一些落后的、腐朽的思想和文化甚至各种反马克思主义、反社会主义的论调也利用新媒体的途径大肆传播，对于正处在世界观、人生观和价值观形成的重要阶段的大学生来说，还不能完全有效地对大量网络信息进行甄别处理，容易不同程度地受到西方发达国家意识形态、价值观念和生活方式的影响，有些大学生对于社会主义信念、集体主义原则出现了动摇，这些都给德育教育内容提出了挑战。

2. 德育教育内容受到弱化

在新媒体给人们带来新的文化、文明曙光的同时，网络"信息垃圾"等不健康信息，充斥网络，还有一些虚假信息和流言蜚语等借助微信、网络等在校园流传开来，严重污染了校园文化环境。当代大学生正处于人格形成时期，对各种信息的接受比较活跃、广泛，加之当代大学生是非善恶观念的培养是在多元性的冲击中形成的，具有很大的弹性，如果不能深切理解"以信息交流为主"的新媒体时代生活方式，这无疑会令他们产生诸多的矛盾与困惑，进而抑制健全道德人格的形成，导致大学生个体道德和群体道德水平下降。在我国，德育教育以共产主义理想信念教育为核心，以爱国主义、集体主义、社会主义教育为主要内容，着力培养大学生正确的人生观、价值观、道德观。而各种违反社会道德的信息泛滥，无疑弱化了德育教育的内容。同时，又由于互联网是高度开放的，大学生在互联网上非常容易接触到西方国家的宣传舆论、文化价值观等，这些就有可能更加淡化甚至抵消德育教育对他们的影响。总之，无论是西方国家借助互联网进行的意识形态传播和扩张，还是各种违反社会道德的信息传播，对我国大学生的思想意识必然产生强烈的冲击，使德育教育面临着前所未有的文化压力，由此对德育教育内容提出了严峻的挑战，这是我们不得不正视的一个客观事实。

3. 德育教育内容需要更新

课堂教育比较注重知识体系的完整性和逻辑性，但缺乏寓教于乐和理论联系实际，往往使学生感到教育内容枯燥无味，甚至产生逆反心理。这在大学生已习惯了互联网声色俱生、图文并茂、声情融汇的多媒体传播方式的今天，尤其显得突出。目前大学生在"两课"课堂上走神、看闲书甚至逃课的情形比比皆是，这就大大影响了德育教育的效果，不利于德育教育目标的实现。

在新媒体传播内容的多元性面前，迫切要求德育教育工作者提升自身素质，不断地调整和优化现行的德育教育内容，把那些符合社会发展规律、契合时代需要的内容要不断充实进来，使德育教育内容变得更加生动有趣、富有吸引力，以应对新媒体对德育教育内容的挑战。

第三节 新媒体时代德育教育工作者素质的培养路径

素质培养与一般的知识培养、技能培养是不同的，甚至存在较大差别。这种差别表现在：素质培养的全过程都要体现素质自身具有的历史性、实践性，还有把握和维护素质的整体性和全面性，是一个长期的潜移默化的过程，不仅需要德育教育工作者本人从事长期艰苦的工作、生活和学习实践，而且在关乎德育教育工作者素质培养的措施、方法和路径选择上，使之发挥其长效的积极影响，只不过这种影响是后发性的、潜在的，换言之，德育教育工作者的素质只有借助于广阔的社会实践空间和平台，才能获得内生性成长的同时得到有效培养，并充分绽放出素质独特的灵性、鲜活、生动与丰富多彩。这表明，德育教育工作者的素质培养是一项极其复杂、相当艰巨的社会系统工程，需要坚持不懈才能实现。当前，提升德育教育工作者素质，应着力抓好以下几个方面：

一、转变思想观念，培养德育教育工作者的新理念新意识

（一）为适应新媒体时代的要求，当前德育教育工作者需要增强"四个理念"

1. 网络理念

随着新媒体技术的发展，德育教育网络化在各大学已经逐步开展。在当前的教育形势下，各大学已经充分认识到网络德育教育不仅是大学生德育教育内容的一部分，也是学校教育管理的一个部分，更是学校校园文化的一部分，它已经渗透到校园的各个角落，为学生的成长、德育教育工作者的进步乃至发展起着至关重要的作用。因此，德育教育工作者应具有正确的网络观。网络作为一种人类社会进化过程中创造出的实践手段、新的实践方式、新的生存方式、新的体验方式、新的对世界的把握方式，它的本质、特征，它的功能、作用，它的前途和命运，都需要人类不断去认识和把握。德育教育工作者必须清醒地认识到这一点，树立正确的网络观以便指导德育教育的网络传播实践。德育教育工作者只有在正确的网络观的指导下，投身网络实践，融入传播过程，真正使网络成为自身生存的工作方式，深入体验网络对社会、对个体、对人的精神、心理的影响，才能理解受众的生

活方式和精神状态，利用网络开展有效的德育教育传播。

2. 服务理念

大学阶段是大学生思想和心理快速成长到达成熟的阶段，这个阶段大学生的思想容易受到环境和他人的影响。首先，在网络信息社会中，大学生将面对具有多元文化、多种思想意识形态、多元道德观、多元价值观特点的现实社会，大学生的思想和心理也将受到冲击。其次，学生从高中步入大学后，学习方式和生活方式都发生了改变，学习方式由集中上课改变为分散上课，课余时间明显增多，集中学习也改变为自由学习；生活方式上摆脱了家长的管束，很多没有了班主任制，取而代之的辅导员制，大学班主任或辅导员对学生的约束也不比高中。这些学习方式和生活方式的改变，使大学生有更多的时间和精力去接触除课本和校园生活以外的事物。再其次，多数人都存在先入为主的思想。因此，德育教育的阵地需要由正确的思想和先进的文化先去占领，先入为主，让错误的思想和腐朽的文化无容身之处。

德育教育工作者应确立主动服务理念，从大一新生入学为起点，关心大学生的学习和生活情况，积极主动与大学生进行沟通与互动，关注大学生关注的热点问题，掌握大学生的思想和心理发展动向，帮助协调解决大学生遇到的思想和心理上的问题和困惑，主动开展网络德育工作。要转变工作态度和方法，坚持网上网下互动，网上了解"网民"在想什么、需要什么，网下深入"网民"学习、工作、生活中，和他们打成一片，急他们所急、想他们所想、办他们之所需，努力为他们办实事，实事求是地开展工作。教育对象也容易接受，给予配合，使新媒体时代的德育教育工作能够虚实结合顺利开展。此外，相关部门也要主动配合网络思想教育者建立优良的思想教育环境和丰富多彩的校园文化，让学生在校园文化的熏陶下接受良好的德育教育，不断提高德育水平。

3. 民主理念

教育平等性具体体现在两个方面：一是受教育者的平等性；二是受教育者与教育者的平等性。在网络使用过程中，每个网络用户都是网络的终端，教育者对受教育者进行教育时，可以是点对点的教育，也可以是点对面的教育，在教育实施过程中，每个大学生都具有平等的地位，因此，受教育者具有平等性。教育者与受教育者的平等性就是要确立大学生在教育中的主体地位，教育者要从传统的教育者施教、受教育者受教的模式中解放出来，充分激发大学生的主动性和积极性，在网络平台上，将传统的德育教育转变为网络思想交流，将受教育者的被动记忆转变为主动接受，将网络在教育中的积极作用充分发挥出来。

另一方面，在新媒体环境下，教育者与被教育者之间的平等性也会常常发生某种程度的倾斜现象。在网络面前，由于在网络上交流的双方或多方是平等的，教育者与受教育者之间的信息接受内容和过程是平等的，往往可能会出现教育者所掌握的内容不及受教育者的文化"反哺"现象，从而对教师的权威地位带来了冲击。因此，德育教育工作者应改变以教育者自居、居高临下的角色观念，树立民主化理念，尊重学生的主体意识，把学生摆在与教师自由交流、互动的同一个平台上，注意用启发式、参与互动式、讨论式、对话式的工作方式，以平等、诚恳的姿态与学生展开交流，耐心启发并积极引导学生，做学生的良师益友，从而增强德育教育工作的亲和力。

4. 实时理念

新媒体时代是一个高速发展的信息时代，在网络环境下，信息传播速度快得惊人，德育教育工作者如何把控和引导信息传播将面临巨大的挑战。新媒体时代每天都有大量的信息充斥着各大网站的首页，很多信息被多次关注后成为热点问题。大学生是意气风发的一代，大学生关心的热点问题和事件在高速传播的网络的推动下就会演变成群体性事件。这些社会热点问题的客观存在，要求思想教育工作者必须培养实时教育新理念。只有实时地关注事态的发展，积极处理与解决内部矛盾，才能将有利的问题或事件扩大影响，将不利的问题或事件消灭在萌芽状态。同时，德育教育工作者应实时关注大学校园每天发生的事情，实时关注大学生的学习和生活，才能将问题尽早发现、尽早解决。

（二）为适应新媒体时代的要求，德育教育工作者还应确立"四个意识"

1. 阵地意识

《中共中央关于加强和改进德育工作的若干意见》中明确指出："在新的历史时期，思想领域的矛盾和斗争错综复杂，有时还表现得相当激烈，思想领域的阵地马克思主义不去占领，非马克思主义和反马克思主义的东西必然去占领。"网络的开放性、虚拟性和跨文化性等特点，使德育教育面临更为复杂的教育环境和教育对象。在这种情况下，德育教育工作者必须强化阵地意识，重视新媒体环境对德育教育工作带来的挑战，认真研究网络空间出现的一系列新情况、新问题，充分运用网络发展带来的新技术、新手段，提高德育教育工作的时效性、针对性，把德育教育覆盖到网络中，不断增强德育教育工作的战斗力。面对新媒体环境带来的冲击和负面影响，必须采取积极主动的应对策略，充分使用网络带来的优势和便利，开发网上德育教育资源，充分发挥其在德育教育领域的积极作用，使其成为德育教育工作的新载体，构建德育教育工作的新阵地。

2. 安全意识

网络具有开放性和共享性、超时空性和及时性、隐蔽性的特点。在信息共享，不受时间和空间的限制及时传播信息的同时，也埋下了安全隐患，为西方"霸权主义""文化殖民主义"、文化糟粕、西方意识形态渗透和传播提供了便利，严重影响青年大学生的成长。教育和引导大学生自觉甄别和抵制网上反动、不良的信息，是德育教育工作者的重要责任。

目前国家层面制定了《关于加强网络信息保护的决定》《关于加强互联网域名系统安全保障工作的通知》《通信网络安全防护管理办法》（工业和信息化部令第11号）、《互联网网络安全信息通报实施办法》等规范网络管理的法规，许多也纷纷建立了校园网络信息管理的制度、规定，加强了对网上信息的监控，对网络言行的管理和约束，但是，只有把法律法规的制约、管理制度的约束同网民的道德自律结合起来，才能发挥良好的效果。德育教育工作者要对大学生强化网上遵纪守法意识的培养外，还应加强大学生的思想德育，把《公民道德建设实施纲要》提出的基本道德规范要求同网上德育相结合，提高大学生上网的自律意识，增强大学生自身免疫力，使大学生树立安全上网意识，保障上网安全。

3. 学习意识

增强学习意识，是新媒体时代对德育教育工作者提出的明确要求。德育教育工作者不仅要具丰富的德育理论知识，而且要具有学习、运用网络技术、信息技术等新科技手段有效开展工作的能力，能够从网上快速地查找信息、筛选信息，科学合理地使用信息，主动参与网络德育教育阵地的建设，利用网络建立德育教育资源信息库。同时，德育教育工作者还应密切关注和研究网络发展的新动向、出现的新事物，学习使用大学生常用的各种应用软件、网络交流平台，并通过使用这些软件贴近大学生，了解大学生思想动态、网络言行，有效整合网络教育资源，使自己成为能够把"德育工作"理论和方法同互联网技术有效结合的新型德育教育工作者。只有在循序渐进、持之以恒的学习过程中不断充实和提高自己，保持自身知识结构的完整性和知识构成的时代性，才有可能应对新媒体带来的挑战，完成艰巨而复杂的德育工作任务。

4. 创新意识

新媒体时代需要德育教育工作者具有更高的创新意识。创新意识是德育教育工作者迎接挑战、解决问题、开拓工作新局面的关键。在新媒体时代，面对复杂多变的新情况、新问题，德育教育工作者务必解放思想，更新观念，抓住机遇，找准切入点，以创新的姿态开拓前进，不断增强德育教育工作的吸引力。这种创新意识主要体现在三个方面：首先，新媒体时代要求德育教育工作者具有与时代相适应的创新观念，树立起德育工作网络化的意识，紧跟时代的前进步伐。其次，要求德育教育工作者要善于针对网络特点，创新工作思路，把富有时代特征的主旋律唱到网络上。最后，要求德育教育工作者方法创新具有时代性，发挥新媒体技术在德育教育工作中的作用，通过网络加强大学生的素质教育，增强他们自身的抗干扰能力和免疫力。

二、适应新媒体时代要求，增强教育者利用和管理网络的工作能力

为适应新媒体时代的要求，增强德育教育工作者利用和管理网络的工作能力，当前应着力培养四个方面的能力。

（一）熟练使用常见信息技术工具

熟练运用现代信息技术改进、运用于教学活动，如利用 Authorware、Flash、Action、PowerPoint、课件大师、课件快车、洪图等软件制作多媒体课件，制作动画，利用电子邮件，开辟网络课堂，丰富"德育"类网站上的教案、课件、示范课视频，有效地汇聚德育教育教学资源。

（二）熟练使用网络交流平台软件

德育工作者应主动建立个人博客，熟练使用 QQ、微信、微博等"交流平台"软件，并大力发挥这些工具在日常班级管理、校园管理上的作用，充分使用这些与学生进行沟通、交流，捕捉在网络上处于隐蔽地位的大学生的言行，有目的、有意识地从正面引导大学生，成为校园网络社区的核心成员，以提高德育教育工作水平。

（三）熟练使用微信

微信是当前大学生中最流行的、使用最广泛的手机通讯软件。微信的出现，把沟通带入了一个新的时代。微信是通过智能手机上网，发送信息时消耗少量网络流量，具有发送语音、图片、视频、文字等功能，支持类似 QQ，可实现多人同时群聊功能，同时还拥有 LBS（Location Based Services），即确定移动设备或用户所在的地理位置，提供与位置相关的各类信息服务，简称"定位服务"功能。如根据手机用户的当前地理位置，查找所处位置 1 千米范围内的人和生活服务设施。

微信的强大功能，使得大学生广为使用，大学生对微信的广泛使用，同时也对思想工

作提出了新的挑战和新的机遇。德育教育工作者，应首先尝试使用微信，了解微信的各种功能，探索把微信当成新的工作平台和载体，充分利用其功能传播德育教育理论，抢占网络德育教育网络阵地的新制高点。

（四）熟练把握和运用网络技术开展德育理论课的教学

在新媒体时代，德育理论课虽然仍然是学生德育教育的主渠道、主阵地，但传统"灌输式"的教育方法已不能适应新媒体时代的要求，灌输式教育向引导式教育的转变已迫在眉睫。因此，从事德育理论课的教师要熟练把握和运用网络这一工具，加强和改进德育理论课教学，将多媒体与网络技术引入德育理论课教学中，做到多媒体网络技术与德育理论课教学衔接。要通过制作多媒体教学课件，以教材体系为线，运用声、像、图文并茂的教学手段，演绎那些严肃而枯燥的主题内容，改变以往枯燥乏味的教学方式，对历史资料、理论概念等进行形象化、生动化的显示与剖析。还可以通过建立德育理论课教学网站，让学生通过网络自由交流学习心得，把德育理论课教育与网络教育的有机结合，使枯燥的课程变得生动有趣。

三、优化环境，提升德育教育工作队伍整体素质

优化环境，提升素质，是加强新媒体时代德育教育工作的实际需要，也是构建德育教育工作队伍的迫切要求，两者相辅相成，缺一不可。从优化德育教育环境方面来说，当前需要努力改善"三个环境"。

（一）净化网络环境

网络的出现给德育教育带来的冲击已经显而易见，因此研究网络引起的德育教育环境的新变化，营造纯净的德育教育环境，是十分必要的。新媒体时代德育教育是一种具有一定目的性和计划性的实践活动，它十分关注网络环境的教育价值，既能充分发挥虚拟环境既有的教育功能，又致力于营造出一个适合开展德育教育工作的网络环境，使得更多的学生能够接受新媒体环境下德育教育的形式和方法，将个体需求和群体发展需求有机融合为一体，形成一种群体和社会都能够认同的价值观念，最终完成德育教育真正的目的。应当通过不断地强化学生的自主意识，避免学生盲目地受到网络环境因素的影响，增强学生对网络环境的掌控能力，提高学生对各种新环境的辨别与适应能力，根据自身的需求自主地取舍对环境的需要，扬长避短，消解那些负面信息对自身的不良影响，从而不断地满足德

育教育和学生双方面的发展需求。

(二) 美化文化环境

对于网络环境来说,文化环境的不断优化能够对网络环境的健康发展起到一定的积极作用。良好的文化环境能够使大学生的思想得到优化和提升,营造出一个极具感染力和穿透力的德育教育环境,因此承担学生德育教育责任必须要不断地加强对校园文化环境的建设,为广大学生营造一个良好的学习生活环境。通过校园中健康、乐观的文化因素,感化广大受教育者的心灵,丰富他们的精神内涵,强化他们自我保护能力,从而有效地提升网络教育的成效。网络文化丰富了校园文化,而良好的校园文化环境同样能够促进网络文化的健康发展。校园文化具有重要的育人功能,随着高校信息化的普及和推广,应当充分利用网络载体开展形式多样、积极向上的学术、科技、体育、艺术和娱乐活动,把德育与智育、体育、美育有机结合起来,寓教育于文化活动之中。应当要结合传统节庆日、重大事件和开学典礼、毕业典礼等,开展具有学校办学特色、体现校园传统精神的主题教育活动。重视校园人文环境和自然环境建设,完善校园文化活动设施,加强校报、校内广播和学校出版社的建设,加强哲学社会科学研讨会、报告会、讲座的管理,绝不给错误观点和言论提供传播渠道,坚决抵制各种有害文化和腐朽生活。

(三) 优化法制环境

法律不仅对人们的行为具有重要的约束作用,同时也成为网络规范化发展的重要保障。为营造新媒体时代优质的德育教育环境,提高德育教育的规范性,保障德育教育的持续健康发展,完善我国的网络法制建设已经迫在眉睫。在最近几年中,国务院以及相关部门不断地加大针对网络的立法力度,并颁布了相关的法律法规,不断地强化网络管理,构建网络法制管理体系,打击网络违法犯罪行为,营造一个良好的法制环境,充分保障网络的安全化、规范化、秩序化运行。应该结合校园网站多年来的实际发展情况,制定出符合校园管理需求,具体可行的网络信息管理制度。制度的建立要通过合理合法的程序,由校领导和主管部门召开,相关人员通过民主协商的方式共同制定,并认真对待广大教职员工以及学生的意见和建议,使校园网络管理有章可循,有法可依。

从提升德育教育工作队伍整体素质方面来说,当前应着力提升"四个素质"。

1. 思想素质

要培养大学生德育教育工作者较强的思想素质,德育教育工作者首先自己必须具有较强的德育素质。为此，一要树立社会主义的立场和思想道德观点。新媒体时代，尤其要求德育教育工作者要坚定社会主义的信念，对我国建设中国特色的社会主义保持信心，在任何复杂的形势下，始终旗帜鲜明地从思想上、行动上与党中央保持高度一致。二要培养高度的责任感和强烈的事业心。德育教育工作者要正确认识形势和自我价值，认识到开展网络德育工作的必要性与紧迫性，热爱德育工作，培养自己高度的责任感和强烈的事业心，以饱满的热情投身于德育教育工作，增强网络德育教育工作的影响力。三要积极进取，具备良好道德，提高法律水平。从理性的高度指导和评价自己或对象的道德行为，积极地推动良好道德行为的完成和持续发展，坚决同各种网络违法和不道德行为做斗争，从而在新媒体环境下以身作则，在潜移默化中对大学生进行正向的引导，帮助大学生提高自己的政治素养，完成德育教育的目标。

2. 专业理论素质

德育教育工作者的主要专业理论素质是以马克思主义为核心的，包括马列主义、毛泽东思想、邓小平理论、"三个代表"重要思想、科学发展观、社会主义核心价值观为主要内容。因此，德育教育工作者要通过系统深入地学习，具备扎实的专业理论素质，并且能够根据不断变化的社会现实及时地将自己的理论素质进行更新，以适应新媒体时代德育教育的需要。在新媒体环境下，一定要注意结合实际情况，主动掌握大学生德育教育新方法，并结合大学生在新媒体环境下思维方式、生活方式、学习方式的变化将新的教育方法落实到德育教育的实践中，并在实践中不断完善新媒体环境下大学生德育教育新举措。同时，德育教育工作者只有具备较高的理论素养，才能在解答大学生对现实的困惑时，比较清晰、透彻、正确、生动地讲解相应的德育理论，通过分析现实生活中的重大思想理论问题和实际问题，增强大学生德育教育的感召力和说服力，得到大学生的认同和信服。只有具备较高的理论素养，才能找到更多与大学生共同感兴趣的话题，抓住更多有利于德育教育的切入点，促成教育内容向学生的有效传递，感染和激励大学生，增强新媒体环境下德育教育的效果。

3. 媒体技术素质

在新媒体时代，作为一名合格的德育教育工作者，不仅要有深厚的马克思主义理论水平和德育工作艺术，还要熟练使用新媒体，充分了解新媒体技术，掌握新媒体特点，科学使用新媒体。德育教育工作者要主动学习计算机技术、网络技术和手机新媒体的有关应用知识，掌握先进的技术手段，能够利用网络或手机，开辟相应的"论坛""微博""微信"等等，以真实或虚拟的身份与大学生进行对话、讨论，及时掌握大学生的思想动态，与大学生进行思想上的交流和互动，及时解决网络或手机传播过程中出现的问题，阻止不良信息的进入，使自己既成为大学生德育教育的灌输者，又成为新媒体信息的收集者、发布者和管理者。

4. 学习创新素质

新媒体环境给我们的社会生活带来了全新的体验，改变着我们的生活方式、交际方式和思维方式，对于大学生德育教育来说，新媒体环境下的德育工作是一项全新的工作模式，德育教育工作者需要在具体的工作过程中不断地总结经验，摸索并归纳其中的规律，更好地为德育教育的开展服务。当前，德育教育的基础应放在提升德育教育工作者的创新意识和能力上。这就要求德育教育工作者打破传统观念的束缚，大胆尝试利用新技术、新手段，培养自己的创新思维，并在实践中勇于尝试各种新技术和新手段，善于发现新情况，研究新问题，不断探索网络德育教育工作中的新机制、新方法。只有这样才能具备优秀的学习创新素质，才能不断拓宽大学生德育教育思路，适应新媒体环境下德育教育的发展需要。同时，还要根据形势的发展，积极创造条件，为德育教育工作者建立长效的教育培训机制，从而不断拓宽大学生德育教育的视野，以适应新媒体时代德育教育工作的需要。

第九章 新媒体时代德育教育中的微德育

新媒体时代，是一个信息涌动的时代，也是一个信息传播形式多样化的时代，一切可以利用的碎片时间被不断开发并影响受众。伴随着新媒体技术在各行各业的广泛应用，各种"微"产品大行其道，以微博、微信为核心，衍生出的微小说、微电影、微访谈、微生活、微课程等次"微"事物层出不穷"微德育"也应运而生。作为一种应时应景的新事物"微德育"其实就是德育教育中的微产品，这不是凭空制造的一个新名词，而是长尾理论在学校德育教育中的价值延伸。如何应用新媒体时代兴起的长尾理论，开发和利用好"微德育"，探讨更具有个性化的德育教育新路径，是我们做好新媒体时代德育教育工作的迫切需求。

第一节 微德育应用长尾理论的需求性

在新媒体应用过程中产生的"长尾理论"，成为信息化条件下商业运作模式的成功法则，正在不断地社会和人的观点产生着影响和作用，对我国德育教育也有着启示和拓展的作用。

一、微德育的提出与含义

（一）微德育的提出是建立在长尾理论基础之上的

美国《连线》(Wired) 杂志主编安德森在《长尾》一文中首次提出"长尾"(The Long Tail) 这一概念，迅速成为该杂志历史上被引用最多的一篇文章。他在此基础上加入大量商业案例，出版了畅销书《长尾理论》。"长尾理论"的提出，被认为是对新经济现象的一种形象解释。"长尾理论"认为，由于成本和效率的因素，过去人们只能关注重要的人或事，用正态分布曲线来描绘，人们只能关注曲线的"头部"——"主体"，而将处于曲线"尾部"需要更多的精力和成本才能关注到的大多数人或事忽略。"长尾"实际上就是数量、种类二维坐标上的一条需求曲线,越靠近图形纵轴的商品销量越高,而越往右边延伸,商品的销量就越低,并逐渐形成向横轴尽头延伸的一条长长的曲线。安德森将其浓缩为:我们的文化和经济重心正在加速转移,从需求曲线头部的少数大热门转向需求曲线尾部的大量利基产品和市场,在一个没有货架空间的限制和其他供应瓶颈的时代,面向特定小群体的产品和服务可以和主流热点具有同样的经济吸引力。

基于上述模型论证,我们可以把长尾理论所描述的关键点概括为以下五个方面:一是关注长期以来被忽视的分散但多数的非目标消费者;二是关注过期的热门和一直未曾升温的冷门商品;三是关注非主要的需求,即多数不同消费者的个性化需求;四是高度的定制化和低廉的获取成本将使长尾成为可能的利基市场;五是长尾市场带来的利润要与头部市场相当。

在新媒体时代,长尾理论对德育教育具有应用需求性。众所周知,德育教育工作,涵盖的主体是比较宽泛的。反思当前学校的德育教育工作,无论是在基础教育还是在高等教育阶段,德育教育工作者们不辞辛劳、千辛万苦地进行多方研究或者实践,花费了大量的人力和物力。比如长时间来,围绕着谁是德育教育主体的争论不断,有"教育者主体论""受教育者主体论""双主体论"等;再比如若干教育教学改革、精品课程的建设和各项研究课题的推动此起彼伏。但受教育者们似乎并不买账,"两张皮"现象依然不减。实际上德育教育工作依然只能是靠控制、灌输和生拉硬推,无法真正走进学生的心里,道德滑坡和沦丧的现象屡屡发生。

传统德育教育在新媒体时代遭遇强烈挑战,在学生越来越占教育主体的语境之下,德育教育工作者企图通过强大的权威控制和灌输的时代已黯然失色。所面临着新的境遇,除了强势地以必修课程出现的课堂教育和以各种各样载体形式出现的德育教育形式之外,现在学生们还可以通过新媒体或自身的社会体验等来理解我们所给予的信息。对于大学生来说,他们最关注的不是"德育"理论的高深和该学科的系统性和严谨性,海量的具有草根化和个性化的信息以及交互的平台,刺激着他们的神经,并影响着他们的价值观。因此,正是从这个意义上来说,大量的主流价值观及其传统教育方式是长尾理论模型中的"主体"("头部"),而纷繁复杂的各种信息传播或者活动则是"长尾",这个"长尾"可以用"微德育"来进行描述。由此基于长尾理论的"微德育"得以提出。

(二) 微德育是新媒体时代德育教育的一种新形式

所谓微德育,并非一般意义上的"课",而是从微观视角出发所实施的一种即时渗透的德育教育。它很小、很细、很具体；看似随机随性，实为精心设计；涉及道德、思想、政治、心理、人生观、法制观等教育的方方面面、点点滴滴。相对于传统德育教育工作而言的，其价值和文化影响力是能吸引受教育者，并能激发学习兴趣，给受教育者以一个不断发展的有自我实现幸福感的道德体验，从而实现德育教育最本初的功能：即有目的、有计划地对受教育者施加影响的活动，使人回归为一个真正的人。笔者曾经提出微德育概念并有所研究，比较"微德育"与"微德育"，两者的共同点就在于：它们都不注重理念有多深奥，而是更加关注细微处，倍加体现情感关怀，将一切以学生体验为出发点和落脚点作为教育的核心内容；以学生体验为出发点和落脚点，而并不仅仅是由工作者提供产品、学生使用产品；注重与学生一起体验、一起改进教育产品，使学生也成为教育产品的生产者和工作者。

二、微德育应用长尾理论的现实意义

当前，把长尾理论引进和应用于德育之中，对做好新媒体时代德育教育工作具有极为重要的现实意义。

（一）有利于实现微德育产品生产的长尾化

与传统媒体信息量小、信息面向窄、信息途径相对单一相比，新媒体以数字信息技术为核心，依托网络技术和移动通信技术而形成的覆盖面广泛，涉及领域全面的网状体系，承载、传播了巨大信息量，且信息更新的速度远远超过传统媒体。长尾理论的模型是用纵、横轴构成的，如果将横坐标为德育种类，纵坐标为德育效果（包括人数），两者交会所形成的曲线就是长尾理论中的需求曲线，面对庞大的学生群体，无论设计什么教育内容，其需求量不可能为零，于是便出现了需求曲线中那条长长的尾巴—长尾。由此可见，只要微德育工作者掌握相应的互联网、手机短信等新媒体终端的应用知识，就可以自由的获取大量的信息资源，生产出所需要的微德育产品，在与学生信息化交互的渠道和平台上，有针对性地为学生提供各种小范围的个性化服务，由此所产生的教育效果甚至会比系统教育更有影响。同时，由于新媒体时代信息量空前丰富，加之微德育产品生产时间短、传播快，而且不需要受到制度、体制和其他烦琐程序的制约，德育教育工作者可以借助新媒体技术丰富多彩的信息表现形式，以声音、文字、图像等生动地表达微德育内容，从而增强了微德育的辐射力，使新媒体的信息容量和时空边界由有限趋于无限，有效地实现了微德育产品生产的长尾化。

（二）有利于实现微德育传播平台的长尾化

与传统的德育教育传播平台相比，新媒体技术塑造了全新的德育教育平台，为德育教育工作者提供了通路上的便利。由于新媒体技术能够集主体的开放性、工具的先进性、信息的共享性于一身，实现了传播平台的革命性变化：首先是传播通道由单向度、单维度向多角度、多维度转变；其次是传播内容由静态、单一的形式向动态、多样的形式转变；再次是信息的发布和接受由地域封闭向快捷、"无屏障"转变，从而使人类"地球村"的梦想成为现实。可以说，新媒体为微德育创造了最佳的技术环境，不仅带来了教育手段、教育方式以及信息获取与传播的突破性改善，而且使传统的德育教育平台由单一性变为多样化和立体化，更加富有生动性、艺术性、灵活性、互动性和亲和力，从根本上实现了微德育传播平台的长尾化；同时，也极大地提高了微德育内容的传播速度，使学生看到的、听到的内容更加丰富，更加形象和生动，增强了德育教育工作的生动性与感染力。

（三）有利于实现微德育需求的长尾化

新媒体时代信息传播海量化，一方面它拓展了学生获得信息的渠道和容量，尤其是新媒体的信息共享对于拓展学生的知识广度有很大的作用；另一方面，泥沙俱下，眼花缭乱，往往使淹没在信息海洋中的学生一时很难找到自己想要的信息，或者是很难分辨出有益于自己的信息。这时就需要借助长尾理论中的"过滤器"的帮助，使人们在无尽的选择中找到自己的需求，也就是在此时，我们说"长尾"的威力得以释放了。所谓"过滤器"是"长尾理论"中的一个重要概念，它是指消费者在众多的产品中为找出自己需要的产品而使用的一系列工具和技术的总称，如搜索引擎、关联推荐和产品排名等。这些"过滤器"可以把需求推到长尾的后端，使非热门产品有可能变成热门产品，冷门产品能被需要的客户发现。在新媒体时代，德育教育工作者应十分注重"过滤器"的开发利用，为使微德育需求趋向长尾化，要充分利用好长尾中的各种微德育资源，善于在大众文化与小众文化混合、主流与非主流混合、专业与非专业混合的信息环境中，使那种被传统媒体视为并非主流的信息价值得以凸显，让用户便利地找到满意的网站和服务，从而使个性化信息需求得以实现。

三、微德育的"长尾效应"

应用长尾理论的微德育，以开放、间接、内隐及个性化的方式，不仅深刻地改变着的德育教育环境，而且对大学生产生潜移默化的影响和行为的渗透，呈现出空前的"长尾效应"。

（一）微德育空间的拓展

新媒体时代，由于受众不再忠实于一种媒体，使得大众传播模式和格局呈现"碎片化"的发展趋势。美国学者尼葛洛庞帝对这种"碎片化"现象，在他的《数字化生存》一书中曾经做了这样描述："大众传播的受众往往只是单独一人。所有商品都可以订购，信息变得极端个人化。人们普遍认为，个人化是窄播的延伸，其受众从大众到较小和更小的群体，最后终于只针对个人。"这是一个真正自我化的时代，"我就是我"。我国学者喻国明也指出："就传播的影响力而言，以往依靠某一个（类）媒介的强势覆盖而'号令天下'的时代已经一去不复返了。一方面是传统媒介传播市场分割在不断收缩，其话语权威和传播效能在不断降低。"伴随着受众的"碎片化"和族群化，大众传播点对面的传播格局开始被打破，形成多对多的传播新格局。在这种新格局下产生的微德育，如果能够应用长尾理论，就将改变原本空间相对比较狭小的局面，它将使原本就客观存在的个体差异化需求得到充分释放，产生无限的生产、无限的渠道、无限的需求，"长尾"由此形成。另一方面，这种新格局将使受教育者能够根据自己的媒体使用习惯选择自己的信息平台，并通过自己的平台形成自己的交际圈。同时，不同的传播通道也深刻地影响着信息传播内容，使得传播渠道之间互为"长尾"。伴随着新媒体的发展趋势，各种传播平台如虎添翼，将使微德育的空间更为广阔。

（二）个性化需求的满足

新媒体为微德育传播的"微内容"提供了新平台，应用长尾理论，那些处于尾部的"微内容"叠加起来就会形成"巨内容"，这些少量的需求将会在需求曲线上面形成一条长长的"尾巴"，实现"微内容"的极大数量。在长长的"尾巴"上，曾被施教过程中挤压和忽略的"个性化"将被凸现出来。面临着新媒体时代受众的个性化，微德育内容切忌"打包服务"，它要求德育教育工作者必须集合各种教育资源最大化地满足最多的受众，让他们可以随时用自己感兴趣的关键词搜索，看自己想看的信息，甚至可以实时获得某些重要信息，而这些信息就可能来自处于长尾的"微内容"。当"长尾"足够长的时候，"微内容"的能量将会被无限放大，由此微德育就可能满足每一个人对信息的个性化需求。

(三) 微德育形式的更新

按照长尾理论,在互联网平台上,"小众商品"的需求会在需求曲线上面形成一条长长的"尾巴",实现小众的极大数量。同样,这些"小众商品"的销售会在销售曲线或利润曲线上面形成一条长长的"尾巴小众商品"的点滴销售累加起来,也可以使我们获得丰厚的回报,有时甚至可以超过"大众商品"带来的利润。在互联网平台上"长尾效应"为新媒体发展提供了新的经济增长方式。

新媒体时代,微德育要获得更大的生存发展空间,就需要不断开拓长尾市场,因为如果把足够多那些看似非热门"微产品"组合到一起,那就会形成一个堪与热门"主体教育市场"相匹敌的"大市场"。更深入来看,由于新媒体时代信息市场的"碎片化",使受众形成了更高层次的细分,他们分散到成千上万的文化部落中,部落之间的主要纽带已经不再是地理位置的邻近和工作场所的闲谈,而是共同的兴趣爱好。此时,微德育实际上成了一种"定制化"的精确传播,细分的"尾巴"加起来是一个前景无限广阔的"大市场",分得越细,"市场"越大,由此将提供了一种崭新的微德育形式。

(四) 实现微德育效果的最大化

纵观当前的德育教育工作,无论多方如何重视,研究成果如何之多,方法手段如何穷尽,但仍然会不被学生所欢迎,工作无法真正走进学生的心灵,道德滑坡和沦丧的现象屡屡发生。按照长尾理论来分析产生这种现象的原因,主要是没有正确处理好成本和效率的关系:过去人们只关注重要的人或事,用正态分布曲线来描绘,人们只能关注曲线的"头部"——"主体",而将处于曲线"尾部"、需要更多的精力和成本才能关注到的大多数人或事忽略。

第二节　微德育的定位与价值延伸

一、微德育的定位

在新媒体时代,微德育是一种新的育人领域,以学生为参与主体,展现他们自身或群体丰富多彩的精神和生活世界,同时重视向学生推送应知的道德素养等,促使他们产生无意注意（一种自然而然发生的、不需要作任何意志上的努力的注意），并进而走进社会接触他人，既能丰富知识、增长阅历，又能愉悦身心、熏陶人格；既能通过微现象反思精神领域，又能发表阐述并参与讨论，自觉产生道德意识、培育自我教育力、发展道德能力。这里，微德育的定位取决于以下三个层次。

（一）立足小微，源自生活

德育教育工作是一项系统的工程，需要进行长期规划、课程实施和进行长效管理，但是根据长尾理论，更要深入细枝末节。因为"长尾"的奥秘在于"如果把足够多的非热门产品组合到一起，实际上就是可以形成一个堪与热门市场相匹敌的大市场"。一般来说，人一次接受的信息量是有限的，几个小时的学习和长篇讲座，往往能被记住的信息就那么几条或者几点，加之伴随着自己成长的德育类课程的强势灌输，或多或少地让学生有些许的排斥，能主动接受的信息更少了。微德育内容需要立足小微，表达简洁，直接指向具体的问题，关注"小人物、小现象、小事件、小故事"，主题突出，层层剖析，能启发、有思考，带动学生主动关注和反思生命成长过程中的道德境界，彰显主体道德实践的魅力、人性的光辉和人生价值的肯定，从而培养学生健康积极的生命气质和良好的道德品质。这种小微人物或者事件必定是来源于生活世界的，因为德育的源泉和基础是生活世界。生活的过程与道德学习和生成是同一过程，道德信仰的养成，主要是基于具体的生活、行为、经验和阅历，而很少出于抽象的理智的推论。因此说，"立足小微、源于生活、贴近生活、高于生活"是微德育的外显特征。

（二）形式多样，易于选择

安德森所著《长尾理论》自始至终都是在论述品种多样化问题。品种多样化会带给用户更多选择，更能满足用户的个性化需求。长尾理论阐释的实际上是丰饶经济学，丰饶经济学显示了同质化大批量物质产品在满足了人们基本的生存和发展的需求之后，人的自我实现要求多样化中自由选择。传统意义上的德育教育多局限于课堂或学校，缺少与社会生活的普遍联系，难以被广大学生接受和认同，更无法激发他们强烈的道德需要和道德情感，甚而走向逆反。实际上，微德育所讲究的是在不经意间，渗透一种心灵的沟通，一丝人文的关怀，一个积极的提醒，一种行为的示范。特别是微德育通过网络平台或即时通信工具，通过微阅读，或微语录，或通过朋友圈，或通过微公益活动，或通过所汇聚的社会焦点事情，以多样的微表达，总能刺激学生的选择欲望，激发学生的关注与反思，从而感受到社会需要与道德修养及自身价值的实现之间的关系。这种微型德育教育，投入成本低，收到的效果却非常好。

（三）关注体验，着眼内化

信仰不是一种单靠理智即可获得的知识，甚至是根本不能靠理智获得的知识，它是凭借着身体和热血、骨骼和内脏，凭借着信赖和愤慨以及迷茫、热爱和恐惧，凭借他对那永远不能通过理智去认识的存在的热情信仰，而取得这种知识的。这实际上就是体验。我们几乎每天都会有来自身边的"道德冲突"或"两难问题"，促成德育教育的内部延伸和转化，这是微德育的"内涵式"管理的升华。苏霍姆林斯基关于道德有一句名言道德准则："只有当它被学生自己去追求，获得亲身体验的时候，才能真正成为学生的精神财富。"体验是来自生活、情感的感性而真实的内心感受，这种感受架起了生活与心灵之间的桥梁，能内化学生的道德认识，并激发学生的道德情感，培养道德意志，转化为道德行为。相比宏大叙事般的道德灌输，小微的道德体验更能达到润物细无声的效果。当前，在"灌输"和"体悟"二者之间，道德更青睐于后者，小微的并非"灌"出来的，而是通过体验"悟"出来的。很多学校目前已经关注到这一点，鼓励老师和学生捕捉微型真实的道德现象，并反思、解答这些道德现象，让学生的心智活动和内在情感、信念通过身边的小事来内化自己、锻炼自己、展示自己、提升自己，这或许是对"微言大义""微行真情"内化的最好阐述。比如，各式各样的微型德育课的开发，把自己或者身边的故事经过学生内心的体验、感悟，通过心灵的碰撞来激发学生的生命体验和生命感动，从而能把融于心智的道德信念和道德行为升华为道德的选择。

二、价值延伸

在新媒体时代，将长尾理论应用于微德育之中，使其价值得到有效延伸。概括微德育中的长尾理论的价值延伸，主要反映在以下五个方面：

（一）微德育中的长尾理论价值延伸之一：资源集聚

按照"帕累托法则"（也称"二八定律"），传统经济注重的是20%的热门产品，对于80%的冷门产品，基本上是处于搁置或遗忘状态的。随着新媒体技术的发展，80%的冷门产品在网络空间的整合下，空前活跃、聚集起来，日渐形成一条长长的尾巴，以至于所积聚的能量足以与20%的热门产品相抗衡。克里斯·安德森认为"长尾"有如此的魅力，来源于三种力量：第一种力量是生产工具的普及，使生产者的队伍急剧壮大；第二种力量就是通过普及传播工具降低消费的成本，创造了新的市场和新的交流中心；第三种力量就是联结供给与需求，利用群体智慧联络供给与需求的能力，带来了崭新的推荐和营销方式。这三种力量中的每一种都代表着新兴"长尾"市场中的一系列新的机会。长尾理论的资源集聚价值为微德育工作提供了理论依据。在信息海量的今天，长尾理论启示我们在微德育中，要高度重视身边的每一条信息、每一种信息，善于从中选择有价值的信息，在点滴的累积中获取宏大的能量；同时，一定要主动出击，采取各种手段挖掘潜在的信息资源，进行分类集聚且形成规模。在资源集聚基础上，微德育工作者要根据自己的信息资源建立信息库、数据链，以提供足够的信息量去满足学生的选择要求，而这一过程也正是"长尾"蓄积力量的过程。

（二）微德育中的长尾理论价值延伸之二：关注个性

长尾理论认为，传统经济是供给方的规模经济，单一品种大规模生产之下，关注的是用户（消费者）稀缺；而长尾理论下的经济模式是需求方规模经济，在众多品种小规模的生产条件下，用户选择更关注个性需求，有丰饶的权利。新媒体时代，这种"长尾"积极性空前彰显，多样化的产品和信息满足了选择的个性化需求。新媒体时代，微德育把关注个性需求放在重要地位，既是实施微德育自身的需要，也是"长尾理论"在微德育中的应用体现。

首先是新媒体传播内容的丰富多彩，使得越来越多的青年学生开始转向能够满足他们某方面兴趣的信息或数据，虽然对他们来说主流文化还是需要的，但已经不再是青年学生文化需求得以满足的唯一渠道。大众主流文化正与无数的小众细分文化展开竞争，而青年学生越来越青睐选择空间最大的那一个，小众文化也就成了一种不可小觑的力量。这给微德育以深刻启示：随着青年学生价值取向的改变，微德育既不要放弃"头部"的主流文化需求，同时也要重视曲线"尾部"的大量小众文化需求，充分认识面向特定小群体需求的小众文化，其实与主流大众文化具有同样的吸引力。

其次，新媒体时代，处于开放式格局中的网络媒体，青年学生的选择有着极大的自由度，满足包括广大青年学生在内的人们需求和体验的多样性，其程度远远超过人们的想象，这完全是一个自发的过程。面对这样的新局面，如果我们只重视长尾理论所说的"头部"服务、而忽略"尾部"服务，其结果一旦不合青年学生的口味，他们就会立即转向，不接受我们的引导和服务。此时，即便我们的微德育设计得再好，那也不可能收到事半功倍的效果。因此，我们必须转换思路，正确处理好"头部"与"尾部"之间的关系，充分关注青年学生的个性化需求，只有这样才能充分发挥微德育的最大效能。

再其次，由于长尾曲线的尾部首先是非常庞大的产品种类，只有尽可能多的产品种类，才能满足受众个性化的需求。基于此，微德育应当改变内容单一的状态，制作不同种类的德育教育资源，尽可能满足大多数学生的兴趣和习惯；同时也要尽可能多地创造多样化的信息选择，满足少部分学生未被满足的多样化需求，并逐步实现信息个性化定制。按照长尾理论，只有满足了那些实际人数并不少的无数小众，才能更好地形成繁荣的长尾市场。

（三）微德育中的长尾理论价值延伸之三：小中见大

长尾理念的特征是注重"小利润大市场"。该理论所说的"头"是指正态曲线中间突起的部分，而两边相对平缓的部分叫"尾"。从人们需求的角度来看，大多数需求集中在头部，这部分可称作流行；分布在尾部的需求是个性化的、零散、小量的；这部分差异化的少量的需求，会形成一条长长的"尾巴"。其基本原理是：只要存储和流通的渠道足够大，需求不旺或销量不佳的产品所共同占据的市场份额可以和那些少数热销产品所占据的市场份额相匹敌甚至更大，即众多小市场汇聚成可与主流大市场相匹敌的市场能量。长尾理论的"小利润大市场"理念，对微德育不无启迪。多年来，传统的德育教育走的是一条有组织、规模大的路径，其实实际效果并不佳。微德育化整为零，走的是一条小型化、动态化的路径。所谓小型化，就是化小组织，可以以班级小组或者各种小型社团为单位，开展各种形式的德育教育活动。所谓动态化，就是将学校的大型活动化整为零，并且根据新情况新问题，适时充实活动内容，使每个组织自主开发的活动始终保持常态性。这种小型化、动态化的德育理念，为新媒体环境中的微德育赢得了更大的生存空间，有了生存空间就可以不断开拓微德育市场、生产微德育产品，按照长尾理论提出的如果把足够多的非热门产品组合到一起，便可形成一个堪与热门市场相匹敌的"大市场"的观点，微德育"小中见大"的优势就能够得以充分彰显。正是从这个意义上来说，应用长尾理论的微德育是一种新理念，也是一种新智慧。

（四）微德育中的长尾理论价值延伸之四：冷静包容

在"和"与"或"之中，安德森的长尾理论充分展现了"和"的特质，体现了包容性。安德森认为，长尾理论并没有排斥传统规模经济，而是把大规模主体产品和小规模多样化的产品结合一个象限里，取长补短，这是对"帕累托法则""二八定律"的补充。该理论提醒我们在关注头部20%的热门市场的同时，不要忽视尾部80%的利基市场。不可否认，即便在新媒体时代，大部分用户在浏览过程中，最先注意到的依然会是20%的热门产品或者主流信息，非热门产品或者非主流信息并不是人们开始就会关注的对象。所以，长尾理论是建立在热门的产品上或者是众所周知的网络平台上，在用户熟悉的领域中通过各种信任推荐和引导其了解不熟悉的领域，让用户不断挖掘自身的潜在需求，从而实现"长尾"的价值由此可见，长尾理论与"二八定律"并不对立，两者之间具有一定的互补性，不仅如此，从实际上来说更注重考虑了"二八定律"中被忽视的80%，体现了其冷静的包容性特征。

在新媒体时代，微德育的内涵是很丰富的。"微"，从哲学意义上来说"微"即"温暖"或"生命本微"。为体现微德育的"温暖"，首先微德育工作者要努力改变传统的习惯思维、定势思维和已有知识的局限，不仅要了解学生的所思所想，更重要的是能够理解学生的所思所想，以更大的耐心和毅力，真正体现"以人为本"，把微德育的"温暖"传递给每一位受众。其次要改变德育教育工作者的领导角色意识，微德育工作者的角色应当是设计师、服务者和教练员。所谓设计师，就是要全程设计好微德育内容、实施流程、基本策略和预期效果。所谓服务者，就是要坚持"以人为本"，扩大视野，在充分发挥"头部"（主流价值产品）聚合作用的同时，高度重视细化"尾部"需求，为受教育者提供更多的个性化服务。所谓教练员，就是要在开发微德育产品的过程中，既要教练学生学会如何使用德育产品，同时也与学生一起改进德育产品，让学生在使用德育产品中获得快乐的体验。

（五）微德育中的长尾理论价值延伸之五："引领"受众

长尾理论认为，顾客价值需求要"引领"，而不是"迎合"。这是因为顾客的价值需求具有随众性和模糊性：当他们不知道需要什么样的产品或服务时，往往容易随大流；当他们一旦意识到所需要的产品或服务时，其隐性需求立马就会变为显性需求。基于此，如果仅仅依靠市场调查和价值臆断就能发现顾客的价值需求，是不切实际的，企业必须站在顾客的立场上，仔细观察和分析顾客究竟需求什么，研究和思考哪些比你的顾客更多的"非顾客"为什么不买你的产品。在确实厘清这些问题的基础上，企业才能更好地做到把"迎合"顾客需求，变为以创造顾客真正需要的价值去"引领"顾客需求。

新媒体时代，伴随着信息全球化过程所带来的开放化和多样化，各种文化的交流与发展具有了前所未有的活力，新媒体环境中出现了多元化的价值观。一些青年学生面对眼花缭乱、纷繁复杂的信息，不明就里，不辨是非，不知所措，他们的价值标准与价值选择面临着相当严峻的考验，呈现出双重或多元价值标准并存的状况，造成价值选择迷惘和价值取向紊乱，也促进了大学生价值取向的多元化和价值取向自我化。面对如此紊乱的价值取向，对微德育工作者来说，首先要坚持"引导"青年学生需求，而不是一味地"迎合"青年学生的个性需求。在深度研究不同学生的个性需求的基础上，要通过提供差异化的"微德育产品"，进行差异化的引领和教育，以逐步赢得学生的认同。其次，要学会在关注价值需求层次性的基础上，"引领"青年学生需求。人的需求是有层次性的，有基本需求与派生需求、高层次需求与低层次需求之分；即便在同一时间内，人的需求往往也会表现为重要与次要的差异，重要需求对青年学生的行为影响最大。微德育工作者要善于根据青年学生需求的层次性，"引领"、继而满足青年学生更高层次的需求来提升价值，通过发掘高层次的需求来赢得受众的。再其次，要深刻认识"引领"青年学生的过程，是一个持续积聚、价值升华的过程。这个过程从青年学生最初产生价值需求开始，需要我们对微德育产品的主要功能属性不断进行调整，并且根据需要及时提供其他延伸服务，直至对产品或服务的"消费过程"与其确立价值取向的过程完全重合。"引领"青年学生树立正确价值观是一个艰难的过程，只有让青年学生在每一步升华中得到需求满足，才能从中实现德育教育最本初的功能：有目的、有计划地对学生的思想道德施加影响。

第三节　微德育产品的开发与应用

新媒体基因的核心要点之一，就是把内容当作产品来生产经营，而不是简单地给内容贴上一个"产品"的标签。基于长尾理论的微德育产品开发是一个实践过程，更是一个创新的生产与应用过程。

一、开发与应用原则

（一）突出小微，易于使用

信息容量微小符合微德育对象的认知特点，以微课堂为例，小微的学习内容（5~10分钟的视频时间，几十兆的容量），不仅仅能适合进行移动终端学习，更能满足学习者利用片段化的时间，其使用更加方便灵活。

（二）内容独立，体系完整

这一原则，似乎与碎片化相矛盾，其实不然。为避免碎片化学习时间里所学知识是零碎的、片断式的，所以微德育要独立化，单个微内容呈现虽然是小的信息或者狭窄的主题甚而相对简单的问题，但是，各个信息要素应具有相对独立性，从而适合学习者随时、随地的学习、讨论或者是体验。同时，还应该具有整体的考虑。整体性微内容不是资源的简单叠加，而是将某个知识点或活动主题进行系统的教学设计，重点是对内容进行结构化分析，使整个教学内容系统化，并与主体、活动以及媒体等要素建立联系，在此基础上对德育教育工作划分，确定单个微内容，各个微内容之间有系统性、整体性。

（三）结构开放，方便扩充

微德育就其内容来说，具有相对独立性，但由于较小的内容，很多时候要进行进一步的相关内容链接与补充，因此，微内容要具有半结构化框架的开放性特点，具有较强的生成性、交互性及动态性。大学生群体开放程度高，思想变化快，个体意识强，观点更具主体性和多样性。他们的思想情感不一定能真实反映在课堂里，甚至不一定会流露在和老师的沟通中，但是极有可能就反映在他们日常喜欢的微信圈、各种空间或者社交网站上。新媒体技术给予大学生自由地表达微情微意，而正是这样的碎碎念，会引发共鸣甚至粉丝无数。网络碎片中体现出来的微情微意恰恰蕴含着大学生思想中的潜流，及时地把握这些潜流，便于我们及时掌握信息，了解情况，对大学生加以积极引导。因此德育教育工作者要学会通过网络贴近和了解大学生，通过学生在网上传递的只言片语或图片视频挖掘其背后的思想意识和心理动机，并把这些发现带到德育教育课堂上去与学生一起探讨、辨析，形成网上网下互动，这种教学法的效果相信要比一味地教师说教要好得多。

二、开发与应用路径

（一）通过"微现象"，发现"微问题"

发现问题的过程往往是提升意识的过程，也是体现德育教育工作者能力的过程。微德育工作者要善于用心观察学生学习、生活等方面的"小现象"，从"小现象"中抓住受教育者思想、学习和生活中"容易被忽视的环节"，并从中抽象提炼成问题，分析问题产生的原因，迅速解决问题，提升其道德品德素养。如课堂上的不动脑、不动笔、不动手等问题；毁坏公共物品问题；食堂中或等电梯时候的不排队、不谦让等现象；生活中的未经允许私拿别人财物等不良行为习惯；宿舍休息时间大声喧哗等问题；情感上的恋爱挫折问题；心中郁闷无处排解问题；自闭、自残、自杀的倾向；人际关系中的以自我为中心，对集体漠不关心问题；双重人格问题等等。这些"小现象""小问题"从某种程度上来说，就是德育教育工作的"长尾问题"，德育教育工作者要根据受教育者的实际情况，及时搜集整理相关数据，进行分析和判断问题产生的原因，并针对不同原因和问题制定出实施微德育的具体举措。

（二）搭载"微组织"，成就"微平台"

变革传统组织形式，搭建"微组织"，是顺利实施新媒体时代微德育的重要一环。为此，要建立与"微德育"相适应的微型化组织，为开展学校微德育提供组织保障。如在学校班级这个基层单位中，可以建立党团小组，学生之间可以组建各种小型社团；在组织运行过程中，要将学校的常规制度衍生为每个微型组织的组织章程，将学校的大型活动转化为每个微型组织自主开发的常态性活动。同时，这些学生自组织又是动态的，甚至是小组成员是可以互相交换甚至借用，及时分享快乐体验，发挥微德育中的"长尾"力量。

进一步拓宽渠道，创造长尾理论所强调的"畅通的交互渠道与平台"，是顺利实施新媒体时代微德育的着力点。长尾理论中强调的"畅通的交互渠道与平台"，可以通过新媒体技术下的各种信息化教学平台来实现。这其中 Web2.0 这种个性化的传播方式、交互式的表达方式、社会化的联合方式、标准化的创作方式、便携式的体验方式和高密度的媒体方式，为长尾理论在微德育中的应用提供了有力的技术支撑。例如，在微德育所设计的专题教育中，可以将专题教育内容制作成各类音频、视频，发布在网站上，由学生自由定制，随时下载。这样做有利于打破时间、地域的界限，增强了受教育过程的随意性和灵活性。在教育博客（Blog）、专题式维客（Wiki）上，微德育工作者可以通过标签（Tag）技术和简单聚合技术（RSS）的应用，就某项专题或某个话题，引导学生进行问答、对话、交流，或者参与评论和话题讨论，以实现博客共享，做到各尽所能、各取所需、互助协作、教学相长。

总之，创造"微平台"是一个新尝试，需要强调的是：在教育定位上，既要适合不同学生的自身特点，也要与其发展取向相吻合；在教育设置方面，既要精心构建微型化的专题教育体系，满足学生的多样化选择，也要完成不同需求下的微德育体验，引导大学生进行自觉的道德约束。

（三）开发"微产品"，实现"微体验"

1. 开发"微产品"，精心设计好"微内容"

所谓微内容（Micro content），是相对于传统媒体制作的宏内容（Macro content）而言的，微内容在理论上可以无极限生产和无极限传播。也就是说，是相对于我们在传统媒介中所熟悉的大制作、重要内容而言的。

从某种意义上来说，"最小的独立的内容数据"，也就是说互联网用户所生产的任何数据，都可以被称作微内容。一般来说，传统德育内容的规范化、系统性，往往是以一项大工程的形式来完成的。而微德育教育内容比较分散、细微甚至单一，但它更多注重的则是长尾效应。和传统德育教育通过工程形式来完成所不同的是，微德育是通过微内容来实现的。例如从形式来说，目前使用比较多的是图片、音视频、短语、各种微成品等等，而其教育内容主要有时是通过融入一张照片、一幅美术画、一个音视频文件、一段文字之中来展现的，当然更多的教育内容则是通过融入微博、微信、博客、微电影、微小说、微课堂、微活动等等来体现的。鉴于这种情况，微德育工作者需要花力气将现行的学校德育教育内容进行加工、改进、锻造和定制，使之适合各种微德育形式，同时也更加能够被受教育者所接受。

2. 打造"微活动"，激发学生活力

对于德育教育工作者而言，相比较传统的课堂主渠道，各种各样的来自基层的校园文化活动显然是长尾理论中的"尾部"，多彩的校园文化活动不仅丰富了校园生活，也锻炼了学生的心智和各方面的能力。但不可否认，目前学校尤其是高等院校中会出现这样的现象：每一项活动似乎只有少部分积极分子（主要是班级或校系学生会干部及社团人员）是主力和活跃参与者，大部分学生往往更愿意观望甚至漠不关心。长尾理论可以解释新媒体时代及其相关的无穷选择正在改变文化需求，需要我们把多数学生是否得到综合素质的锻炼，在锻炼中是否形成高尚品德，作为决定活动成败的关键。为打造好各项"微活动"，当前需要在三个方面加以改进：一是在活动组织上，要充分发挥学生的主体作用。要树立一切以学生需求为出发点的工作理念，精心组织，充实和加强力量，积极探索开展适合各类学生发展的不同层次的"微活动"。二是在活动方法上，要有选择性地降低活动的难度，多组织一些容纳性大、低门槛的活动，扩大参与面，让尽可能多的学生参与到活动中来。三是在活动内容设计上，要适度包容，重视研究学生多元化的需求，对那些不被多数人接受或者参与面小的活动，要正确地加以引导和整合，以增强学生的归属感和主人翁精神，真正体现德育教育无微不至的关怀。

（四）关注个性化，践行"微德育"

关注个性化需求，是长尾理论的核心理念，也是微德育最重要的理论支撑。在实施微德育的过程中，关注学生的合理需要与个性差异，不仅是认可和帮助学生实现各种合理需求的现实需要，也是顺利推进微德育实施的迫切要求。为此，要做好以下几个方面：

1. 要确立微德育中的个性化新理念

新媒体时代，基于长尾理论的微德育个性化理念，具有相对的延续性和明确的指向性。从微德育的实施情况来看，为体现延续性和指向性，当前需要确立如下理念：

（1）平等的理念

要尊重学生的个性发展，避免千人一面、千篇一律的教育模式，学会尊重学生的选择，既要对他们的个性发展提供帮助与指导，同时也要善于以现实生活中的典型事例、榜样激励来培养学生健全人格的发展。

（2）服务的理念

要求微德育工作者应切实根据学生的实际情况，有针对性地开展教育活动；同时，要与学生的创新性培养紧密结合，增强学生自主性的发展。

（3）包容的理念

微德育工作者要排除主观因素的影响，一视同仁，切实关心和包容每位学生，并最终实现与包容理念的有机结合。

（4）引导的理念

在开展个性化的网络虚拟实践活动中，要充分发挥教师的"引导"作用，引导大学生逐渐形成正确的思想观念、思想道德观点和道德行为。

2. 要关注并引领学生个性化需求的差异性

在微德育工作中，要应用长尾理论对受教育者这一群体进行个性需求细分，注意层次性，其基本思路如下：

（1）要对受教育者需求的差异性进行细分

要建立信息档案，深度研究不同学生的个性需求，并在实施共性教育的基础上，通过提供差异化的"微德育产品"，进行差异化的引领和教育，赢得大学生的认同。由于不同性别、不同地区、不同年龄层次、不同阶段的学生需求层次不一样，引发大学生进行判断并选择的个性需求不仅仅是靠调查和价值臆断就能发现的，教育者应站在学生的立场上，仔细观察和分析思考大学生潜在的真正需求，关注大学生需求的层次性，有的放矢，找准需要影响的学生。

（2）要树立关爱不同层次大学生的思想动态和行为习惯的观念

在战略上，要用科学的价值观和正确的审美情趣来引导其个性需求，在发挥"头部"聚合作用的同时，重视做好不同层次学生个性需求的细化工作。

（3）要积极引导不同层次的大学生学会体验

在策略上，要引导学生讲出自己对各种各样的非主流文化的理解，引发讨论甚至是争论，从自己、他人或者社会各个层面的故事中，体验什么是道德，从而构建正确的价值观。

3. 要实现微德育方法多样化

为适应新媒体时代网络技术的新特点，要注意实现微德育方法的多样化：

（1）建立综合型的微德育信息库，提供全面的微德育个性化信息

所谓综合型的微德育信息库，是指其内容既包括网络思想教育信息、网络教育信息，同时也包括网络心理健康教育信息、网络法制教育信息等方面的信息库模式。通过这类信息库的建设，以扩大微德育信息的渗透力，切实满足学生的个性化需求。

（2）构建个性化的微德育交流平台，实现个体交流

要根据在校学生的兴趣、爱好、学习需求、心理问题等不同情况，进行类别划分，相应设立网络思想德育网站或是专题栏目，使这种"小平台"成为学生个性化需求的一种特殊形式。

（3）融入学生网络生活，关注学生的思想动态和心理变化

要做到微德育内容立足于学生的实际生活、微德育过程贴近学生的实际生活，努力把实施微德育的过程转化为促进学生实现全面发展的过程。

4. 要构建微德育工作个性化教育评价机制

以往德育教育工作评价的最大弊端就是评价结论"一刀切"，抹杀了个性以及个体的爱好、兴趣和特长，使评价最终流于形式。因此，构建科学、有效的微德育工作个性化教育的评价体系，要更加突出时代性、开放性、竞争性、整体性、针对性、层次性和实践性，根据学生在微德育过程中的实际情况设计多层次、弹性的目标体系，既要考虑到微德育工作的导向作用和激励功能，也要反映学生在微德育工作方面的具体差异和个性特征，使微德育工作的个性化教育评价更具人性和个性，更好地推动微德育实现效应最大化。

参考文献

[1] 邓军彪著. 民族地区高师院校德育工作新探［M］. 桂林：广西师范大学出版社. 2017.

[2] 祝建兵，郭诗华主编. 德育论丛［M］. 昆明：云南科技出版社. 2017.

[3] 杨福荣，邰蕾芳著. 中国传统文化与大学生德育教育研究［M］. 西安：西安交通大学出版社. 2017.

[4] 王仕民主编. 德育研究第4辑［M］. 广州：中山大学出版社. 2017.

[5] 王宋荣，杨移贻主编. 使命、挑战与创新特区高校学生工作创新与实践［M］. 广州：广东高等教育出版社. 2017.

[6] 谭秋浩主编. 全人发展语境下高校学生工作的知与行［M］. 北京：光明日报出版社. 2017.

[7] 杨涵，刘巧芝编著. 立德树人育新时期高职大学生新疆高职院校德育创新实践研究［M］. 天津：天津大学出版社. 2017.

[8] 张晶娟著. 高校辅导员职业化发展研究［M］. 北京：对外经济贸易大学出版社. 2017.

[9] 储祖旺. 高校学生事务管理质量与评估［M］. 武汉：中国地质大学出版社. 2017.

[10] 胡飒，奚冬梅主编. 高校思想政治教育教学与实践研究［M］. 北京：光明日报出版社. 2017.

[11] 陈娟著. 传统文化与高校德育教育工作融合研究［M］. 北京/西安：世界图书出版公司. 2018.

[12] 张宏志著. 高校德育工作创新实践研究［M］. 北京：北京工业大学出版社. 2018.

[13] 桂捷著. 高校德育与心理健康教育研究［M］. 沈阳：东北大学出版社. 2018.

[14] 王一鸣著. 新形势下应用型高校德育和创新创业［M］. 北京：光明日报出版社. 2018.

[15] 孔亮著. 高校德育教育引入传统文化的创新研究［M］. 北京/西安：世界图书出版

公司. 2018.

[16] 奚冬梅, 胡飒主编. 高校思想政治教育教学与实践研究［M］. 北京：光明日报出版社. 2018.

[17] 詹万生著. 詹万生德育文选第 2 卷 1996-2000［M］. 北京：首都师范大学出版社. 2018.

[18] 周利兴主编；白戈枫, 周效东副主编. 云南省职业院校德育研究论文集［M］. 昆明：云南大学出版社. 2018.

[19] 农艳春著. 大数据时代高校图书馆服务工作研究［M］. 长春：吉林大学出版社. 2018.

[20] 滕飞著. 思行致新高校思政育人工作的探索与实践［M］. 北京：中国经济出版社. 2018.

[21] 孙翠英主编. "爱无痕"学科融合德育主题教育活动指导手册［M］. 上海：上海社会科学院出版社. 2019.

[22] 朱晓东, 朱文, 唐亭婷主编. 中国传统文化基础上高校德育教育研究［M］. 石家庄：河北人民出版社. 2019.

[23] 郑西银, 熊兵著. 德育教育概论［M］. 北京：民主与建设出版社. 2019.

[24] 闫伟著. 应用型高校德育教育教学模式新探［M］. 北京：人民出版社. 2019.

[25] 曲华君, 罗顺绸, 钟晴伟. 德育教育与创新能力发展［M］. 中国财富出版社. 2019.

[26] 李长春, 罗丽华著. 高校学生辅导员与专业课教师德育教育协同配合研究与实践［M］. 中国纺织出版社有限公司. 2019.

[27] 张子路主编. 知行德育主题教育课程［M］. 北京：学苑出版社. 2019.

[28] 焦建泉主编. 节点德育教育宣传指导手册［M］. 太原：三晋出版社. 2019.

[29] 徐建文责任编辑；钟亚利. 中小学德育教育实践探索［M］. 武汉：武汉出版社. 2019.

[30] 贾玉芝著. 基于培养学生核心素养的德育教育的实践与创新［M］. 沈阳：辽海出版社. 2019.

[31] 杨迎春责任编辑；朱美燕. 立德树人 高校生活德育实践［M］. 上海：上海交通大学出版社. 2019.

[32] 陆世宏主编. 语言文化特色育人中的高校党建与德育工作［M］. 北京：人民日报出版社. 2019.

[33] 李长春,罗丽华著. 高校学生辅导员与专业课教师德育教育协同配合研究与实践[M]. 中国纺织出版社有限公司. 2019.

[34] 陈敦山主编. 德育与和谐西藏[M]. 广州:中山大学出版社. 2019.

[35] 顾永新,刘萍丽著. 高校思想政治理论课实践教学案例研究[M]. 西安:西北工业大学出版社. 2019.

[36] 周丽责任编辑;焦金波. 多元文化中"生活认知"道德教育研究[M]. 徐州:中国矿业大学出版社. 2019.

[37] 叶燊主编. 立德树人[M]. 北京:光明日报出版社. 2019.

[38] 黄清波主编;黄兴彪,盛子同,陈清波副主编. 正风前行[M]. 北京:光明日报出版社. 2019.

[39] 郑家建主编. 擦亮底色 凸显特色[M]. 北京:光明日报出版社. 2019.

[40] 陈志勇主编;戴少娟,许建萍副主编. 福师大小葵[M]. 北京:光明日报出版社. 2019.